西北大学哲学社会科学繁荣发展计划

中青年特色优势学科团队建设项目

"关学的历史、文献与思想研究"研究成果

西北大学关学研究院

中华关学文化继承与创新系列成果

关学文丛
丛书主编 刘学智

关学谱系与思想探研

魏冬 米文科 著

陕西师范大学出版总社

图书代号：SK20N2264

图书在版编目（CIP）数据

关学谱系与思想探研 / 魏冬, 米文科著. —西安：陕西师范大学出版总社有限公司, 2020.12

（关学文丛 / 刘学智主编）

ISBN 978-7-5695-2018-7

Ⅰ.①关… Ⅱ.①魏… ②米… Ⅲ.①关学—文集 Ⅳ.①B244.45-53

中国版本图书馆CIP数据核字（2020）第231717号

关学谱系与思想探研
GUANXUE PUXI YU SIXIANG TANYAN

魏　冬　米文科　著

出 版 人	刘东风
出版统筹	侯海英　曹联养
责任编辑	胡　杨
责任校对	张爱林
封面设计	安　梁
出版发行	陕西师范大学出版总社 （西安市长安南路199号　邮编710062）
网　　址	http://www.snupg.com
印　　刷	西安五星印刷有限公司
开　　本	787mm×1092mm　1/16
印　　张	18
插　　页	4
字　　数	325千
版　　次	2020年12月第1版
印　　次	2020年12月第1次印刷
书　　号	ISBN 978-7-5695-2018-7
定　　价	65.00元

读者购书、书店添货或发现印刷装订问题，请与本社营销部联系、调换。
电　话：（029）85307864　85303629　传真：（029）85303879

顾问

张岂之 赵馥洁 方光华 徐晔 党怀兴

总 序

关学文丛

在纪念张载千年诞辰之际,陕西师范大学出版总社推出有关张载及关学研究的系列丛书,这是很有意义的学术盛举。

张载(1020—1077)是中国历史上著名的哲学家、教育家。作为宋明理学的奠基人、关学的创立者,他以"勇于造道"的精神,创建了博大精深的哲学体系。张载关学蕴含着丰富而深刻的精湛智慧,包括"太虚即气"的本体智慧、以"德性之知"超越"闻见之知"的认识智慧、由"气质之性"复归"天地之性"的修养智慧、"一物两体"的辩证智慧、"太和所谓道"的和谐智慧、"民胞物与"的道德智慧等等。张载哲学也体现着崇高而笃实的优秀精神,包括"立心立命"的使命意识、"勇于造道"的创新精神、"崇礼贵德"的学术主旨、"经世致用"的求实作风、"崇尚节操"的人格追求、"博取兼容"的治学态度等等。张载关学的这些智慧和精神,是中华传统文化的宝贵资源,是陕西地域文化的思想精华,是值得我们不断探索和发掘的精神宝藏。

对张载及关学的研究一直为历代关学学人所关注,特别是改革开放以来,陕西学人不断推进对张载及关学的学术研究和对关学优秀精神的弘扬。在纪念张载千年诞辰的今天,深入研究关学更有着特殊的意义。陕西师范大学出版总社为纪念张载千年诞辰,进一步推进关学研究,推出的这几种关于张载及关学研究的著作,是学者们近年在张载及关学研究方面成果的汇集。这些成果虽然不一定能全面反映近年关学研究的面貌,但是也从一个侧面体现了关学研究的新进展。其中,由刘学智、魏冬主编的《二十世纪前期关学研究文献辑要》,分为《张载研究》《明清关学研究与关学综论》《关学与陕西历史文化》三卷,集中对 20 世纪前期关学研究及与关学相关的陕西文化历史文献进行了系统整理。由魏冬撰著的《关学现代研究史论》则对这一时期关学的现代研究历史进程和主要观点进行了评述。这些成果从侧面说明了以现代学术视野和方法对关学进行研究早已开始。刘宗镐撰写的《关学引论》,从哲学之阈阐释关学的思想精髓,即"学以成人"的关学主题、"明道修辞"的关学言说、"体用全学"的关学形态、"崇实致用"的关学精神和"天人合一"的关学智慧等,对关学思想进行了综合研究,这些提法都颇有新意。刘宗镐所著《关学概说》一书,则是对张载关学及其发展演变加以介绍的概要性著作,语言质朴,文字简明,是一本适合初学者了解、学习关学的通俗性读物。魏冬和米文科撰写的《关学谱系与思想探研》一书,是近年他们对张载和关学进行专题研究的论文汇集,对关学文献源流特别是近现代关学研究成果进行了细致的探研与评述。全书以时间为轴,通过对关学谱系文献与思想文献的探研,展现了张载、马理、吕柟、韩邦奇、南大吉、王心敬、张秉直、党晴梵、曹冷泉等人在关学发展史上的重要地位,以及他们的思想特征与传承脉络,展现了关学的历史发展与派别流变。王美凤教授近年着力于清末民初关学多元走向的研究,尤其着力于对柏景伟的文献整理和思想研究。这次出版的是她对以往人们不大关注但却在清末关学史上有重要影响的关学学人柏景伟的著作《沣西草堂文集》的点校本,这是关于柏景伟著作的首次整理,对研究清末民初关学思想有着重要意义。《关学名言精粹》(书法版)一书,是为了普及推广张载及关学思想,由当前关学研究的专家学者精选关学学人著作中的部分经典名句,按照"人生理想""人生修养""治国理政""读书学习""为人处世"等类别加以编排,并搜集历史上一些著名书法家的书法作品,采取集墨的形式呈现关学思想和精神,可谓别开生面,别有风采。

祝愿张载及关学通过创新性的探索和研究,不断地生发新意、焕发生机!

是为序。

赵馥洁

二〇二〇年十一月八日

于西北政法大学静致斋

前言

北宋时期,在陕西关中形成了一个以张载为核心、以其创立的新儒学为特征的有全国性影响的地域性学术流派,史称"关学"。张载一生大部分时间在陕西眉县横渠镇度过,并长期在关中著述讲学,人称"横渠先生",后来又被尊为"关中士人宗师"。其所创立的关学为孔孟儒学在宋代的重建奠定了坚实的理论基础。后人常将张载创立的关学与周敦颐的濂学、二程(程颢、程颐)的洛学以及朱熹的闽学并称为"濂洛关闽",关学被视为宋代理学的四大学派之一。

关学并非一般意义上的"关中之学",而是指自张载以来的关中理学。从广义上说,关学是指由张载开创及其后一直在关中传衍着的理学的统称;而狭义的关学,则指张载及其后在关中流传的与张载学脉或宗风相承或相通之关中理学。关学在张载去世时已成规模。只因张载去世过早,其弟子为弘扬道学,有的投奔二程门下,于是关学一度陷于寂寥,但到明代又出现了中兴之势,之后直到清末,关学统绪一直未有中断,关学宗风也持续被承传弘扬。由冯从吾所撰《关学编》及王心敬、李元春、贺瑞麟等续补的《关学续编》等关学学术史著作可知,关学统绪绵延不绝,"源流初终,条贯秩然"。随着时代的变化,关学的学术旨趣和思想特征虽有所变化,或与程朱理学融合,或与陆王心学融通,但"横渠遗风,将绝复续",关学精神,世代相承。事实表明,关学是一个有其本源根基、学脉统绪、学术宗旨,风格独特而又开放包容的多元的地域性理学学术流派。

张载之学,特点是"尊礼贵德,乐天安命。以易为宗,以中庸为体,以孔孟为法,黜怪妄,辨鬼神"(《宋史·张载传》)。他将"历年致思所得"著成《正蒙》一书,其思想之深邃、博大、精严,在宋明理学史上独树一帜,由此他也被视为理学的重要开创者和奠基者。其著名的"为天地立心,为生民立命，为往圣继绝学，为万世开太平"的"四为"句，对激励国人树立志向、提升境界、塑造人格、彰显使命产生了积极的作用，并开显了儒家广阔的胸怀和宏大的气度；其被历代学人称颂和推崇的《西铭》，在"天人一体"思想基础上阐发的仁孝之理、"民胞物与"的仁爱精神和伦理境界，锻铸了关学学人特有的精神气象和人格气质，形成了理学史上颇具特色的关学学派品格。其思想和学派宗风一直影响着历代关中儿女，是人们处理人己关系、人与自然的关系、人的身心关系的方向指引和精神引领，也是中华民族和谐发展的重要价值理念，更是当今时代构建人类命运共同体的重要思想文化资源。

张载以其深邃的哲学思想，把汉唐以来的儒学推向一个新的高度。其在宇宙论上提出的"知太虚即气，则无无"的命题，以太虚之气的聚散对世界的存在做了富有哲理性的说明，从而把汉代以来以气为本原的宇宙生成论提升到本体论的高度；其"以易为宗"，以"幽明"之别纠正以往以"有无"之分对世界本质的说明，终结了历史上的"有无"之辩；他提出的"天地之性"与"气质之性"，以及"知礼成性""变化气质"的思想，使"性与天道为一"的"天人合一"思想得到系统的说明，从而使其哲学从宇宙论过渡到伦理观，从知识论走向价值论，使理学伦理本体化的目标得以实现。张载承继孟子"尽心""知性"的心性论路向，又汲取荀子"礼以成性"的思想，以"诚则明，明则诚"即"尊德性"与"道问学"的双向互动，实现了以虚静为涵养功夫而"养心"与以礼检束行为而"化性"相统一的"合内外之道"，使"知礼成性"即理想人格的培养落到了实处。

关学有一个鲜明的特征，就是重视躬行礼教，笃实践履。关学使关中文化既有隆礼重仪的古朴雅韵，又使其涌动着鲜活的生命力。关学学人一般都有一种坚持真理、不畏权贵、刚正不阿、崇尚气节的人格节操，有"无求生以害仁，有杀身以成仁"的理想信念，有"不降其志，不辱其身"的人生信条，有"富贵不能淫，贫贱不能移，威武不能屈""于公勇，于私怯"的大丈夫气概。他们的品格使儒家的优良传统在历史上一直闪烁着熠熠光芒。

张载创立的关学绵延八百余年，其文化精神不仅在中国历史上影响了一代代关中士人的风格、品行和节操，而且以其在社会生活中的丰厚遗存和深刻影响，至今仍然塑造和培育着当代关中人的精神风貌和行为方式，培育着关中乃至陕西人纯朴、质实、耿直、坚韧、诚信的文化性格，也对关中乃至陕西人形成求真务实、勇于担当、恪守正道、博取包容的品格和精神风貌产生了积极的影响。

2020年适逢张载千年诞辰，在这特殊的时刻，为了使广大读者缅怀张载，感受张载及关学学人的人格节操和精神风貌，感受包括关学在内的中华优秀传统文化的无限魅力，也为使大家了解、学习和领会张载及关学的核心思想、发展脉络，知悉20世纪前期的关学研究基本状况，应陕西师范大学出版总社刘东风社长之约，我们编撰了这套《关学文丛》。《关学文丛》推出的图书有七种，分别是：由刘学智、魏冬教授主编的《二十世纪前期关学研究文献辑要》（分为《张载研究》、《明清关学研究与关学综论》《关学与陕西历史文化》三卷），由魏冬教授撰著的《关学现代研究史论》，由魏冬和米文科二位教授撰写的《关学谱系与思想探研》，由王美凤教授点校的《〈沣西草堂文集〉校注》，由刘宗镐博士撰写的《关学引论》和《关学概说》，以及由国际儒学联合会与陕西省孔子学会编写（刘峰、张亚林为执行主编）的《关学名言精粹》。其中，《二十世纪前期关学研究文献辑要》对自戊戌变法前后到中华人民共和国成立这一时期的关学研究文献进行了较为系统的搜集整理，其中包括马一浮、刘师培、蔡元培、谢无量、钟泰、吕思勉、钱基博、钱穆、陈垣、冯友兰、张岱年、侯外庐等一百多位学者关于张载及关学的很有见地的研究著述，以及这一时期从文化视域重构关学及与关学相关的陕西文化的重要论著，说明以现代方法对关学进行研究与重构在这一时期已经开始且取得了丰硕的成果。在《关学现代研究史论》一书中，魏冬教授对自戊戌变法前后至中华人民共和国成立关学现代研究的历史进程及主要观点进行了研究和评述。《关学谱系与思想探研》是魏冬、米文科近年对张载和关学进行专题研究的论文汇集，书中对关学文献源流特别是近现代关学研究成果进行了细致的探研与评述，通过对关学谱系文献与思想文献的探研，展现了张载、马理、吕柟等诸多关学学人的思想及其传承脉络，也展现了党晴梵、曹冷泉等近现代学者在20世纪三四十年代关学研究方面的成就。《〈沣西草堂文集〉校注》是王美凤教授对以往人们不大关注但却在清末关学史上有重要影响的关学学人柏景伟著作的点校本，对于研究清末民初关学思想有着重要的参考价值。《关学引论》是刘宗镐博士从哲学之阈阐释关学思想精髓的专论，书中论及"学以成人"的关学宗旨、"明道修辞"

的关学言说、"体用全学"的关学形态、"崇实致用"的关学精神和"天人合一"的关学智慧等方面,是对关学思想进行综合研究的著作,许多论述颇富新意。《关学概说》是刘宗镐博士对张载关学及其发展演变加以介绍的概要性著作,通俗易懂,是适合初学者学习和了解关学的不可多得的普及性读物。《关学名言精粹》(书法版)是由国际儒学联合会与陕西省孔子学会动议并支持编撰的一部旨在普及推广张载及关学思想的通俗性读物,由原《关学文库》的部分作者精选关学学人著作中的部分经典名句并予以释义,由西北大学刘峰博士和陕西大家书画研究院张亚林院长负责编辑和统稿。这一简明易懂、图文并茂的读本,选取关学史上十九位代表学人的至理名言约三百条,以"人生理想""人生修养""治国理政""读书学习""为人处世"的主题分类编排,内容以书法体的形式予以展现,字体是从王羲之、颜真卿、于右任等历代名家作品中集墨而成,形式新颖,别具特色。

这套丛书的编纂出版得到了陕西师范大学出版总社刘东风社长、侯海英主任的大力支持和精心安排,编辑胡杨、张爱林也为这套丛书付出了大量心血。在此我对刘东风社长、侯海英主任以及胡杨、张爱林两位编辑对丛书的大力支持和辛勤付出表示衷心感谢!时任国际儒学联合会秘书长牛喜平先生对本套丛书的编纂出版也给予了大力支持,在此一并表示诚挚的感谢!

在这套丛书动议之初及编写过程中,张岂之先生、赵馥洁先生、方光华先生、徐晔先生、党怀兴先生等都给予了殷切关注、适时指导和大力支持,在此也对各位先生表示诚挚的感谢!

由于时间仓促,我们的编撰工作会有不少疏漏乃至错误,希望广大读者朋友予以指正,以便我们在今后对其进一步加以完善。希望这套丛书能对大家了解和学习关学有所帮助。

刘学智

二〇二〇年十一月五日

序言

中华传统文化思想与中国崛起
——以关学对中华复兴应有价值为中心的探讨

中华传统文化思想,是基源于中华民族形成和发展历程沉淀、升华而形成的文化整体的统称。从根源上来说,中华文化表现出多源性的特点。某一种文化发端于某一地方,然后突破地域的界限而为其他地方文化所吸收改造,从而成为一种具有普遍性特征的文化。同时某一种地方文化传统又在对普遍文化予以认同的前提下,基于自身文化传统对普遍文化予以个样性的创造和诠释,从而使普遍文化具有某种地域性特征。如果从儒家文化产生的根源和形成、流变的过程来看,中华传统文化的这种普遍性和特殊性辩证统一的特征就更为明显。

儒家文化的创始,当以孔子为开端,然而儒家文化的源头主流当是基源于陕西西部的周文化。随着周代殷商的政治变迁,原来具有明显地方文化特征的周文化,通过文武周公的努力成为周王朝的政治文化,成为当时全国的核心文化。随着周王室的衰微,礼崩乐坏,但周文化在鲁国却较为完整地存续下来,并经过孔子的提升创造,转化为更具有伦理性、思想性的儒家文化。再经过诸子百家的角逐，儒家文化在汉代获得新的生命形态，作为一种国家意识形态登上历史舞台，并成为中华文化的主流精神。晋唐数百年间，儒家文化虽然受到释、道文化的冲击，在思想领域呈现出"儒门淡薄，收拾不住"的局面，但其作为国家政治意识形态的根本性地位并未完全丧失。北宋时期，经过重新构建儒家价值体系的多次努力，终于出现了以"性与天道"的哲学性探讨为主题的儒家理学。后世所谓的"濂洛关闽"，即是出现于宋代的以儒家价值观念为本位的思想流派。后世朱子学再度成为国家意识形态的历史暂且按下不表，从上述这一历史过程来看，无论是原来基源于陕西的岐周文化，还是后来崛起于邹鲁的儒家文化，它们在发展过程中都超越了其原有的地域，成为更具普遍性的文化形态。而经由汉唐成为统治意识形态主流的儒家文化，也因其不同角度的思想创造和阐扬，成为流行于不同地域的学术流派。这即是儒家学术在流变过程中的"一""多"关系的辩证发展。"濂洛关闽"提法的出现，即是儒家文化哲学思想形态的多元化发展，是基于儒家文化哲学思辨形态的"一"的前提下的"多"，是以地域的形态表现出来的"一"中之"多"。

在学术思想发展的过程中，某一种思想文化因其后起而能吸收前者的思想精华并予以提升，从而成为更为主流的文化形态，再加以政治的推动，更容易成为社会乃至政治意识形态的主流。岐周文化能成为周代主流政治文化的原因在此，儒家文化能成为汉唐主流政治意识形态的原因在此，朱子理学能成为传统社会后期政治主流意识形态的原因也在此。从中不难看出同一文化在形态上从制度文化到伦理文化再到哲学文化的不断完善和提升的过程。然而需要注意的是：在主流思想文化占统治地位的态势下，非主流的文化形态是否能为社会的发展提供一种必要的思想资源？对此，我们可以从关学的精神价值取向中获得某种启示。

作为儒家理学的一种地域性思想，关学虽然在理学的开创时期具有奠基之功，但是其历史命运并不像濂学、洛学乃至闽学那样幸运。伴随着朱熹理学思想源流谱系的建构，其理学体系得以完成，同时，濂学、闽学的地位得以凸显，而关学则作为辅助性的思想资源被安置。随着朱子理学在统治意识形态中地位的确立和固化，关学辅助性、边缘性的地位更加突出。在这种态势下，为理学奠定基础的关学形态也随之发生变化，它在元代到明代中期主要以朱子学的面貌出现，而在明代后期及整个清代则以朱子学、阳明学的面貌呈现泾渭分合的态势。然而不可忽略的是：关学不仅在北宋时期就表现出与洛学致思取向的不同，而且在后来的朱子学、阳明学乃至乾嘉考据学占据主流地位的时候，也表现出与其他地方学派不同的风骨。如明代的三原学派王恕、高陵学派吕柟（河东之学关中之传）和马理、韩邦奇等人都具有出身朱子学而反思之、质疑之的特点，明代后期的冯从吾和清代前期的李二曲都表现出有选择地接受朱子学、阳明学而自成一家的特点。这种绝不盲从、兼容并蓄而又注重"自得"的特点，无疑具有理性认知的成分。于是，张载"为天地立心，为生民立命，为往圣继绝学，为万世开太平"的名句，在后期关学学人的学术和生命追求中获得了新的诠释，即通过自身的理性体验，不断获取对天地万物和自我精神主宰的体认，同时紧贴社会现实而致力于对包括道德践履、经世致用、经艺之方的实践之学的追求。在面向未来不断吸纳新的思想元素、不断推进理想构建的同时，又不断地返回到横渠，甚至返回到孔子、文武周公那里，去寻求和探索文化根源的本真。形上之道和形下之器的贯通，以往传统和未来理想的统一，超越时空的存在归根于当下自我理性精神的独立、自由和唤醒，无疑是关学最值得肯定的精神财富，也是关学呈献给中华民族伟大复兴的一份厚礼。

当下，实现中华民族伟大复兴，需要唤回中华民族的"根"与"魂"，使优秀的中华传统文化得以继承、弘扬，而关学在自身历史发展过程中所沉淀下来的价值取向，也成为推动中华民族伟大复兴的思想资源、精神动力和智力支撑。十八大以来，习近平总书记多次在讲话中提到张载的"四为"句，以此勉励新时代的知识分子奋勇前进，为民族复兴而不懈奋斗。关学所提出的"民胞物与""天下一家""中国一人"的理念，也在构建人类命运共同体、弘扬社会主义核心价值观的主旋律下成为重要的思想资源。从这个意义上讲，关学在当今中华民族的伟大复兴中仍有其时代价值，而任何一种曾经在历史上并不处于主流地位的思想文化，都可能在当今的时代境遇下超越原有地域、学派甚至学术范围而获得普遍性的意义。

中华民族的伟大复兴，固然需要从具有普遍性的儒学中汲取营养，但也不应忽视对地域性学派的思想资源的发抉。朱子所提出的"一本万殊"、佛家所讲的"月映万川"，在当下的文化建构中仍具有超越时代的借鉴意义；《易传》"各正性命"和"保合太和"的命题，在注重个体自由和整体和谐的今天，仍需要辩证而观。

魏　冬

2020年5月于西北大学关学研究院

目录

关学谱系建构研究

冯从吾《关学编》及其补续"关学"观念内蕴发抉
　　——兼论关学史研究所面临诸问题 /003

清代关学学人对《关学编》补、续文本源流述略
　　——兼论清代关学学人对关学传统的自我建构意识 /015

关学思想流变研究

"横渠四为句"的内在意蕴
　　——以张载生命历程、境界追求和思想体系为基本视域的解读 /033

本体歧义与虚气之争：张载哲学本体论研究刍议
　　——兼论中国哲学本体论研究的基本定位 /047

张载思想中的"自诚明"与"自明诚"问题 /059

《宋元学案》对张载思想中几个问题的诠释 /070

在荀子与张载之间：礼学的主要倾向及现代价值 /080

明代关学四期发展说 /093

明代关学与朱子学之关系 /107

南大吉的良知学及其对明代关学的影响 /119

韩邦奇学术特色及其关学定位
——兼论明代早中期关学对张载之学的传承 /131

明代陕西提学使与关学的发展 /141

晚明清初关中王学述论 /155

王心敬的"朱王会通"思想 /166

吴大澂与晚清关学 /178

清初陕西学政与关学的复兴 /189

关学近现代转型研究

关学近代重构的主体之维
——基于党晴梵《关学学案》等文本的观念解读 /201

曹冷泉先生关学研究述评
——兼论现代关学研究之基本认识与方法 /215

20世纪50年代以来关学界说基本观点平议 /237

业师刘学智先生关学研究之主要创获 /247

关学谱系建构研究

冯从吾《关学编》及其补续"关学"观念内蕴发抉
——兼论关学史研究所面临诸问题

随着关学研究的不断深入,"什么是关学"成为学者所必须探讨的重点话题之一,对此,侯外庐、陈俊民、刘学智和林乐昌等先生均有阐发。愚以为,关学之发生虽然久远,但从关学自身观念发生的角度而言,冯从吾的《关学编》的确可谓关学正式作为观念史产生的标志性著作。在《关学编自序》中冯氏说:"余不肖,私淑有日,顷山中无事,取诸君子行实,僭为纂次,题曰《关学编》,聊以识吾关中理学之大略云。"①由此可以判断,冯氏所谓的"关学",就是此中所言的"关中理学"。他不仅把"关学"这一名词作为关中理学的简称,自觉地用于著作名称之中,而且将它作为所指涉史学对象的整体泛称以及构建关学史的基本标准。冯氏的《关学编》具体表现为用纪传体为其所认定的关学人物立传,因此,哪些人物能算关学人物就成为冯氏思想中的首要问题。

按照一般的理解,关学的基本内涵由"关中"和"理学"这两个基本概念构成,它必须同时符合两个条件:其一,"地系关中";其二,"学为理学"。要了解什么是冯氏所谓的"关学",必须从冯氏所谈到的"关中"和"理学"这两个概念入手。但遗憾的是,冯氏虽然自觉启用了这一概念,但并未对其内涵做出更为系统详尽的论述;后人虽然也自觉地接受了冯氏的这一概念,但对其内涵缺乏更为深入的探究。冯氏对关学的理解,不仅是他创作《关学编》的史学理论基础,而且是后世续补关学、研究关学、拓展关学的基础,对关学史的研究和发展

---

① 冯从吾:《关学编(附续编)》,中华书局,1987年,第2页。

至为重要，因此值得对其内涵予以更深层次的探究。

一、关学之地理范围

"关学"的"关"，抑或"关中理学"之"关中"，是对关学地域范围的基本限制，其范围的具体所指，对考察关学对象的地理范围至为重要，也决定了冯从吾"关学"一词所涉地理范围的大小。因此，要明确冯从吾所说的关学，首先需要明确冯从吾"关学"概念中关中的具体范围。

冯氏关学中所谓的"关中"具体所指地理范围如何？按照传统的观点，"关中"之名始于战国时期，一般认为此地西有散关（大散关），东有函谷关，南有武关，北有萧关，取意四关（后增东方的潼关和北方的金锁关）之中，名为"关中"。当今一般认为，所谓的"关中"，指中国陕西秦岭北麓渭河冲积平原，又称"八百里秦川"，其北部的陕北黄土高原，南部的陕南山地、秦巴山脉则不属于关中。但是，通过对《关学编》人物所属地的综合考查可以发现：冯氏《关学编》之关学人物虽然以关中地域为系地原则，然而其所谓的"关中"，与历史上和当今的关中所指均有所不同。以《关学编》所载关学人物的地缘来看，大部分属于当今陕西关中，如张载、张戬兄弟为郿县（今眉县）人，吕大忠、吕大防、吕大钧、吕大临四兄弟及王之士为蓝田人，苏昞为武功人，范育为旬邑人，侯仲良为华阴人，杨天德、杨恭懿父子及吕柟为高陵人，杨奂为乾州奉天（今乾县）人，宋规、萧维斗、同恕、韩择、张鼎、李介庵、李挺为长安（今西安）人，侯均为蒲城人，张杰为凤翔人，李锦、薛敬之、南大吉为渭南人，第五居仁、程瑶、吕潜、张节、郭郛为泾阳人，李子敬、王承裕、马理为三原人，韩邦奇、韩邦靖兄弟及尚班爵为朝邑（今大荔）人，杨爵为富平人，吕域为关中人（地不详）。这是冯氏《关学编》中关中概念与历史及当今地理范围相符合的一点。

但是还要注意到，冯氏《关学编》所收人物，并不局限于陕西关中一带，还延伸到甘肃渭河流域一带，且为数不少。"孔门四子"姑且不说，其余如正编中刘愿、张锐为天水人，段坚为兰州人，周小泉为山丹卫（今山丹县）人，何永达为河州（今临夏回族自治州）人，此五人均属今甘肃境内渭河流域上游一带，都不在今关中地理范围之内，但冯从吾仍将之归于关学，可见其关中地域并不以陕西之关中为限。因此，可以判断冯从吾关学中所谓的"关中"，并不以现代的关中为限，而是以当今关中地区为核心，向西北辐射延伸，包括当今陕、甘两省以渭河流域为基本范围的关中地带。值得注意的是，冯从吾在《关学编凡例》中说："国朝诸儒，特录其所知盖棺论定者，其所未知者，姑阙之以俟。"①如此，在以上所能确定的冯氏关中地域范围之外，可能还存在着冯从吾所未知的关学传人，抑或冯从吾知之而当时未盖棺定论不能收入的关学传人，对此均不能明确地排除。考虑到陕西区划一直向西北延伸到青海西宁一带对时人地理观念的影响，或许冯从吾理解的关中地域比以上范围还要广阔些。

关键的问题是，探讨冯从吾关学中"关中"这一地理概念的范围有怎样的意义？窃以为，关中地域的划定，涉及此后关学史的编纂，兹事体大。而后王心敬著《关学续编》，收入冯从吾（长安人），周传诵（西安人），党还醇（三原人），白希彩〔同州（今大荔）人〕，刘波〔陇州（今陇县）人〕，张舜典（凤翔人），张鑑（泾阳人），马嗣煜（同州人），王徵（泾阳人），单允昌、单允蕃兄弟（蒲城人），王侣（蒲城人），李二曲〔盩厔（今周至）人〕，王化泰（蒲城人），王建常（朝邑人），党湛（同州人），张珥（同州人），二曲及门弟子李士璸（同州人），蔡启胤（天水人），张承烈（武功人），马稶士（同州人），王吉相〔邠州（今彬州）人〕，李重五（三原人），罗魁〔咸宁（今西安）人〕，文佩〔平凉府泾州（今甘肃泾川）人〕，王承烈（泾阳人），加上王心敬〔鄠县（今鄠邑区）人〕。以上关学学人所属地大致与冯从吾《关学编》所见地同属关中，但二曲弟子杨尧阶、杨舜阶兄弟（洛南人）的收入，说明关中地理范围扩大了。

再后李元春续补《关学编》，收入游师雄（武功人），刘玺（宜川人），刘儒〔中部（今黄陵）人〕，冯从吾（长安人），温予知、温日知兄弟（三原人），张居白（临潼人），赵应震〔肤施（今延安）人〕，张舜典（凤翔人），盛以弘（潼关人），杨复亨〔咸宁（今西安）人〕，王建常（朝邑人），王茂麟（蒲城人），刘濯翼（华阴人），王宏度（咸宁人），谭达蕴（城固人），王宏学、王宏嘉、王宏撰三兄弟（华阴人），李二曲（盩厔人），王心敬（鄠县人），马稶士（同州人），孙景烈（武功人），王巡泰（临潼人）。这说明关中地理范围进一步扩大，向秦岭以南、关中以北扩展。

民国时期，张骥编《关学宗传》，其凡例中有云："纂集诸儒仅以关中为

---

① 冯从吾：《关学编（附续编）》，第1页。

限,例如蓝田、少墟、二曲诸先生,讲学四方,及门半天下,是编以地系人,纵讲关中之学,不是此邦之人,如周浮沚、沈彬老,虽横渠再传,亦不敢附入,以示谨严。"①这说明,《关学宗传》的编纂也是以对关中地域的认定为前提的。通过《关学宗传》收入人物可见,张骥虽然提出要按照"以地系人"的原则来讲"关中之学",然其关中概念不再局限于冯从吾《关学编》中人物所显示的地理范围,而是向北扩展到陕北、向南扩展到陕南一带。如《关学宗传》所收元代郝巨卿(韩城人)、岳景山〔郃阳(今合阳)人〕,明代王懋德(韩城人)、郑处善〔肃州(今甘肃酒泉)人〕、廉清夫(白水人)、杨叔用(肤施人)、艾西麓(米脂人)、刘一轩(宜川人)、姚钦印(延安人)、赵廉夫(肤施人),清代刘波(陇州人)、史星烂(安定人)、樊拙庵〔鄜州(今富县)人〕、贾天禄(吴堡人),都属于关中以北到陕北一带;而所收谭士奇(城固人)、龚若晦(南郑人)、薛尺庵〔雒南(今洛南)人〕,则说明关中地域已延伸到秦岭以南。

　　以上从清代到民国时期对关学的续补,不仅表明王心敬、李元春、张骥观念中的关中已经较冯从吾有了很大的扩展,也表明关学随着自身的历史发展,其影响已突破传统的关中地域,对距离关中地域较远的黄土高原和秦岭南麓都产生了影响。如果我们研究关学史只把眼光局限于陕西关中,则不仅不符合自冯从吾以来对关学中关中地域概念的规定,而且也不符合关学历史发展的实际。

　　近年,连振波在文章中提出:"历史上,关陇本系同一文化板块,其文化渊源密不可分。关学在关中和陇右,得到了同样长足的发展。""从严格意义上讲,'关学'亦应突破关中的地域局限,'关陇理学'内在的传承流变规律,是关陇文化形成的最核心的思想基础。"②本文亦赞同连文这一观点:"若关学脱开陇人学术,则关学在理论、师承和气节上,均显得支离、无序和单薄。"③故而本文认为,今后关学的研究,应该以关中为核心地域而考虑关学在关中周边地域的传播,只有以渭河平原为中心并将地理视域拓宽到陕北、陕南乃至更广阔的地带,关学发展的历史才会变得完整有序。

---

① 王美凤整理编校:《关学史文献辑校》,西北大学出版社,2015年,第147页。
② 连振波:《"关陇理学"传承流变研究》,载《宁夏大学学报》(人文社会科学版)2014年第6期。
③ 连振波:《"关陇理学"传承流变研究》,载《宁夏大学学报》(人文社会科学版)2014年第6期。

二、关学之学理归属

除上述关学之"关"外,关学的"学",抑或"关中理学"之"理学",更能凸显关学的学理属性,更关涉到关学的学统限制和入编标准,因而显得更为重要。对此,我们还是必须从冯从吾对关学中理学概念的内蕴发抉开始,追随后世关学补续过程中这一概念的变化历史,考察其基本内涵。

冯氏关学中之"学",具体所指为何?一般认为,理学也称"道学"或"新儒学",是指北宋时期由周敦颐、张载、二程等人创立的,后由南宋朱熹集大成的儒学学术形态。而经由陆九渊提倡、王阳明发扬光大的心学,亦属于理学范畴。按照这一理解,理学主要包括周敦颐、张载、二程、朱熹、陆九渊、王阳明及其后学的思想传承派系。冯从吾的理学也包含以上内容。

如《关学编》所录宋、金、元三朝中:张载为开关中理学之先者,张戬、四吕、苏昞、范育均可归入张载一系。侯仲良,"二程先生舅氏无可之孙,从二程先生游","尝访周濂溪";杨奂,"以濂洛诸儒自期待"。此二人应归入二程或周敦颐一系。刘愿"潜心伊洛之学",杨天德"晚读《大学解》,延及伊洛诸书",二人应归入二程一系。杨恭懿,"得朱子《四书集注》《太极图》《小学》《近思录》诸书,读之喜而叹";萧㴲斗,"一以洙、泗为本,濂、洛、考亭为据";同恕,"由程朱上溯孔孟,务贯浃事理,以利于行";吕域,"从许鲁斋学";第五居仁,"幼师萧㴲斗,弱冠从同宽甫恕受学,博通经史"。以上诸人应归入朱子一系。

再如明代:段坚,"近宗程朱,远溯孔孟","其克尊信斯道而致深造力践之学者欤";周小泉,"慨然以程朱自任","又受学于清水教谕安邑李公昶,得薛文清公之传,功密存省,造入真纯,遂为一时远迩学者之宗";咸宁张鼎,"受学于河东薛文清公之门";李介庵,"遇秦州小泉周廷芳讲学,……遂弃记诵辞章之习,专以主敬穷理为事";渭南薛敬之亦从周小泉学。以上关学学者之学,皆出于河东薛瑄,均为朱子之学。而三原王承裕,"教以宗程、朱以为阶梯,祖孔、颜以为标准",亦可谓出于朱子一系。[①]

[①] 参见冯从吾:《关学编(附续编)》,第14、17、15、16、19、22、23、25、28、31、32、34、38页。

明代中叶之后，关学中兴，以吕柟、马理、韩邦奇为代表，"光禄（马理）与宗伯（吕柟）、司马（韩邦奇）金石相宣，钧天并奏，一时学者歙然向风，而关中之学益大显明于天下"①。马理学承三原王承裕，吕柟学承渭南薛敬之，韩邦奇出于家学，虽学承有别，然均出于朱子之学而各有所得。再后，富平杨爵从韩邦奇学，"自少至老，孳孳学问，以韩苑洛、马谿田为师"②；泾阳吕潜，"师事泾野吕先生，深幸其得所依皈，凡一言一动，率以泾野为法"③。以上关中学者皆可谓秉承朱子之学也。

同时，还需要注意到，冯从吾的关学并不仅仅局限于周、程、张、朱之范围，他虽然不接受王阳明"无善无恶"一语，但也指出，王阳明"'致良知'三字，直指圣学真脉"④。他认为王阳明提倡的心学亦是关学中"学"的范畴，最重要的例证，就是他将王阳明心学关中之传的重要人物——渭南的南大吉和同州的尚班爵入编。由此可见，冯从吾关学中的理学，并不是一般意义上的理学，而是与朱子理学和阳明心学打成一片的理学，这与冯从吾本体和工夫合一的学术主张以及以朱子理学为根本兼容阳明心学的观点是一致的。同时，朱子之学本身有对张载、周敦颐、二程之学的承继，因此，冯氏的理学也将其包括在内。如此，冯从吾的理学，主要包括张、周、程、朱、王五系。

需要指出的是，冯从吾笔下还有部分虽认同遵循儒家学说但并不能清楚看出其学术渊源的学者，如：奉元（今西安）韩择，"信道不惑"，"尤邃礼学"；蒲城侯均，"群经百氏，无不淹贯"；泾阳程瑁，"以古学自力"，"循循然乐教不倦"；李子敬，"为人质谨孝友"，"创学古书院"；凤翔张杰，"最爱'涵养须用敬''进学在致知'二语"；秦州（今甘肃天水）张锐，"受学东白张先生元祯"，"诚确温厚，本之天性，而多学好古，汲引后进，尤人所不可及云"；渭南李仲白，"与泾野吕先生同门相切磋焉"；泾阳郭郛，"学重根本，笃于伦理而兢兢持敬，自少至老，一步不肯屑越"；蓝田王之士，"潜心理窟，毅然以道学自任"。⑤像这一类关学人物，或师承关系不明确，或学术派别不清晰，但毫无疑问也都是张、周、程、朱、王之关中传人，冯从吾仍将之收入《关学编》，可见他并

---

① 冯从吾：《关学编（附续编）》，第 1 页。
② 冯从吾：《关学编（附续编）》，第 55 页。
③ 冯从吾：《关学编（附续编）》，第 55 页。
④ 冯从吾：《冯从吾集》，西北大学出版社，2015 年，第 304 页。
⑤ 参见冯从吾：《关学编（附续编）》，第 24、24、25、24、29、33、35、59、60 页。

不以严格的师生关系或学术主张作为构成关学人物的基本要件。

值得注意的是，冯从吾所界定的关学，从渊源上可追溯到孔子乃至文武周公。他在《关学编自序》中说："我关中自古称理学之邦，文、武、周公不可尚已。"①此即在肯定关中自古以来就被称为"理学之邦"的前提下，追溯文武周公之源。在《关学编》正文中，他还专列首卷，记载秦子、燕子、石作子、壤驷子四人，以为关中承继孔门之传的开端印证。在《关学编》凡例中，他说："理学如秦子、南燕子思、壤驷子从、石作子明，俱孔门高弟，第事迹多不详，故另列小传于前，而编中断自横渠张子始。"②这说明冯从吾的理学不仅包括前述所谓的五系，还包括孔子之学的关中直传一系，不过因为这一系年代久远、事迹不详，所以只能简要列出，而将张载以来的"孔子关中续传"作为《关学编》的主体内容。同时，冯氏《关学编自序》在略述自宋至明关学源流简况之后，叹之曰："呜呼，盛矣！学者俯仰古今，必折衷于孔氏。诸君子之学，虽由入门户各异，造诣浅深或殊，然一脉相承，千古若契，其不诡于吾孔氏之道则一也。"③

由此可以看出，冯从吾所认同的理学，实际上是对孔子之学的道统之传；而其关学则是在关中地域范围内对孔子之学的传承。这包括两个阶段：首先是"孔门四子"的孔学直传，其次是以宋张载承其先、关中诸君子继其后的孔学续传。按照冯从吾《关学编》的内容，秦汉隋唐时期的儒学并不在其所谓理学范围之内，而关中的孔学续传则包括宋明以来的张、周、程、朱、王诸系的关中传人。

清代王心敬在补续《关学编》时提出"原编始横渠张子，而是编则备编伏羲、泰伯、仲雍、文、武、周公六圣于前"④，并解释说："编关学，则溯宗原圣矣。辨宗尊圣，则惟恐不严。溯宗原圣，正惟恐其不备，胡可比也。且此道此学而有贵贱、圣凡之殊欤？不观吾夫子东鲁布衣也，而祖述尧、舜，宪章文、武，亦正不嫌自蹈僭逾耶？六圣人自吾关中道德学行之斗极，编关学者自宜前录以昭吾道之正统大宗，而在所不疑尔。"⑤但是，他的做法并没有得到后世的认可，清代《四库全书总目提要》"关学编五卷"云："从吾所纪，梗概已具，心敬所

---

① 冯从吾：《关学编（附续编）》，第1页。
② 冯从吾：《关学编（附续编）》，第1页。
③ 冯从吾：《关学编（附续编）》，第2页。
④ 王美凤整理编校：《关学史文献辑校》，第65页。
⑤ 王美凤整理编校：《关学史文献辑校》，第65页。

广,推本羲皇以下诸帝王,未免溯源太远。"① 同时,王心敬所著《关学续编》又收入汉儒董仲舒、杨震、挚恂、马融等人,而清末柏景伟、贺瑞麟、刘古愚在重编《关学编》时,则认为其"非恭定所编例,去之"②。

以上说明,历代关学的续补者大都以冯从吾对理学的限定为准则,关中理学的学历内涵并不包括汉唐经学诸儒。这是关学史编纂过程中的主流观点。

三、关学之入编标准

以上两部分探明了冯氏关学的基本内涵,即其是以当今陕甘两省渭河流域一带的关中平原为核心地带,以孔学关中直传或张、周、程、朱、王诸系关中续传为典型的学术源流的概称。这两种传承虽不连续,但在冯从吾看来,都是孔学关中真传。然而,需要进一步探明的是:冯从吾是以怎样的系地原则和学术标准构建其《关学编》的?通过考察可以看出,冯从吾的关学人物选择,必须满足以下四个标准。

(一)属地上:家居关中。冯氏是以怎样的原则判断某一理学家为关中人而将其收入《关学编》呢?从《关学编》入编人物可以看出,冯氏判定某一理学家是否为关中人,是以其家庭、家族所在地为依据的,而不是籍贯等其他因素。如张载,祖籍大梁,但以其卜居郿县而为郿人;吕氏四兄弟,"其先汲郡人",因其祖"通葬蓝田,子孙遂为蓝田人"③;吕柟,"其先河内人。金末,父佑避乱关中,因家焉"④。后来,王心敬在《关学续编》中收入汉代的董仲舒,曰:"仲舒先生原籍广川,晚以时应帝问,就家长安,卒也遂葬京兆。今长安城中所传下马陵者即其处。其后子孙乃徙茂陵。则是仲舒老关中,卒关中,并葬关中也。故亦附载孔门四子之后云。"⑤ 但对其这一做法,后世并不认同,如四库馆臣云:"董仲舒本广川人,心敬以其卒葬皆在关中,因引入之,亦未免郡县志书牵合附会之习也。"⑥ 清末贺瑞麟等人在重编《关学编》时则将其删去。可见冯从吾所定以家

---

① 王美凤整理编校:《关学史文献辑校》,第630页。
② 王美凤整理编校:《关学史文献辑校》,第626页。
③ 冯从吾:《关学编(附续编)》,第7页。
④ 冯从吾:《关学编(附续编)》,第23页。
⑤ 王美凤整理编校:《关学史文献辑校》,第81页。
⑥ 王美凤整理编校:《关学史文献辑校》,第630页。

庭、家族所在地为原则，一直为后世所遵循。

（二）价值上：折中孔子。冯氏谓："学者俯仰古今，必折衷于孔氏。"①这可谓冯氏论学之标的。从这一观点可以看出，冯从吾对关学的判断标准，除地域因素之外，在学术归宿上只能以孔子作为标准，即为学必以孔子为鹄的，必以孔子为评价之标准。按照这一标准，他并不以张载为学术渊源上的宗师，而是认为张载是关学的开创者，即冯氏虽然肯定张载于关中"倡明斯学"之功，然其论学之皈依并不在张载，而在孔子。其所谓"诸君子之学"中的"诸君子"，当是其《关学编》所收入包括张载在内的关中理学家。此序下有"横渠诸君子将旦莫遇之矣"一句，亦为一证。冯氏认为关学诸君子"虽由入门户各异，造诣浅深或殊，然一脉相承，千古若契，其不诡于吾孔氏之道则一也"②，这即是在承认关学人物在学术源流、思想观点、为学工夫等方面存在差异的基础上，对彼等学术总源流的肯定。冯氏的这一观点，亦为后世补续关学者所认同和继承。今世论关学，往往以横渠为折中，似与冯氏此观点不同，值得深思。

（三）学统上：归属五家。冯从吾说："圣贤之学，理学也。六经、四书，渊渊理窟，粹乎弗可选也。宋濂、洛、关、闽以及国朝河津诸儒语录，虽言人人殊，大要羽翼六经，梯航万世，邹鲁以来，此为嫡传。"③又曰："朱、陆、薛、王不同，而同为儒，总之皆吾师也。"④此即是以张、周、程、朱、王之学为理学之正统。从《关学编》来看，冯从吾虽然以孔子作为其归属于关中之理学的最高价值趋向和学术渊源宗旨，但就对孔学（理学）的承继而言，除出于孔门的"关中四子"之外，更主要的是北宋以降出于张载、周敦颐、二程、朱熹和王阳明的五家传承。对于此五家之重要性，冯氏曰："吾儒当以孔子为宗，而颜、曾、思、孟、周、程、张、朱皆诵法孔子，后学所由以津梁洙泗者也。若曰学当以孔子为宗，而周、程、张、朱皆不足法，即此一念，去学千里矣。以周、程、张、朱为非，以孔子为是，是孔子特不敢非耳，若孔子可非，则亦非之矣。非宋儒而宗孔子，亦非真宗孔子者也，且非宋儒而独宗孔子，是其心以孔子自任也。以孔子为宗则可，以孔子自任则不可，即此一念，去学万里矣。"⑤所以，关学在学统上虽然以孔子为

---

① 冯从吾：《关学编（附续编）》，第2页。
② 冯从吾：《关学编（附续编）》，第2页。
③ 冯从吾：《冯从吾集》，第246页。
④ 冯从吾：《冯从吾集》，第304页。
⑤ 冯从吾：《冯从吾集》，第326页。

宗，但也必须以张、周、程、朱、王为津梁。同时，对于汉唐诸儒以及王安石的新学等，冯从吾的《关学编》并没有将其列入。其中原因，在于冯氏认为关中汉唐诸儒并非出于理学，对王安石之学则批评至甚，此见《太华书院会语》。

（四）实践上：践履为本。冯从吾主张："圣贤之学总在心性，而心性得力不得力，又全在日用行事见得。"[①] 纵观冯氏《关学编》，入编人物所记载事项大略有以下三类：其一为概况，主要包括姓名字号、家庭故里、出仕履历、著述门人、赠谥评述等；其二为修身，主要包括好学志道、学承宗范、为学主张、人格气象等；其三为处事，主要包括家训教化、为政易俗、抚恤济难等。然冯氏之主要笔法，即是摄取传主生平之重要事件，以见其人格精神。其中固然有在学术思想上有所建树或有一家之言而著述成作者，如张载、吕大钧、吕大临、苏昞、范育、杨奂、宋规、杨恭懿、萧维斗、同恕、程瑝、段坚、张鼎、薛敬之、王承裕、吕柟、马理、韩邦奇、南大吉、杨爵、郭郛、王之士等人，但这并非构成关学人物的必然条件。如冯从吾《关学编》所记张戬、吕大忠、侯仲良、刘愿、杨天德、韩择、侯均、第五居仁、张杰、周小泉、王爵、李在中、李仲白、吕潜、张节、李挺等人，虽然没有建立自身思想体系或者没有著述传世，但是最重要的，就是这些人在现实生活中都信奉诸理学家所传承的孔子学说，并落实于具体的生活践履之中，无论向学、修身、从政、事亲、传教，都秉承儒家学说，以孔子为根本。因此，冯从吾关学中理学的基本标准，是是否通过理学的渠道认同孔子，并在此基础上践履孔子的伦理道德。再反观之，可以发现冯从吾《关学编》所收入的人物，无论在思想学说层面有无建树，也无论有无著述成果，无一例外地都保持尊崇理学、认同孔子、注重践履的特点。这一特点，可以作为冯氏判断一个人能否成为关学家、能否入编的一个学术标准。如此，可得出结论：冯氏笔下之关学，更重要的是近承理学而遥尊孔子，更多体现了道德实践史，而不仅仅是哲学史、思想史、观念史、学术史，虽然思想学术的建立也是关学史内容的重要构成部分，但这并非冯氏关学的最重要指向。

四、张载与关学承传

通过以上论述可以看出，冯氏对关学学统的判定并不局限于对张载思想学说

---

① 冯从吾：《冯从吾集》，第 296 页。

的直接师承和完全认同，但他还是肯定了张载在关学续传上的肇端之功及对后世的影响。同时，在《关学编》诸学人的传记中，冯氏还隐性地回答了关学在学风上对张载的认同和继承。

首先，随着朱子学在明代关中的振兴，张载之学亦得到关中学者的再度认可。如：段坚，"在南阳，慨近世学者以读书媒利禄、阶富贵，士鲜知圣贤之学，乃倡明周、程、张、朱与古人为学之意，建志学书院"；张鼎，"一禀于濂、洛、关、闽之旨，文清公深器重之"；李锦，"得闻周、程、张、朱为学之要"。可见，朱学背景下张载之学在关中得到进一步传播。

其次，朱学中亦出现重视张载之学、以张载之学教学的情况。如王承裕"教人以礼为先"，"又刊布蓝田吕氏《乡约》《乡仪》诸书，俾乡人由之"，著述中有《横渠遗书》行世；吕柟也以张载之学教人，如其谓门人胡大器曰："为学隆师取友，变化气质为本。"

再次，出现以张载之名赞许当时学者的情况。如对周小泉的弟子李锦，"关中学者咸以'横渠'称之"，时任陕西提学副使的王云凤亦称其"化如和叔，辞章外贫"，以张载弟子吕大钧拟之也；对吕柟，"论者谓关中之学自横渠张子后，惟先生为集大成云"；对马理，"一时学者即以为今之横渠也"；对韩邦奇，其门人白璧曰："先生天禀高明，学问精到，明于数学，胸次洒落，大类邵尧夫，而论道体乃独取张横渠。少负气节，既乃不欲为奇节异行，而识度汪然，涵养宏深，持守坚定，躬行心得，中正明达，则又一薛敬轩也。"以为韩邦奇有邵雍的学问、张载的思想和薛瑄的气象。同时，冯从吾在《关学编》中也说道："奉元诸儒犹力为撑持，埙吹篪和，济济雍雍，横渠遗风将绝复续，天之未丧斯文也，岂偶然也哉？"认为"若夫集诸儒之大成而直接横渠之传，则宗伯尤为独步者也"。①这说明，冯从吾对张载的地位、影响是有充分的认识的，对张载其人其学也充分认同。

但是，冯从吾将张载学承之外的周、程、朱、王等系关中学人也纳入《关学编》，就说明了其在关学之学的判断标准上并不是以是否承接张载之学、传述张载学说为依据，而只是以是否以张、周、程、朱、王等理学家为津梁继承孔子为依据。在他的认知视域下，对张载学说的接受、认同和继承，是关学传承的一条途径，但不是唯一途径。但关学在自身发展过程中逐渐形成以张载为标志的地域

---

① 参见冯从吾：《关学编（附续编）》，第1、27、32、34、35、37、39、46、47、50页。

认同意识，因此张载对关学的影响以及关学人物对张载的人格认同和思想接受，只能作为关学发展历程中的一个重要特点来认识。

据上而言，冯氏所谓的理学，是远绍孔子，近承周、张、程、朱、陆、王，以躬行实践为主要趋向的理学。冯从吾的关学，是指以今陕甘两省渭河流域关中地域为中心，由以"孔门四子"为代表的"关中孔学直传"和以张、周、程、朱、王诸系关中学人为代表的"关中孔学续传"两个部分构成的孔学真传的概称，而"关中孔学续传"是冯从吾关学的主体部分。在属地上家居关中，在价值上折中孔子，在学统上归属五家，在实践上践履为本，是冯从吾《关学编》选择关学人物的四个基本准则。严格恪守冯氏《关学编》所呈现的入编准则，并根据关学历史发展的实际适当放宽对关中地域的理解，是冯氏之后的关学补续者的主流思想。

同时，我们还要看到，关中地域以理学为基本形式对孔子之学的传承，虽然在特定的时代下有学术传承的形式，但更加强调的是关中学人在对理学的体认和对孔子的认同基础上的身体力行和道德践履，因此，关学更重要的是体现为一种价值传承、精神传承。这种价值的、精神的传承固然可以通过理学的学术形态体现出来，但在新的历史条件下，也可以脱离传统学术形态而获得现代的传承形态。如果不承认、不接受这一点，在远离理学的时代，关学精神的现代弘扬和关学价值的现代彰显就无从谈起。

清代关学学人
对《关学编》补、续文本源流述略
——兼论清代关学学人对关学传统的自我建构意识

冯从吾的《关学编》是关学史上的第一部文献，对此后关学史的撰述具有奠基之功。清代以来，先后有王心敬、刘得炯、周元鼎、李元春、贺瑞麟等关学学人对《关学编》予以续补，进一步丰富和完善了关学学术史的撰述。对此，今人陈俊民、徐兴海、王美凤等已进行了点校整理。①但人们往往忽略了清代关中学人对《关学编》的续补并非单线进行，而是大抵经过一个由分趋合、不断修订完善的过程。首先，王心敬—周元鼎（简称"王系"）、刘得炯—李元春（简称"李系"）分别沿着不同的路向对从冯从吾到李二曲的关学学人进行了续写，并对冯从吾的《关学编》原编（以下简称"原编"）做了补述。随后，李元春的弟子贺瑞麟再次续入李元春等关学七人，与之同时的柏景伟则将冯从吾的原编和以上两系的关学续补编、贺瑞麟的再续编予以删定整合并汇为一稿。在柏景伟殁后，贺瑞麟对合本的补正则形成了今天《关学编》的基本面貌。对《关学编》文本之原编、补编、续编、再续编的历史情况进行考察，不仅有助于理解今天《关学编》文本的形成流变，而且有助于理解清代关学学人对自身传统建构的差异和趋向。

---

① 主要成果有陈俊民、徐兴海点校的《关学编（附续编）》和王美凤整理编校的《关学史文献辑校》。

一

今人对明清两代《关学编》的原编、补编、续编、再续编首次进行点校整理的重要成果，是陈俊民和徐兴海两位先生点校、1987年由中华书局出版的理学丛书之《关学编（附续编）》。该著大略分为正编和附录两部分，附录一《关学续编》是本文关注的主要内容，这一部分以王心敬、李元春、贺瑞麟三位作者为序分为三卷。关于该书"关学补编、续编"部分的版本依据，《点校说明》云："以沣西草堂本为底本，主要以朝邑蒙天麻荫堂本作对校，同时参校其他本子。"[①]沣西草堂本，也就是光绪十七年（1891）长安沣西草堂柏景伟所刻的《关学编续编》本；而作为对校本的朝邑蒙天麻荫堂本，也就是道光十年（1830）朝邑蒙天麻重刊、李元春重订的增订《关学编》本。但对于沣西草堂本，陈、徐二人虽认为"此本将冯从吾《关学编》四卷作为《原编》，而将王心敬、李元春、贺瑞麟各自的补续作为《续编》（并按补续者编次），共三卷，同《原编》汇集一书，可谓关学之全编也"[②]，但也提出："未知各依何种版本重刻。"[③]实际上，柏景伟的沣西草堂本并非综合各种《关学编》版本简单予以重刻，而是在重刻之前先对原编之后的续编部分予以删定。柏景伟对于关学诸编的做法是：

> 冯恭定公《关学编》，首圣门四贤，卷一有宋横渠张子九人，卷二金、元杨君美先生十二人，卷三有明段容思先生九人，卷四吕泾野先生十三人，公序其前，而岐阳张鸡山序其后，此原编也。丰川续之，则自少墟，以及二曲门下诸子。周勉斋即续丰川于其后。桐阁又续之，则于宋补游景叔，于明补刘宜川诸人，以及国朝之王零川。贺复斋又续七人，即列桐阁于其中，为《续编》卷三。丰川编，远及羲、文、周公，下及关西夫子而下，非恭定所编例，去之。[④]

---

① 冯从吾：《关学编（附续编）》，《点校说明》第5页。
② 冯从吾：《关学编（附续编）》，《点校说明》第5页。
③ 冯从吾：《关学编（附续编）》，《点校说明》第5页。
④ 冯从吾：《关学编（附续编）》，第68—69页。

可见，柏景伟所订之关学诸编，除以冯从吾原编作为前四卷之外，其续补编则分别以王系所续作为第一卷，以桐阁（李元春）所续作为第二卷，以贺复斋（贺瑞麟）所续作为第三卷，补续合计三卷。这是柏景伟所刻的《关学编续编》本的四个文本来源。

但是，对于王系以及李元春的《关学编》续补两种文本，柏景伟并非简单收录付刻了事，而是对其做了多处删定。除以上柏景伟在《小识》中言及对于"丰川编，远及羲、文、周公，下及关西夫子而下，非恭定所编例，去之"之外，结合光绪十七年（1891）长安沣西草堂柏景伟所刻的《关学编续编》本、清乾隆王氏家刻嘉庆七年（1802）周元鼎增补的王心敬增辑《关学编》本，以及道光十年（1830）朝邑蒙天麻重刊、李元春重订的增订《关学编》本，可见柏景伟对王系续编、李元春续补文本所做的删定如下：

（一）对王系续编本：将王心敬补入的孔子之前的伏羲、泰伯、仲雍、文王、武王、周公六人及"孔门四贤"之后的董仲舒、杨震二人删去，并删去其所定之凡例十条以及圣、贤、儒等品目，一仍冯从吾原编之旧；对王心敬所续入自冯从吾至李二曲部分，除删去《元洲单先生》下王心敬一段按语外，其余依其所订录入。

（二）对李元春续补本：略去其原本中所录冯从吾《关学编》中的内容，仅保留其补入的内容。续编部分则删去与王心敬所补人物重复的内容，即《仲好冯先生》（冯从吾）、《鸡山张先生》（张舜典）、《复斋王先生》（王建常）、《二曲李先生》（李颙）、《丰川王先生》（王心敬）、《含中张先生》（张秉直）、《相九马先生》（马相九）七篇，作为第二卷。

可见，柏景伟的沣西草堂本并非将王、李补续本连同冯氏原编、贺氏再续编简单放在一起重刻，他对王、李二人之补续做了较大的删定。陈、徐两位先生点校中华书局1987年版《关学编（附续编）》，对关学史文献的整理功不可没，但要了解《关学编》补、续编的文本流变，该书尚显不足。

2015年1月，由刘学智、方光华教授主编的"十二五"国家重点图书出版规划项目《关学文库》正式出版。《关学文库》是我国第一部对关学基本学术文献进行点校整理与研究的大型丛书，包括"文献整理"和"学术研究"两个系列。"文献整理"系列对关学学术史上二十八位重要学人的著作和关学史文献进行了点校整理，其中《关学史文献辑校》由西安文理学院王美凤教授担纲完成。在

《关学史文献辑校》一书中，王美凤教授按照《关学文库》整体编撰体例，分四编点校整理了冯从吾的《关学编》、王心敬的《新增关学编》、李元春的《增订关学编》、贺瑞麟的《关学续编》，完整再现了明清时期《关学编》原编、补编、续编、再续编的文本状况，是学界第一次对关学史文献进行系统完整的汇校，对关学史的研究具有重要参考价值。①但《关学编》文本的流变历史还需要进一步发掘。

二

通过对历史上《关学编》的续补、重刊情况的考察，可以发现：在冯从吾之后，清代关学学人对《关学编》的续补，先是沿着王系、李系两条线索进行，到晚清则在贺瑞麟和柏景伟等人的共同努力下趋于融合。

首先对《关学编》作补续的是王系。李二曲的门人王心敬，是冯从吾《关学编》成书一百二十年之后最早为之作补续的人。王心敬（1656—1738），字尔缉，号丰川，学者称丰川先生，陕西鄠县（今陕西西安鄠邑区）人。有感于冯从吾之后关学传述不远，王心敬在对冯从吾《关学编》史学意识加以继承和创新的前提下，对《关学编》作了首次补续。其《关学编序》云：

> 关学有编，创自前代冯少墟先生。其编虽首冠孔门四子，实始宋之横渠，终明之秦关，皆关中产也。自秦关迄今且百年，代移世易，中间传记缺然，后之征考文献者，将无所取证，心敬窃有惧焉。闲乃忘其固陋，取自少墟至今，搜罗闻见，辑而编之。②

与冯从吾相比，王心敬具有更加强烈、明确的道统意识。他认为，"编关学者，编关中道统之脉络也"③。对于关学，他更为关注的是张载之前关学道统的构建。他说：

---

① 《关学史文献辑校》一书中，王美凤教授除整理编校了冯从吾、王心敬、李元春和贺瑞麟的《关学编》与《关学续编》之外，还整理编校了民国时期张骥的《关学宗传》，附录部分节录了《宋元学案》《宋元学案补遗》《明儒学案》《清儒学案》中有关关学史的文献，以及《关学编》诸刻本的序及提要。
② 王美凤整理编校：《关学史文献辑校》，第61页。
③ 王美凤整理编校：《关学史文献辑校》，第61页。

横渠特宋关学之始耳，前此如杨伯起之慎独不欺，又前此如泰伯、仲雍之至德，文、武、周公之"缉熙敬止""缵绪成德"，正道统昌明之会，为关学之大宗。至如伏羲之易画开天，固宇宙道学之渊源，而吾关学之鼻祖也。……于是，复援经据传，编伏羲、泰伯、仲雍、文、武、周公六圣于孔门四子之前，并编伯起杨子于四子之后，合诸少墟原编，以年代为编次焉。盖愚见以为必如是而后关学之源流初终，条贯秩然耳。①

对于伏羲、泰伯、仲雍、文、武、周公六人能否编入《关学编》，时人有所疑惑："少墟之不备录前六圣也，意或以伏羲帝，文、武王，周公相，且皆圣人也，不可与后儒同类而编欤。而子备录之，岂大夫不敢祖诸侯，诸侯不敢祖天子，《通鉴》不敢以已编直接《春秋》之旨乎？"②对此，王心敬回答说：

不然，大夫不敢祖诸侯，诸侯不敢祖天子，所以辨宗也。《通鉴》不敢接《春秋》，所以尊圣也。编《关学》，则溯宗原圣矣。辨宗尊圣，则惟恐不严。溯宗原圣，正惟恐其不备，胡可比也！且此道此学而有贵贱、圣凡之殊欤？不观吾夫子东鲁布衣也，而祖述尧、舜，宪章文、武，亦正不嫌自蹈僭逾耶？六圣人自吾关中道德学行之斗极，编《关学》者自宜前录以昭吾道之正统大宗，而在所不疑尔。③

王心敬认为，编关学的目的在于"溯宗原圣"，将"六圣"与后儒同类而编，与"辨宗尊圣"的礼制并不冲突。且此道此学并没有贵贱、圣凡的差别，所以"编关学者自宜前录以昭吾道之正统大宗，而在所不疑尔"。但在内心深处，王心敬并不认为圣人和凡人没有差别，于是他从孔子"圣人、君子、善人有恒之分"的观点出发，"于伏羲六圣则标目曰'圣人'"，"孔门四子则曰'贤'；自汉以后，则总目之曰'儒'"④。如此，其入编者以品目别类。王心敬认为，如此补入，"则千百世下，凡生吾关中者，读羲、文、武、周之书，诵汉、宋以来诸儒先之传，溯流穷源，可无复望洋之叹。因是孜孜亹亹，用以仰慰吾夫子思见

---

① 王美凤整理编校：《关学史文献辑校》，第 61 页。
② 王美凤整理编校：《关学史文献辑校》，第 65 页。
③ 王美凤整理编校：《关学史文献辑校》，第 65 页。
④ 王美凤整理编校：《关学史文献辑校》，第 61 页。

圣人之本怀。是则后死者之责，而先圣贤之所亟待也夫"①。基于以上重建上古道统宗源的认识，王心敬除为《关学编》续入冯从吾等七人之外，重点为张载之前的关中道统人物作了补传。

王心敬之后，三原人周元鼎在嘉庆七年（1802）刊刻冯从吾的《关学编》和王心敬的续编，并为王心敬作传，收于《关学续编》中。周元鼎《关学续编后序》言：

> 《冯少墟全集》中有《关学编》二册，先生所手订也，余既与南塘傅君印行矣。已从友人锡爵刘公处得《关学续编》，则丰川先生所续也，自少墟先生至二曲先生之弟子而止。顾此本人不多见，予意其板或藏先生家，遂亲诣鄠县，就其曾孙求之，果得焉。乃就丰川先生集中，从观其生平崖略，别作传以续其后，并梓而行之。②

可见，周元鼎对《关学编》的贡献，在于印行冯从吾的《关学编》和王心敬的《关学编》补续，并为王心敬作传，续于《关学编》之后。

由王心敬补续、周元鼎增补的《关学编》，有清乾隆王氏家刻嘉庆七年（1802）本，藏于山西大学图书馆，齐鲁书社1996年据此本影印，收入《四库全书存目丛书·史部》第一百二十六册。此书文本卷首依次为王心敬《关学编序》，余懋衡、李维桢、冯从吾所作《关学编原序》三篇，张舜典《关学编后序》，王心敬所定《关学编凡例》。然后是目录。正编分六卷：卷一为王心敬所新增六圣人；卷二依次为孔门四贤，王心敬新增汉儒董仲舒、杨震二人，冯从吾原编宋儒九人；卷三为冯从吾原编金儒一人、元儒八人；卷四为冯从吾原编明儒七人（附二人）；卷五为冯从吾原编明儒八人；卷六为王心敬新增明儒六人、清儒一人及周元鼎所作《王心敬传》。卷末为周元鼎所作后序。

对于王心敬补续《关学编》，清代《四库全书总目提要》云：

> 从吾所纪，梗概已具，心敬所广，推本羲皇以下诸帝王，未免溯源太远。又董仲舒本广川人，心敬以其卒葬皆在关中，因引入之，亦未免郡县志书牵合附会之习也。③

---

① 王美凤整理编校：《关学史文献辑校》，第61页。
② 王美凤整理编校：《关学史文献辑校》，第105页。
③ 王美凤整理编校：《关学史文献辑校》，第630页。

可以看到，四库馆臣对王心敬《关学编》所补部分评价不高。清光绪年间（1875—1908）柏景伟合编关学诸编时，也认为其远及羲、文、周公以及关西夫子并不符合冯从吾编《关学编》原意，从而予以删除。可见，王心敬对《关学编》的补编并没有得到后世关学学人的认同。

三

为《关学编》作补续的，还有刘得炯—李元春—贺瑞麟一系。这一系中，首先为《关学编》作补续的，是中卫人刘得炯。乾隆二十一年（1756），刘得炯在朝邑做学师，撰有《关学编序》，其曰：

> 余读《关学编》而深有感焉。是编少墟冯先生之所著也。……将使前贤之学问渊源微之发明，圣道显之立身，制用卓然，不愧为学者以昭来兹、示典型，而新安持国余公序刊以传世云。
>
> 独是编自明季至于今百有余岁矣，虽间有旧本，而版籍无存，恐迟之又久，澌灭殆尽，后之人即欲觅是书而知其人，其奚从而知之？……窃尝有志于斯道矣，……邑中丁巳进士赵氏蒲者与余同谱，现任仪陇县知县，其学务实行，居官识大体，号为知交，因邮寄书信，约为同志，捐银三十金，余亦捐俸数金，重为刊刻焉。……并将少墟先生入于集中。而复斋王先生以布衣锐志圣学，四十余年不出户庭，甘贫乐道所难能者，亦续入焉，以就正于有道之君子。①

据序文可知，刘得炯读了余懋衡作序的《关学编》，认为《关学编》"将使前贤之学问渊源微之发明，圣道显之立身，制用卓然，不愧为学者以昭来兹，示典型"，又有感于"是编自明季至于今百有余岁矣，虽间有旧本，而版籍无存，恐迟之又久，澌灭殆尽，后之人即欲觅是书而知其人，其奚从而知之"，于是与时任仪陇县知县、朝邑人赵蒲共同捐银重刻《关学编》。在刊刻中，"并将少墟先生入于集中"，同时，他认为"复斋王先生以布衣锐志圣学，四十余年不出户庭，甘贫乐道所难能者，亦续入焉，以就正于有道之君子"，遂将朝邑学者王建

---

① 王美凤整理编校：《关学史文献辑校》，第625页。

常（号复斋）也续入其中。

刘得炯之后，朝邑人李元春又在其基础上对《关学编》予以较大的补续。他在《桐阁重刻关学编序》中言：

> 《关学编》，冯少墟先生所辑，以章吾关学，即以振吾关学者也。先是，吾邑赵廷璧先生尝重刻之，而学师中卫刘先生得炯即以少墟补入，又入吾邑王仲复先生，意皆勤矣。然此编人皆知之，而后学犹未能尽见。予不敏，未能自振，顾恒欲人之胥振于正学。往与同志订《文庙备考》一书，邑中雷氏刻之，思此编亦不可不家置一册，因与及门共订，补入七人，续入十二人。既成，邮寄江西，质于同学赣州郡守霍子松轩。松轩以为此不可不公于人，而吾乡蒙君竟取付梓。①

"先是，吾邑赵廷璧先生尝重刻之，而学师中卫刘先生得炯即以少墟补入，又入吾邑王仲复先生，意皆勤矣。"由此可知，李元春所见到的，当是刘得炯作了续编并和赵廷璧一起捐资出版的《关学编》。李元春看到"然此编人皆知之，而后学犹未能尽见"，"思此编亦不可不家置一册，因与及门共订，补入七人，续入十二人"，并经同学审定后，付梓乡里。

在序中，李元春还说明了续补的理由和重点：

> 有止予者，谓将有僭妄之讥，予不以为然。夫学为圣贤，人人事也。学之，即不能为圣为贤，其可不以圣贤自勉乎？自勉于圣贤，即奈何不以圣贤为师乎？师圣贤，又安能已于向慕之心，不急急飓前人之为圣为贤者乎？世之人惟自阻曰："我岂为圣为贤之人？"人或又有阻者曰："汝岂为圣为贤之人？"而亦因以自阻，斯世遂终无圣贤。况吾不能为圣为贤，岂敢谓人之不能为圣为贤？则又何嫌于以不能为圣贤之人望人之皆为圣贤也！止者又谓："所补所续，使学问行谊一毫不符，即恐有玷。"此论固然。然圣门弟子材不一科，品不一等，圣人有予有斥，有未及论列，而既以圣人为师，承其传者，皆不可谓非圣人之学也。②

---

① 王美凤整理编校：《关学史文献辑校》，第109页。
② 王美凤整理编校：《关学史文献辑校》，第109页。

有人提出，李元春续补《关学编》并付梓，恐"将有僭妄之讥"。李元春不以为然，他认为："夫学为圣贤，人人事也。……自勉于圣贤，即奈何不以圣贤为师乎？"续补《关学编》并予以出版，正是"望人之皆为圣贤也"。立足于此，李元春从冯从吾编撰《关学编》的凡例以及前人续补的缺憾入手，阐述自己续补《关学编》的理由：

> 此编有待补续，少墟固自言之矣。赵氏之刻补少墟并及仲复，诚当；而论者犹以未入家二曲为歉。予正为续二曲，遂广搜罗，凡所得，皆取之史志，又数十年博访乡论，确然见为正学者，夫何疑于入此编中？如游师雄受业横渠，载之《宋史》，学术几为事功掩，然事功孰不自学术来？此疑少墟所遗也。他若在少墟前者，或未及盖棺，或与少墟同时同学及诸门人，少墟所不能入，又刘学师所未暇采也。至与仲复同时，二曲且漏，宜其漏者尚多，是皆乌得不补不续？而后之宜续者又乌能已耶？①

在《关学编凡例》中，冯从吾曾言："国朝诸儒，特录其所知盖棺论定者，其所未知者，姑阙之以俟。"②李元春由此推论，《关学编》"有待补续"自是其中隐含之意。因此，赵刻本补入冯从吾、王建常是理所当然的。但到如今，有人因其没有编入李二曲而引以为憾。李元春解释，他续《关学编》的目的，正是要将李二曲续入《关学编》。进而指出，既然李二曲应该续入，则"确然见为正学者"也应当补入。他举例说："如游师雄，受业横渠，载之《宋史》，学术几为事功掩，然事功孰不自学术来？此疑少墟所遗也。"因此应当将宋游师雄补入。另外，还有一些在冯从吾之前但未及盖棺定论的，或者与冯从吾同时但冯不能编入、刘得炯遗漏又没有补入的，与李二曲同时且同样没有续入者亦有很多，"是皆乌得不补不续？而后之宜续者又乌能已耶？"接着，李元春说明自己和门人弟子在续补《关学编》过程中的具体分工：

> 二曲以前补续者，予所录辑也。二曲及王丰川传，令及门王生维戊为之者也。马相九系马生先登之先，与同学诸人皆年过二曲，老

---

① 王美凤整理编校：《关学史文献辑校》，第109页。
② 冯从吾：《关学编（附续编）》，第1页。

> 始延二曲为师，一时皆称夫子，其学可知，即令先登为之传。孙酉峰、王零川近已皆入乡贤祠，则令吾儿来南为之传。①

上述即说明，李元春对《关学编》的续补并非成于其一人之手。完成李二曲之前续补者，为李元春；完成李二曲和王心敬的传记者，为其门生王维戊；完成马相九传记者，为马相九后人马先登；完成孙酉峰、王零川二人传记者，为李元春之子李来南。可见，对《关学编》的续补，实际上是由李元春总负责，集众人之功而成。

李元春言及其与弟子对《关学编》"补入七人，续入二十人"。然据今本，其所补者为：宋《景叔游先生》（游师雄），明《宜川刘先生》（刘玺）、《以聘刘先生》（刘儒）、《伯明刘先生（弟子诚附）》（刘子诚）；所续入者为：明《仲好冯先生》（冯从吾）、《无知温先生（弟日知附）》（温予知）、《居白张先生》（张国祥）、《廉夫赵先生》（赵应震）、《鸡山张先生》（张舜典）、《子宽盛先生》（盛以弘）、《季泰杨先生》（杨复亨），清《复斋王先生（关中俊、郭穉仲附）》（王建常）、《茂麟王先生（刘氏濯翼附）》（王茂麟）、《文含王先生》（王宏度）、《士奇谭先生（龚氏廷擢附》（谭达蕴）、《而时王先生（弟宏嘉、宏撰附）》（王宏学）、《二曲李先生》（李颙）、《丰川王先生》（王心敬）、《含中张先生》（张秉直，目录未列，而文中有传）、《相九马先生（同学诸人附）》（马𥔲）、《酉峰孙先生》（孙景烈）、《零川王先生》（王巡泰）。在卷末后补中，还有李元春所作《伯容刘先生》（刘鸣珂）一传。以立传人数言，补入四人，续入十九人，与其序中所言不合，待考。

王心敬卒于乾隆三年（1738），刘得炯《刻关学编序》撰于乾隆二十一年（1756），李元春《关学续编序》撰于道光十年（1830），王心敬自然不得见刘得炯、李元春所补编刊行之《关学编》。而王心敬的《关学续编》已经将冯从吾入编，李二曲之后所附"同时诸子、及门诸子"中也有王建常的小传。然刘得炯在补续《关学编》时，仍以冯从吾、王建常入续编；李元春又补入李二曲，且对王心敬之《关学编》续补不置一词，可见刘得炯、李元春二人也没有看到王心敬对《关学编》的续和补。据此可以断定：冯从吾之后，对《关学编》的续补基本上有两个不同的系统，一个是王系，另一个则是李系。两者分别从不同的角度对

---

① 王美凤整理编校：《关学史文献辑校》，第110页。

从冯从吾到李二曲这一段关学的发展作了续编，同时又根据对冯从吾《关学编》编写凡例、立意本心的不同理解，对冯从吾《关学编》作了补编。

四

清末光绪年间（1875—1908），在三原贺瑞麟（字角生，号复斋，1824—1893）与长安柏景伟（字子俊，晚号沣西老农，1831—1891）的共同努力下，以王心敬和李元春为代表的两个《关学编》续补系统不但得到延伸，而且走向融合。

首先，贺瑞麟为李元春等七人作了传记，并纳入《关学编》再续编。贺瑞麟《关学续编序》说：

> 关学之编自冯少墟先生始。厥后王丰川有续，李桐阁有续。丰川、桐阁皆以关学自任，其编关学也，与少墟同一振兴关学之心，其人为不愧少墟之人，其书亦为不愧少墟之书。麟虽有志关学，而实于少墟、丰川、桐阁诸先生无能为役。惟尝于学关学之人如刘伯容以下七人，久爱而慕之，口诵而手录之，置诸案头，私自取法，以为择善思齐之资而已，非敢云续关学也。然七人者，固关学之续也，柏君取而续之。二续之后，将刻以公同志。其有意振兴关学，亦少墟、丰川、桐阁之用心也。刻既竣，聊职数语，以求正于真有能志关学者。①

可见，李元春之后，首先为关学再续做出贡献的是贺瑞麟。他完成了《伯容刘先生》《逊功王先生》《萝谷张先生》《复斋史先生》《桐阁李先生》《冶亭郑先生》《损斋杨先生》等七篇传记。而柏景伟将这七篇传记编入王续、李续之后，刊刻于世。

至于柏景伟合刊《关学编》诸编的用意，贺瑞麟在光绪十八年（1892）所作《重刻关学编序》中云：

> 吾友长安子俊柏先生，少喜谈兵，欲有为于天下，大类横渠，其强毅果敢，有足以担荷斯道风力，卒之志不得伸。近岁大宪延聘教授关中、味经各书院，三秦之士靡然从之。又倡议创立少墟专祠，

---

① 王美凤整理编校：《关学史文献辑校》，第133页。

> 盖思以少墟之学教人，并思以少墟所编诸人及续编诸人之学教人，谓非重刻诸编不可。①

由上可见，柏景伟合刊关学诸编的目的，在于"以少墟之学教人，并思以少墟所编诸人及续编诸人之学教人"。而柏景伟也正是把冯从吾看作关学之集大成者，其在《小识》中概述关学之流传，曰：

> 自周公集三代学术，备于官师，见于《七略》，道学之统，自关中始。成、康而后，世教陵夷，遂至春秋，大圣首出东鲁，微言所被，关中为略。降及战国，秦遂灭学。汉、唐诸儒，训诂笺注，循流而昧其源，逐末而亡其本。自宋横渠张子出，与濂、洛鼎立，独尊礼教，王而农诸儒谓为尼山的传，可驾濂、洛而上。然道学初起，无所谓门户也，关中人士多及程子之门。宋既南渡，金溪兄弟，与朱子并时而生，其说始合终离，而朱子之传特广。关中沦于金、元，许鲁斋衍朱子之绪，一时奉天、高陵诸儒与相唱和，皆朱子学也。明则段容思起于皋兰，吕泾野振于高陵，先后王平川、韩苑洛，其学又微别，而阳明崛起东南，渭南南元善传其说以归，是为关中有王学之始。越数十年，王学特盛，恭定立朝，与东林诸君子声气相应，而邹南皋、高景逸又其同志，故于天泉证道之语不稍假借，而极服膺"致良知"三字。盖统程、朱、陆、王而一之，集关学之大成者，则冯恭定公也。于是，二曲、丰川超卓特立，而说近陆王；桐阁博大刚毅，而确守程朱。②

此番论述，不但追溯了关中道统的渊源，按照理学的标准将汉唐诸儒排除在外，而且认定关中理学"自宋横渠张子出"，叙述了张子之后关学在朱学、王学影响下的基本进程。最后，柏景伟认定："盖统程、朱、陆、王而一之，集关学之大成者，则冯恭定公也。"而后，"二曲、丰川超卓特立，而说近陆王；桐阁博大刚毅，而确守程朱"。王心敬、李元春从不同角度对冯从吾《关学编》的续补，在一定程度上也体现了清代关学内部"尊朱"和"崇王"两种倾向在关学传统史学建构方面既各有侧重又相得益彰的特点。柏景伟对关学发展源流的基本认识，特别是

---

① 王美凤整理编校：《关学史文献辑校》，第628页。
② 冯从吾：《关学编（附续编）》，第69页。

他以冯从吾为关学之集大成者"统程、朱、陆、王而一之"的观点，则是他主张以冯从吾《关学编》原编为本，将王、李两种不同文本删定合编的根据，也是他不赞同王心敬对《关学编》张载之前伏羲、泰伯、仲雍等人的补编而予以删除的原因之一，所以，他主张："今刊恭定所编关学，即继以二家之续，盖皆导源于恭定，而不能出其范围者也。"①从这一角度而言，柏景伟所删定的《关学编》，正是清代关学朱、王流派趋向融合在关学自我谱系构建意识上的体现。

另外，柏景伟还比较系统地阐述了他对朱学、王学的认识：

> 窃尝论之，同此性命，同此身心，同此伦常，同此家国天下，道未尝异，学何可异也？于词章禄利之中，决然有志圣贤之为，此其人非贤即智，贤则有所为也，智则有所知也。为衣食之事，未有不知粟帛者也；知粟帛之美，未有不为衣食者也。故理一分殊之旨，与主静、立人极、体认天理之说，学者不以为异，而其所持究未尝同也。然则主敬穷理，与先立乎大、致良知之说，得其所以同，亦何害其为异也。明自神庙倦勤，公道不彰，朝议纷然，东林诸儒以清议持于下，讲肆林立，极丰而蔽，盖有目无古今、胸无经史，侈谈性命者矣。纪纲渐坏，中原鼎沸，诸儒目经乱离，痛心疾首，遂谓明不亡于流贼，而亡于心学。于是矫之以确守程、朱，矫之以博通经史，矫之坚苦自立。承平既久，而"汉学"大炽，举训诂笺注之为，加于格致诚正之上。不惟陆、王为禅，即程、朱亦逊其记丑而博，亦何异洛、蜀、朔角立而章、蔡乘其后也？②

柏景伟认为王学与朱学不分门户、相互统一，其典型代表正是冯从吾。所以他不仅"与同志重葺恭定公祠"，更"以其左右为少墟书院，因刊恭定所编关学，而并及丰川、桐阁、复斋之续，凡以恭定之学为吾乡人期也"。他认为，"士必严于义利之辨，范之以礼，而能不自欺其心，则张子所谓礼教与圣门'克己复礼'、成周《官礼》未必不同条共贯，是即人皆可为尧舜之实，而纷纷之说均可以息，亦何人不可以自勉哉"。在柏景伟看来，人人能成尧舜而息纷争，不

---

① 冯从吾：《关学编（附续编）》，第69页。
② 冯从吾：《关学编（附续编）》，第69—70页。

仅是"恭定望人之苦心，亦刊恭定遗编者之苦心也"。①

柏景伟对关学诸编的删定编次，已见前述。在完成以上《关学编》之合刊后，柏景伟即一病不起。贺瑞麟与柏景伟为友，其后对柏景伟合编之《关学编》做了修订，其曰：

> 惟君生平重事功，勤博览，其论学以不分门户为主，似乎程、朱、陆、王皆可一视，虑开攻诘之习，心良厚矣！夫学为己者也，攻诘不可也，然不辨门户且如失途之客，贸贸然莫知所之，率然望门投止，其于高大美富，将终不得其门而入矣，可乎哉？是非颠倒，黑白混淆，道之不明，惧莫甚焉。学以孔孟为门户者也，程朱是孔孟门户，陆王非孔孟门户，夫人而知之矣。先儒谓不当另辟门户，专守孔孟如程朱可也。孟子、夷惠不由而愿学孔子，岂孟子亦存门户见乎？余尝三四见君，知其意不可遽屈，硁硁之守，老亦弥笃，意与君益各勉学，或他日庶有合焉，而今已矣，不意君犹见信，辄以关学相托，复取私录诸人而亦刻焉。窃恨当时卒未获痛论极辨，徒抱此耿耿于无穷也，吾乌能已于怀哉！学术非一家私事，因序此编而并序余之有不尽心于君者。倘不以余言为谬，或于读是编也，亦不为无助云。②

依贺瑞麟的观点，学者固然不可分门户，但也不可不辨门户。不辨门户，则求学如失途之客，"将终不得其门而入矣"。实际上，柏景伟虽然主张不分门户，但在《关学编》的资料取舍上，也是有其立场的。他以冯从吾所定《关学编凡例》为标准，去除王心敬编中"非恭定所编例"的部分；对王、李二人的续编部分，则以王所撰为本，凡李元春续编中与王心敬重复的传记一律删去。这体现了他侧重参照冯从吾—李二曲—王心敬一系编撰《关学编》的特点。而贺瑞麟出于李元春门下，虽然尊重柏景伟，引为同道，但也不得不辨门户，所以他在第二卷重新补入柏景伟删去的刘得炯所作的《复斋王先生》（王建常）、《丰川王先生》（王心敬）、《相九马先生》（马相九）三篇传记，并分别加以按语。从柏景伟对《关学编》的删定合刊到贺瑞麟的补订，实际上是关学学人对自身传统史学编纂意识深化的体现。

---

① 冯从吾：《关学编（附续编）》，第70页。
② 冯从吾：《关学编（附续编）》，第126页。

五

值得注意的是，在贺瑞麟、柏景伟合订《关学编》的过程中，关学学人就关中新学（西学）人物是否应当编入展开了讨论。这主要见于柏景伟之后关中著名学者刘古愚写的《关学编后序》，文中曰：

> 呜呼！此余友沣西柏子俊先生所刻《关学编》也。关学之编始于冯恭定公，王丰川续之。又刻李桐阁、贺复斋所续于后，而先生没已期年矣。先生病急，口授余义例为序于前，俾余序其后，余复何言？然习先生性情行谊，莫余若而是书之刻，又多商榷；其所以刻，与资之所由来，及平日议论，及于是书者，不可无一言于后。先生性伉爽，学以不欺其心为主，嫉恶严人，有小过，不相假借，改之则坦然无间。其有善，识之不忘，逢人称述，士以此畏而爱之。喜岳武穆君臣之义，本于性生语，尝谓余曰："此可括《西铭》之蕴。知父子无性而不知君臣，不能视万物为一体；求忠臣于孝子，义本于仁也。移孝作忠，本仁以为义也。忠孝一源，明新一贯，千古要述，皆充仁以为义，而非有他也。"故论学力除门户之见，而统之以忠孝。光绪丁亥，宪司延先生主讲关中书院。书院为恭定讲学地，先生又生于其乡，乃访恭定祠旧址，扩而新之，旁为少墟书院，以少墟之学迪其乡之士，廉访曾公怀清割俸，属刻是编，而恭定原本无恭定传，乃取丰川所续继之。后之与关学者又不得略焉，则不惟非恭定本，亦非丰川本矣。①

刘古愚此篇序文不仅追述了他参与编纂《关学编》的情况，概括了柏景伟"性伉爽"的人格特点和"学以不欺其心为主""论学力除门户之见，而统之以忠孝"的学术倾向，而且提出柏景伟所订《关学编》"不惟非恭定本，亦非丰川本"的观点。实际上，柏景伟、贺瑞麟所订《关学编》正是对前人关学文献进行别裁取舍、重新熔铸的成果，这也是陈俊民、徐兴海两位先生在《点校说明》中提出"但未知各依何种版本重刻"的原因。刘古愚在这篇序文中还提到王葵心是否应当入《关学编》的问题：

---

① 王美凤整理编校：《关学史文献辑校》，第 629—630 页。

> 泾阳王葵心先生以身殉明，大节凛然，与西人天主之说泊三纲者截然不同，然事天之说正西人所借口，乡曲之儒略迹，而识其真者几人。先生常欲去之，书出则仍在焉。其先生病，未暇亲检与？抑亦人果无愧忠孝，不妨宽以收之与？先生没，无可质证。然学卒归于忠孝，则亘古至今，未有能议其非者，而今之从事西学者，均能知有君父，则算术技巧非必无补于世也。①

刘古愚序文中所言泾阳王葵心先生，即是与徐光启并誉为"南徐北王"的著名科学家王徵。王徵（1571—1644），字良甫，号葵心，又号了一道人、了一子、支离叟，明西安府泾阳县（今陕西泾阳）人，为最早的陕籍天主教徒之一。王徵留心经世致用之学，致力于传授西方学术，著有《新制诸器图说》，并与传教士邓玉函一起编译《远西奇器图说》。崇祯十六年（1643）十月，李自成陷西安，王徵听闻李自成欲请其出来做官，于是先自题墓石曰"有明进士奉政大夫山东按察司佥事奉敕监辽海军务了一道人良甫王徵之墓"，又书"精白一心事上帝，全忠全孝更无疑"等字付其子永春，更引佩刀坐卧家中的天主堂准备自尽，声言欲"以颈血谢吾主"。后李自成的使者果至，王徵遂拔所佩高丽刀欲自杀。使者上前夺刀，拉扯间使者伤手出血，大怒，本欲执王徵以行，经永春哀求，使者乃系永春回见李自成。王徵谓其子曰："儿代我死，死孝；我矢自死，死忠。虽不能不痛惜儿，愿以忠孝死，甘如饴也！"从此绝粒不复食，凡七日，于崇祯十七年（1644）三月初四日卒。

刘古愚认为，王徵"以身殉明，大节凛然，与西人天主之说泊三纲者截然不同"，故质之以柏景伟。而柏景伟对此则"常欲去之"。然柏景伟去世以后，其《关学编》中仍存王徵传记。这到底是柏景伟因为生病没有时间检择而留下的，还是他认为王徵"无愧忠孝"而有意保留下来的？对此，因故人已去，刘古愚无法判定，但他认为，"学卒归于忠孝，则亘古至今，未有能议其非者，而今之从事西学者，均能知有君父，则算术技巧非必无补于世也"。由此来看，他是赞同将王徵补入《关学编》的。对于王徵是否应该编入《关学编》，柏景伟的态度成了千古之谜，而刘古愚站在传统理学的立场上接纳西学的宽容姿态，更值得后人深思。

---

① 王美凤整理编校：《关学史文献辑校》，第620页。

关学思想流变研究

"横渠四为句"的内在意蕴
——以张载生命历程、境界追求和思想体系为基本视域的解读

随着近些年国家对传统文化的重视,"横渠四为句"——"为天地立心,为生民立命,为往圣继绝学,为万世开太平"越来越广为人知。当代一些学者基于不同的立场、角度和语境,对"横渠四为句"的思想内涵做了相应的解释。从诠释学的角度来看,在不同时代、不同个体、不同语境下,这句话会随着诠释向度的不同而呈现出不同的意义。然而,在张载本人的精神世界中,"横渠四为句"究竟具有怎样的意义?本文拟从其名称由来、版本变迁入手,对其与张载的境界追求、思想创造、人格气象之间的关系做一探讨,进而揭示其在张载精神世界中的意义。

一、"横渠四为句"的名称由来

一般认为,"为天地立心,为生民立命,为往圣继绝学,为万世开太平"是张载最早提出来的。因为张载是陕西宝鸡郿县(今眉县)横渠镇人,世称"横渠先生",所以学界一般将其称作"横渠四句"、"横渠四句教"或"横渠四为句"。其实,用"横渠四句"、"横渠四句教"或"横渠四为句"来概括"为天地立心,为生民立命,为往圣继绝学,为万世开太平"是近代以来才有的事,在古代并没有这种用法。

最早将这句话概括为"横渠四句教"的是马一浮先生。①1938年，马一浮应浙江大学校长竺可桢之邀，至江西泰和讲学。在此期间，他将这句话概括为"横渠四句教"，并对其逐一做了解释，用之勉励世人。马一浮在《泰和会语》中如此勉励大家：

> 昔张横渠先生有四句话，今教诸生立志，特为拈出。希望竖起脊梁，猛著精采，依此立志，方能堂堂的做一个人。须知人人有此责任，人人具此力量。切莫自己诿卸，自己菲薄。此便是仁以为己任的榜样，亦即是今日讲学的宗旨，慎勿以为空言而忽视之。②

为了这句话的广泛传播，马一浮先生还专门给丰子恺先生写信，嘱托他邀请名家为"横渠四句教"谱曲，以使天下广受教益。后来，萧而化先生将此谱为四部重唱，丰子恺先生特作附说，发表在当年的《宇宙风》杂志上，以广流传。这就是"横渠四句教"这一说法的由来。

最早将这句话概括为"横渠四句"的是冯友兰先生。1942年，冯友兰在全民抗战之际写成《新原人》一书。其自序中即引用此句以明心志：

> "为天地立心，为生民立命，为往圣继绝学，为万世开太平。"此哲学家所应自期许者也。况我国家民族，值贞元之会，当绝续之交，通天人之际，达古今之变，明内圣外王之道者，岂可不尽所欲言，以为我国家致太平，我亿兆安心立命之用乎？虽不能至，心向往之。非曰能之，愿学焉。③

在冯友兰看来，张载的这句话，也就是当代哲学家的使命。后来，冯友兰还将这句话概括为"横渠四句"，将之作为座右铭悬挂在寓所中以时时自励。而他在后来完成的皇皇巨著《中国哲学史新编》中，还用这句话作为结语，以表明自

---

① 关于马一浮对"横渠四句教"的阐发，参见肖发荣：《张载哲学精神的近代回响——以马一浮对"横渠四句教"的阐发为例》[《陕西师范大学学报》（哲学社会科学版）2013年第6期]。

② 刘梦溪主编，马镜泉编校：《中国现代学术经典·马一浮卷》，河北教育出版社，1996年，第6页。

③ 冯友兰：《新原人》，上海书店出版社，1996年，第1页。

己志向之所在。由此可见冯友兰先生对这句话景仰之深。①

应该说,马一浮先生和冯友兰先生对张载这句话的传播贡献是很大的,但将这句话概括为"横渠四句教"或"横渠四句"也有不确切之处。因为在张载的思想体系中,还有不少"四句"形式的格言。比如,最能表现张载辩证法思想的是:"有象斯有对,对必反其为;有反斯有仇,仇必和而解。"(《正蒙·太和篇》)最能表述张载哲学总纲的是:"由太虚,有天之名;由气化,有道之名;合虚与气,有性之名;合性与知觉,有心之名。"(《正蒙·太和篇》)因此,为了更好地将这句话和张载的其他"四句"形式的格言区分开来,就需要注意到这句话里边的四个"为"字,将之更精当地概括为"横渠四为句"。

二、"横渠四为句"的版本差异

顾名思义,"横渠四为句"就是横渠先生所讲的带有四个"为"字的格言。然而需要注意的是,在张载的著作里,"横渠四为句"的表述与"为天地立心,为生民立命,为往圣继绝学,为万世开太平"略有不同。现存包括张载《正蒙》《经学理窟》《横渠语录》二书在内的最早的理学丛书,是公元1168年之前刊刻的《诸儒鸣道》。在其中的《横渠语录》中,"横渠四为句"的表述是:

为天地立心,为生民立道,为去圣继绝学,为万世开太平。②

而在朱熹和吕祖谦编订的《近思录》以及由吴坚在福建漕治刊刻的《张子语录》中,"横渠四为句"的表述也与《诸儒鸣道》相同。这一表述与后世的差别,是把"立命"表述为"立道",把"往圣"表述为"去圣"。我们暂且不去讨论这两者之间的意义差别,先思考一个问题:这种文本的差异是怎么来的?通过文献检索发现,"为天地立心,为生民立命,为往圣继绝学,为万世开太平"的表述,最早出自文天祥的《御试策》一文。南宋宝祐四年(1256),文天祥以第五名中进士,参加了由宋理宗亲自主持的殿试。在临安殿试的答卷即《御试

---

① 关于冯友兰与"横渠四句"的关系,参见沈素珍、钱耕森:《冯友兰对"横渠四句"的执著情怀》(《东吴学术》2011年第2期)。

② 《诸儒鸣道》,上海图书馆藏宋刻本,卷十七《横渠语录中》。

策》中，文天祥说：

> 天地与道同一不息，圣人之心与天地同一不息。……道一不息，天地亦一不息；天地之不息，固道之不息者为之。圣人出而为天地立心，为生民立命，为往圣继绝学，为万世开太平，亦不过以一不息之心充之。①

可见，"为天地立心，为生民立命，为往圣继绝学，为万世开太平"这一提法并不是张载的原话，而是文天祥讲的。在文天祥看来，宇宙间存在着和天地一样亘古长存、千年不息的精神，这就是与圣人之心同等的"道"。无论天地万物怎样变化，总存在着一种长存不息的精神，而"为天地立心，为生民立命，为往圣继绝学，为万世开太平"就是天地精神、圣人之心的经典表达。正是由于这篇浩气长存的《御试策》，文天祥被擢拔为当年的状元。

那么文天祥所提出的这个"四为句"，是否与"横渠四为句"有一定的关系？通过对文天祥著作的考察，可以认定两者是有密切关系的。文天祥的著作里曾多次提到张载。比如他在写给朋友的书信中称赞张载：

> 横渠早年纵观四方，上书行都，超然有凌厉六合之意。范文正因劝读《中庸》，遂与二程讲学。异时德成道尊，卓然为一世师表。其视韩公（按：指韩愈）所为，盖益深远矣。②

文天祥认为，张载"德成道尊，卓然为一世师表"，比韩愈的贡献要大得多。另外，文天祥还将张载的《西铭》写成通俗诗歌赠送友人，说他"后来得《西铭》，精蕴发洙泗"，认为《西铭》阐发了孔子思想的精蕴。③我们认为，文天祥受张载思想的影响是很深的。正是因为"为天地立心，为生民立命，为往圣继绝学，为万世开太平"的精神激励，文天祥成为守卫大宋江山的千古名臣，留

---

① 文天祥：《文天祥全集》，北京市中国书店，1985年，第42页。
② 王梓材、冯云濠编撰，沈芝盈、梁运华点校：《宋元学案补遗》（第二册），中华书局，2012年，第1375—1376页。
③ 王梓材、冯云濠编撰，沈芝盈、梁运华点校：《宋元学案补遗》（第二册），第1380—1381页。

下了"人生自古谁无死，留取丹心照汗青"的千古绝句。更因为文天祥在抗元斗争中可歌可泣的英雄故事，"为天地立心，为生民立命，为往圣继绝学，为万世开太平"广为流传，成为后世口耳相传的千古名句。文文山先生，亦可谓"横渠之忠臣"也！

一首诗、一段话、一篇文献先后出现不同的表述，在历史上是常有的事。后人总是根据自己的理解和需要，不断地调整、完善、润色前人的论述，使之更能表达自己的心声。其实在文天祥之前，"横渠四为句"就因为个人语境的不同而被多次改造过，从而出现在表述上各有不同的多种版本。① 比如：朱熹的弟子陈淳（1159—1223）将"四为句"表述为：

为天地立心，为生民立命，为去圣继绝学，为万世开太平。②

朱熹的再传弟子真德秀（1178—1235）将"横渠四为句"表述为：

为天地立心，为生民立极，为前圣继绝学，为万世开太平。③

而朱熹的四传弟子、与文天祥为同年进士的黄震（1213—1280）则将"横渠四为句"表述为：

为天地立心，为生民立极，为往圣继绝学，为万世开太平。④

这样的例子在宋明文献里还有很多。我们认为，这种现象的存在说明至少从南宋开始，"横渠四为句"已经在知识分子中得到广泛认同和运用了。各种版

---

① 关于"横渠四为句"版本的讨论，主要见肖发荣《"立道"、"立极"、"立命"新探——"横渠四为句"的版本流变及其时代精神》（《天府新论》2014年第4期）、李锐《"横渠四句教"小考》（《史学史研究》2017年第3期）、张子峻《张载学术旨趣的三层面向——以"横渠四为句"为进路的考察》（《孔学堂》2019年第2期）等文。

② 陈淳：《北溪大全集》卷二三《与朱寺丞敬之一》，见《景印文渊阁四库全书》第1168册，台湾商务印书馆，1986年，第682页。

③ 真德秀：《西山读书记》卷三一，见《景印文渊阁四库全书》第706册，第98页。宋李幼武所纂《宋名臣言行录外集》卷四记载与此相同。

④ 黄震：《黄氏日抄》卷三三，见《景印文渊阁四库全书》第708册，第22页。

本的不同，正反映了"横渠四为句"在当时产生的社会影响。在明代以后，这种现象还一直存在。不过由于文天祥的说法流传更为广远，所以很多人都接受了这种说法，比如冯从吾《关学编》、黄宗羲的《宋元学案》中用的都是文天祥的表述；而在清代刻本《张子全书》中，张载的原话也变成了文天祥的表述。值得注意的是，不管"横渠四为句"在历史的流变中出现过多少不同的版本，但大家都普遍认为这句话是张载提出来的，是张载给中华民族文化做出的重大贡献，由此可见历史上广大知识分子、仁人志士对张载"创作权"的尊重。

基于以上分析，应该把"为天地立心，为生民立命，为往圣继绝学，为万世开太平"称作"横渠四为句"的"通行版本"，而把出自《张子语录》的"为天地立心，为生民立道，为去圣继绝学，为万世开太平"称作"横渠四为句"的"原来版本"。我们既要看到张载提出"四为句"的文化贡献，也要看到历代思想家和仁人志士对完善、传播"横渠四为句"所做的贡献，因此应该把"为天地立心，为生民立命，为往圣继绝学，为万世开太平"看作张载最先提出并经历代理学家润色、仁人志士传诵而成的经典名句，看作以张载为代表的中华民族知识分子共同智慧的结晶。我们在考察张载思想历史影响的时候，当然离不开"横渠四为句"的"通行版本"；但在考察张载思想本身的时候，还是用"横渠四为句"的"原来版本"好一些，这既是对张载创作权的尊重，也是合理阐释其思想内容的必要。

三、"横渠四为句"与张载人生

"横渠四为句"的原本表述是"为天地立心，为生民立道，为去圣继绝学，为万世开太平"。在张载的著作中，这句话只在《张子语录》中出现过一次。除此之外，我们没有看到张载对这句话的任何解释和论述，张载的弟子也没有人讨论过这句话。后来的思想家如冯从吾、贺时泰、黄百家等都认为这句话是张载自己的志向，是张载自己的人生期许。那这句话的意思是什么？它是张载在什么时间、什么情景下提出来的？对于这些问题，一时难以下结论，这就给这句话留下了无穷的诠释空间。

当代学者对这句话的解释，大致分为三种路向。一种是借用这句话来表达自己的志向和想法，或者来表达一个新的时代、新的语境下的意义；①另一种是将这句话放到整个历史文化场景下，阐释其历史文化意义；②而最后一种解释倾向，则是将诠释的目标定位为这句话在张载思想体系中的本意，但在解释的时候，多是将这句话中的词汇（如"天地立心"）还原到出典来解释。③如唐亚阳、陈谷嘉《论张载"为天地立心"的伦理意义》（《伦理学研究》2005年第9期），林乐昌《"为天地立心"：张载"四为句"新释》（《哲学研究》2009年第5期）、《为万世开太平：宋儒张载"四为句"新释》④、《"为生民立命"——张载命运论的新解读》（《西北大学学报》2019年第3期），刘梦溪《为生民立命——"横渠四句教"的文化理想》（《中国文化》2010年第1期），赵馥洁《张载"为往圣继绝学"》（《西北大学学报》2019年第3期），李长庚《"横渠四句"承载的哲理》（《政策》2019年第4期）等文。但是，正如朱熹所说，张载的论说"大抵皆古人说话集来"⑤，张载思想建构的特点类似于用旧砖盖新房子，他是借助儒家典籍的句子、典故来表达自己所开出的新义理。这是张载经典诠释中最重要的特点。所以用这种方式解释"横渠四为句"在张载思想中的意义也是行不通的。要理解"横渠四为句"在张载思想中的本来意义，就需要回到张载的原本表述，并将之置于张载的生命历程和思想语境下去理解。

张载终年58岁。在他的人生中有三个重要的节点：一是他21岁的时候在延安见到范仲淹，从一个喜谈兵、热爱兵法的青年转变为一个学者；二是他37岁的时候在开封见到二程，说"吾道自足，何事旁求"，这说明他已经对儒家文化树立

---

① 关于"横渠四为句"当前现实意义的阐释，主要见姜涛《"横渠四句"与知识分子的使命感》（《太原师范学院学报》2008年第2期），石娅妃、包莹《"横渠四句"的深刻意蕴及对新时代高校师德建设的价值》（《教育评论》2019年第7期）等文。

② 关于"横渠四为句"历史文化意义的阐释，主要见张岱年《试谈"横渠四句"》（《中国文化研究》1997年第1期），张广庆《也谈横渠"四句"》（《济南教育学院学报》2003年第3期），刘学智《张载"为天地立心"释义》（《西北大学学报》2019年第3期），韩星、李雅雯《中国士人使命担当的经典表达——张载"为万世开太平"新解》（《西北大学学报》2019年第3期），韩星《为天地立心——天地人一体以人为主体的精神》（《中国宝鸡张载关学与东亚文明学术研讨会论文集》，2007年）等文。

③ 关于"横渠四为句"在张载思想中的意义阐释，主要见余敦康《为天地立心：张载的宇宙论思想》《国际儒学研究》（第一辑），1995年。

④ 《儒学的当代使命：纪念孔子诞辰2560周年国际学术研讨会论文集》（第一册），2009年。

⑤ 朱熹著，朱杰人、严佐之、刘永翔主编：《朱子全书》第17册，上海古籍出版社、安徽教育出版社，2002年，第3312页。

了坚定的信仰；三是他50岁的时候遇到王安石，因为彼此对改革的看法不同，此后张载就退居横渠镇了。"横渠四为句"的提出，与张载的生命经历和心路历程是紧密相关的。

首先，"为万世开太平"是张载对社会的终极关怀、对未来的真诚关切，是其一生最大的理想追求。这一信念贯穿于张载的一生，体现在张载人生的方方面面，是其一生的"初心"。试想，没有早年家庭教育熏陶出来的"虔奉父命，守不可夺"的志向，张载怎么可能"少孤自立，无所不学"？没有父亲很早就在他内心埋下的"以天下为己任"的种子，张载又怎么可能去关注宋夏边患危机，而"少喜谈兵，至欲结客取洮西之地"？所以，张载在幼年时期就已经树立"为万世开太平"的志向了，不过这一志向在当时还比较模糊。正因为有这一志向，才会有后来的"为生民立道"，通过辛苦的学习寻求人生的价值；才会有后来的"为去圣继绝学"，在生活中践行落实、体会检验、阐释推进儒家的学说理念；也才会有"为天地立心"，从宇宙存在的高度去论证儒家价值理念的合法性、正当性。

其次，"为去圣继绝学"是张载对传统的尊重、对文化的终极关切，是其一生最重要的思想主题。21岁之前，张载主要着眼于国家的边患，因此主要是从军事边防的角度切入"致太平"的。在这一时期，他还是一位"以功名自许"的豪杰壮士，而不是一位学者，他还没有提出他人生中的真正命题。直到受到范仲淹的提点而读《中庸》，他才逐渐发现，要想实现天下的太平，并不能仅仅着眼于军事，而应该从根本入手，为社会确立合适的价值观。这个转变，用张载自己的话来说，就是要"为生民立命"，要通过理论的研究，确立整个社会中所有人的价值信仰。那怎样的价值观才是合适的价值观呢？张载开始读《中庸》，但并没有从中找到答案。他进而用十余年的时间到佛老思想中去寻求，也没有找到答案。但通过这一番学习，他认识到儒家价值观念比佛老思想更适合现实的需要，于是他"反之六经"，再次把对儒家经典的研习作为重点。通过数年的学习，他在三十七八岁的时候已经确立了对儒家价值观的信仰。有了这个信仰，张载才会产生对儒学的认同和信心。对儒家文化传统的坚定信仰，是张载一生的价值依托，也是他建构思想学说的文化依托。

再次，"为生民立道"是张载对民生的终极关怀，是其一生最大的事业。为了让自己上下求索所找到的价值理念落实于社会而为大众广泛接受，张载不得不投身于社会的政治实践和教化事业中去。当时恰适张载踏入仕途，于是他以出仕为政去施行儒家的思想，利用空闲去讲学。然而，现实的道路并不平坦。他所讲的东西别人未必都信，不过这一问题随着吕大钧拜他为师基本上解决了。此外，儒家的价值理念要得以实现，必须依靠更高的政治地位和社会影响力。熙宁二年（1069），宋神宗准备实行变法，大力招揽有才之士。张载也得到举荐而进入朝廷。熙宁十年（1077），张载得到吕大防举荐再次进京时，说道："吾是行也，不敢以疾辞，庶几有遇焉。"他之所以要出仕，并不是因为爱官，而是对自己的理想追求抱有深切的希望。

最后，"为天地立心"是张载在思想创造上的最高追求。由于张载的政治观念与当时执政者的想法并不相同，他只能退回横渠镇，从事民间讲学和著述活动。也正是在政治理想无法实现的情况下，张载不得不走上另一条道路，即进一步深入理论的研究，以确立自己的理想观念。这条道路，主要是通过对"天道"的思考去确立人们对儒家价值观念的信仰和对其政治理想的认同。这条道路，用张载自己的话来说，就是"为天地立心"。所谓"为天地立心"，其实并不是说天地没有心而要为天地确立出一个心来，而是说要从哲学的高度，回答天地万物统一性问题，进而确立起天地万物的客观依据和规律，作为人类实现自我价值和建构社会秩序的自然依据。而这一追求的实现，恰恰是张载人生追求和思想发展的最高峰，代表着张载最主要的思想创造。

张载"为天地立心，为生民立道，为去圣继绝学，为万世开太平"的志向，是在他的生命历程中提炼出来的，是与其特定的人生阶段相对应的。21岁之前，张载"幼承庭训，少喜兵法"，萌发了"为万世开太平"的初心；21岁到三十七八岁，张载"受读《中庸》，笃学志道"，确立了"为去圣继绝学"的信念；38岁到51岁，张载"出仕讲学，敦本善俗"，实践着"为生民立道"的理想；51岁到58岁，张载"退居横渠，著述立说"，不仅完整地提出了"为天地立心，为生民立道，为去圣继绝学，为万世开太平"的志向和期许，更把全部的精力投入到著述立说、社会实践、弟子教化中去，他仰思俯读，"志道精思，未始须臾息，亦未尝须臾忘也"，完成了"为天地立心"的追求。故而，张载的一生，就是志道为学的一生，就是追求"为天地立心，为生民立道，为去圣继绝学，为万世开太平"的一生。

综上所言，"为万世开太平"（实现社会的永恒太平）是张载一生最大的理想追求,"为生民立道"(确立全社会的价值信仰)是张载一生最大的事业,"为去圣继绝学"(继承圣贤的理念学说)是张载一生最重要的思想主题,"为天地立心"是张载一生最大的思想创造。张载的理想,就是要通过"为天地立心"来"为生民立道",就是要通过"为生民立道"来"为去圣继绝学",就是要通过"为去圣继绝学"来"为万世开太平"。"为天地立心,为生民立道,为去圣继绝学,为万世开太平"并不是彼此孤立的教条,而是相互贯通的体系,完整地体现了张载一生为学的追求、主题、方向与创造,是张载一生价值追求的简要概括。

四、"横渠四为句"与《西铭》宗趣

张载隐居横渠镇的七年(1069—1076),是他思想创造最重要的时期,也是他学术思想的成熟时期。因此,"横渠四为句"所体现的理想,必然要体现于这一时期其最重要的作品《西铭》中。

《西铭》是张载思想精华中的精华,是张载思想成熟后,换一种眼光对宇宙万物、社会人生的观照。而这所谓的"换一种眼光",也就是打开自己的心灵,用"与万物一体"的眼光来观照这个世界。在这种宏阔的、开放的视域下,"我"不再是仅仅局限于个体的小我,而是能够包容万物的大我。而宇宙万物的存在,以及社会人生的意义,也得以彰显为四重相关的新的文化意境。

第一重,"大我"新视野下的天地万物。

> 乾称父,坤称母;余兹藐焉,乃混然中处。故天地之塞,吾其体;天地之帅,吾其性。民吾同胞;物吾与也。(《西铭》)

在此视域下,秉承自强不息精神的上天即为我们共同的父亲,秉承厚德不息精神的大地即为我们共同的母亲,而人类乃是天地生化养育万物中渺小的一种,因为天地万物的形体都是气化而成,故而与天地万物混然如一而处其中。所以说,充满天地之间的,是构成我们生命的共有物质;统率天地万物的,是我们生命中的本性;与我们同处于天地之间的所有生民,都是我们的同胞;而与我们同生于天地之间的万物,都是我们的朋友。如此,我们怎能不爱戴如同父母般的天地？怎能不认同万物一体？怎能不遵照天地的主宰、我们的本性生活？又怎能不爱护他人和万物？将天地万物看作一体，发扬自己的仁爱本性去对待他们，岂不是确立了天地的精神，岂不是"为天地立心"？

第二重，"大我"新视野下的社会伦理。

> 大君者，吾父母宗子；其大臣，宗子之家相也。尊高年，所以长其长；慈孤幼，所以幼其幼。圣其合德，贤其秀也。凡天下疲癃残疾、惸独鳏寡，皆吾兄弟之颠连而无告者也。于时保之，子之翼也；乐且不忧，纯乎孝者也。违曰悖德，害仁曰贼；济恶者不才，其践形惟肖者也。（《西铭》）

在此视域下，人人都发挥仁爱精神，则政治生活中的最高统治者就是如同父母的天地在人类社会中的合法掌政者，而辅佐他的各个机构部门的大臣就是他的助手。社会中的圣人，就是能够与天地道德相合的人；社会中的贤者，就是人群中出类拔萃的人。对于他们，我们难道不应该抱有尊敬之心？而天下还有许许多多生活贫困、身体残疾的人，还有许许多多失去亲人和依靠的人。对这些生活困苦而无处倾诉的人，应时时保持仁爱之心，尽保障翼护之责；以喜悦之心爱护他们而没有忧烦，这才是对天地父母最纯粹的孝道啊！反过来，违反这种本性的就是背离，戕害仁性的就是贼子，相助于作恶者便是不才，而对此身体力行的才是上天的好子女啊！张载此说，基于对天地万物的认识而落之于人类社会，将人类社会看作一个各尽其职的大家庭，将发扬仁爱之心作为人的应尽职责。这不就是"为生民立道"吗？

第三重，"大我"新视野下的历史文化。

> 知化则善述其事，穷神则善继其志。不愧屋漏为无忝，存心养性为匪懈。恶旨酒，崇伯子之顾养；育英才，颍封人之锡类。不弛劳而厎豫，舜其功也；无所逃而待烹，申生其恭也。体其受而归全者，参乎；勇于从而顺令者，伯奇也。（《西铭》）

张载以上天作为人类本性的来源，所以要了解人类的本性，就要了解天；而要了解天，则要了解天的性能——神化。所以穷神知化，就是人尊天、事天的使命和要求。张载认为，知道宇宙万物演化的规律，才能很好地演述其故事；穷尽宇宙万物演化的神妙，才能很好地继承上天的志向。落实到社会生活中，无愧于祖先神灵才会没有愧疚，能够存心养性才算没有松懈。他举了六个例子来说明：崇伯子（即大禹）能远离美酒，这是能从自身修养做起的人；颖封人（即颖考叔）善于教化他人，这是能正己感人的人；大舜能辛苦地劳作而充满快乐，这是乐观奉天的人；申生能遵从天命而不逃避，这是心存恭敬的人；洁身自好，将身体完整地归还乾坤父母的，则是曾参；勇于顺从而守护天命的，则是伯奇。向这些人物学习，把他们的品德落实于生活，这就是"为去圣继绝学"。

第四重，"大我"新视野下的人生境界。

> 富贵福泽，将厚吾之生也；贫贱忧戚，庸玉女于成也。存，吾顺事；没，吾宁也。（《西铭》）

确立了万物一体、广大深厚的仁爱之心，则能正确地面对自己的生活境遇。如果生活富有、地位高贵、事情顺利、受人关爱，就将之看作上天对我的厚爱；如果生活贫困、地位低贱、事情曲折、没人关心，就将之看作上天对我的磨炼。活着，我就顺从本性做事；生命要结束了，我也坦然地面对。这是一种豁达面对生活境遇和坦然面对生死的人生态度。如果每个人都能有这样的人生态度，又何愁天下不太平？这不正是"为万世开太平"的基础吗？

如此看来，短短的一篇《西铭》，将张载的世界观、人生观和社会观表露无遗，也体现了其"为天地立心，为生民立道，为去圣继绝学，为万世开太平"的理想追求。

五、"横渠四为句"与《正蒙》大旨

《正蒙》是张载一生思想的精华，在他去世前一年基本完成，经其弟子苏昞划分篇章之后通行于世。从《正蒙》的篇章次序和内容来看，它也体现了"横渠四为句"的思想追求，是"横渠四为句"这一理想追求在思想创造上的具体体现。

张载"为天地立心"的思想追求，主要体现在《正蒙》之《太和篇第一》

《参两篇第二》《天道篇第三》《神化篇第四》四篇中。《太和篇第一》的主题，就是说明整个宇宙是一个实有的、整体的、和谐的、运动的、有自性、有规律的存在——太和，这是张载关于宇宙最基本的看法。基于这一看法，张载提出，佛老所谓的"太虚"，并不是什么都不存在的虚无，而是一种无形无象的存在。这样的太虚，因为自性而运动，从而表现为运动的、有象的气，再由这样的气变成有形质的万物，进而再变回太虚。《参两篇第二》是用阴阳观来解释天地日月星辰和气候气象，主要体现了"天是宇宙的主宰"的观点。《天道篇第三》则将整个宇宙看作天，由天与地上万物的关系揭示天的性质。《神化篇第四》，揭示人要知天，就是要了解天的性能——穷神知化，而且能够存神顺化。这四篇的内容，基本上都是对天道的探讨，体现了"为天地立心"的志向。

张载"为生民立道"的思想追求，主要体现在《正蒙》之《动物篇第五》《诚明篇第六》《大心篇第七》《中正篇第八》《至当篇第九》五篇中。《动物篇第五》也是用阴阳观来解释动物、植物的生命形式以及人类的生命活动，从而确立起人在万物中的地位。《诚明篇第六》则提出：人应该发挥上天赋予的德性，也就是要穷理尽性，达到对自我本性的实现。那人如何实现自己的本性呢？这就是《大心篇第七》所要回答的问题了。《大心篇第七》将人的认识分为"见闻之知"和"德性所知"两种，认为人要"尽性"，就要发挥"德性所知"，扩充心灵，使其和宇宙一般大。《中正篇第八》则解释了人不仅要大心，而且要合乎道，这就是"中"，"中正"是为人的基本准则。《至当篇第九》则将"中正"之道推进至个人和社会，认为人只有"顺理"，才能实现自己的个人幸福，实现社会的整体幸福。

张载"为去圣继绝学"的思想追求，主要体现在《正蒙》之《作者篇第十》《三十篇第十一》《有德篇第十二》《有司篇第十三》四篇中。"为生民立道"是圣人的理想人格，然而圣人在现实中是否存在？这是张载不能不回答的一个问题。而《作者篇第十》主要从历史上文明的创制者入手，回答了谁是历史上的圣人及历史上圣人有什么样的品质的问题，也就是往圣的存在及品性问题。《三十篇第十一》紧承其上，将目光集中于孔子身上，认为孔子是继承尧舜禹汤文武周公这些圣王品德的圣人，其弟子颜回则是追随圣人的大贤。《有德篇第十二》进而讲述了孔子的思想境界，《有司篇第十三》则扼要阐释了孔子的政治思想。

张载"为万世开太平"的思想追求，主要体现在《大易篇第十四》《乐器篇第十五》《王禘篇第十六》《乾称篇第十七》中。这部分内容虽然是以解释儒家经典为主，但我们知道，张载是主张以儒家经典为依据来"渐复三代"的，所以这些篇章基本体现了张载的社会政治思想。张载正是通过对经典的解释，阐发了"为万世开太平"的社会理想。

张载的思想体系，实际上是他的"四为"精神在思想建构上的具体体现。其宇宙观的建构，体现了"为天地立心"的情怀；人生观的建构，体现了"为生民立道"的现实关怀；而对圣人和经典的诠释，体现了"为去圣继绝学"的文化使命；对道德实践和社会秩序的构想，体现了"为万世开太平"的社会理想。

"横渠四为句"不是孤立的四个教条，而是相互贯通的思想整体。其中，"为天地立心"的"心"，最终落实到人，也就是"为生民立命"中的"生民"；"为生民立命"的"命"，最终落实到文明的创制者，也就是"为往圣继绝学"中的"往圣"；"为往圣继绝学"中的"学"，最终体现为"万世"亘古不变的真理；而"为万世开太平"的"太平"，不仅指向每个个体的身心和谐、整个社会的群体和谐，而且还指向人与天地万物的和谐，也就是《易传》所说的"保合太和"，这就是身心、你我、天地人圆满和谐的境界，也就是张载在《西铭》中所论述的"民胞物与"的宇宙境界。

本体歧义与虚气之争：
张载哲学本体论研究刍议
——兼论中国哲学本体论研究的基本定位

作为北宋时期重要的哲学家，张载的价值取向以儒家为归依，其理论宗趣则在于为儒家的价值取向提供合理的诠释。就此而言，学者大抵是没有多大异议的。然而，对于张载为儒家价值体系建构的一整套理论体系，特别是"太虚"和"气"的内涵及关系问题，从古到今，一直存在着各种不同的理解和评价。20世纪以来，学者围绕这一问题展开了激烈而持久的学术争论，形成了多种观点。故"虚""气"之内涵及关系问题，不仅是张载哲学体系的内在核心，而且成为解读张载哲学的关键。本文将张载哲学研究中围绕虚气之内涵、性质、关系等问题的种种见解分歧统称为"虚气之争"，并试图从对张载哲学诠释活动的主体性根源的剖析入手，探讨以往在本体论范式下解读"虚气关系"存在的主要问题，以期为"虚气之争"问题的解决提供一定的帮助。

一

从诠释学的观点来看，对张载哲学的研究本身就是一种诠释活动。在这一活动之中，张载的哲学文献是诠释活动所面向的主要文本，构成了影响解释效果的客观因素。就这一方面而言，不可否认张载思想有不成熟甚至相互矛盾的地方，也不可否认张载在语言表述上有不精当的地方，这些问题呈现于同一文本之中，是造成后人理解分歧的客观原因。另一方面，从解释主体的角度来看，解释主体是解释活动中的积极因素，其存在状况、解释意向、解释范式等都会对解释效果产生重要的影响。

那么，哪些因素是影响人们对张载哲学的理解，导致"虚气之争"的主要根源呢？首先，文本方面的原因不能构成影响理解的主要因素。张载的著作中，与"虚气之争"相关的论述多出于《正蒙》，而《正蒙》为张载晚年所作，即使其中有思想不甚成熟、语言表述不甚精当的问题存在，但从其整体来看，仍然是一个体系完整的思想文本，不会对后人的理解造成很大的影响。其次，解释主体之理解、接受能力高下不同或者对文献的占有不同也不应该是造成后人诠释差异的主要因素。因为占有材料的不足或者对文献的断章取义、望文生义等，在诠释的相互争论中很容易被发现并获得解决。那么，影响人们对张载哲学的理解，导致"虚气之争"的主要根源在于什么呢？应该在于人们解读张载思想时所采取的范式。范式是解读文本活动中的主要"前见"，采取的哲学范式不同，会对理解张载哲学产生重要的影响，以前运用唯物、唯心的范式理解张载哲学造成的偏失就是典型的例证。目前，人们已经看到这种范式的弊端，不再用它来诠释张载哲学了，故本文不对此种范式予以批判。

但是，就目前的张载研究而言，仍然没有合理地解决虚气关系的问题。这说明，当前人们理解张载哲学所采取的范式仍然是有问题的，如果对这种哲学研究范式缺乏自觉检讨，就不可能合理地解决"虚气之争"，从而也不能合理地解决张载整个哲学体系的一贯性、统一性问题。但是到目前为止，还没有进行过对当前研究范式的深入检讨。故本文以当前张载哲学研究中最为普遍的一种哲学范式——本体论哲学范式为对象，剖析学者借鉴这一范式诠释虚气关系时所存在的一些问题，并通过对这一范式的内涵转化，对"虚气之争"中的主要问题做出回应。

二

如果对数年来张载哲学研究成果做一扼要归结，则不难发现，学者对虚气关系之争论，主要通过以下问题凸现出来，即：张载哲学之本体是"太虚"还是"气"，抑或是其他？"太虚"究竟是不是"气"？"太虚"和"气"是形而上的还是形而下的？

首先看第一个问题。对此问题，学界存在气本论、太虚本体论、性气二元论等不同观点。然而，学者常常忽略了这一点：除对文献的贯通把握之外，只有在对"本体"一词的内涵有共同理解和认同的前提下，才可能对这一问题做出合理的回答。如对"本体"一词内涵理解不同，各种观点则各道其所道，"虚气之争"自然不能平息。当今围绕虚气关系引发的各种观点、争论，其根源正在于此。大抵而言，主张气本论的学者，大多以本体为宇宙万物之共同质料、共同本原；而主张太虚本体论的学者，则大多以本体为宇宙万物之共同属性、共同主宰。故要明确张载学说中的"本体"为何，首先需要确定"本体"一词的具体内涵。

从思想渊源上讲，当今中国哲学界所用的"本体"一词源于西方哲学，和中国古代哲学中所说的"本体"一词意义不同。在中国古代哲学中，"本体"一词的基本含义为本来、本然，如张载所说："太虚无形，气之本体。"张岱年说："张载所谓'本体'，不同于西方哲学中所谓'本体'，而只是本来状况的意义。"①张载所说的"本体"与当今哲学界所言"本体"意义并不相同，学者亦多不从此种意义上诠释虚气关系。当今中国哲学界所言"本体"，实际上是在借鉴西方哲学"本体"一词的意义上使用的。故要理解张载哲学诠释中"本体"的确切含义，还需要从西方哲学说起。

亚里士多德曾指出，哲学起于惊异。西方哲学的产生，根源于对宇宙万物生灭变化的惊异，而期望从中寻求到永恒不变的东西。希腊早期自然哲学即已关注此问题，并提出了水、无限、气等作为万物的"基质"，即万物从其中产生，并最终要回归到那里去。但是，此种意义上的"基质"并非世界的本体，而是万物的本原。西方哲学也将此思路称为宇宙论的思路，而非本体论的思路。

本体思想的真正产生，肇端于赫拉克利特的"逻各斯"（logos，理性、理念），根源于巴门尼德斯世界二分之思想，经由苏格拉底、柏拉图、毕达哥拉斯的发展，至亚里士多德而基本形成。这种观点认为：万物的存在是有差别的、变动不居的，但这仅仅是世界的表象，因此可以说是"非存在"；而在万物之背后，有着决定、主宰表象何以如此的原因，此种原因为统一的、固定的、不变的存在，这是世界的本质，故可以说是真正的"存在"。如此，将世界划分为现象与本质对立的二重世界。本体的思想即是在这种二重划分的基础上建立起来的。古希腊先哲一般认为，在本质界中，有一个决定一切、规定一切的存在，此即世

---

① 张岱年：《关于张载的思想和著作》，见张载：《张载集》，中华书局，1978年，第3页。

界万物的共同本体。在西方哲学的发展流变中，虽然不同的哲学家对"什么是世界的本体"做出了不同的回答，但本体的内涵还是基本保持不变的，即本体是宇宙万物存在的终极依据。

但是，当中国学者借用"本体"这一词语时，因为思维方式和理解的不同，此种本体观念发生了意义变化，从而衍生出种种不同意义之本体。大致而言，其主要内涵有：其一，从世界统一性的基本原理出发，认为本体是宇宙万物存在之共同属性、共同质料或共同本原；其二，从世界万物存在的规定性出发，认为本体是宇宙万物之终极决定、终极依据。① 对本体内涵的不同理解，正是造成张载哲学"虚气之争"的重要根源之一。

那么，在中国哲学的视野下，应该如何理解本体的内涵呢？中西哲学的本体概念是在不同的致思取向下形成的，在不同的哲学家那里，本体所指也各有不同。但大抵而言，西方哲学中的本体都须具有终极依据的意义，这是西方哲学中本体的基本内涵；而其他的意义则以此为前提，根据追问本体的思路的不同或者所确立的本体的不同而有所不同，并不构成本体概念的最基本内涵。所以，终极依据是"本体"这一词语的第一要义，我们借助"本体"这一词语诠释中国哲学时，发现只有在这一意义上中西方哲学所谓的"本体"才是互通的，故在坚持和认同"本体"这一意义的前提下，才能确定一个哲学理论体系中的"本体"为何，进而对本体的其他特征获得合理理解。

基于中西方哲学中之本体基本内涵为终极依据这一认识反观"虚气之争"现象，则张载哲学中之宇宙本体似不应该是"气"。"气"固然是张载宇宙论哲学中的一个重要概念，但其主要内涵是标志着宇宙万物统一性的哲学范畴，它和宇宙万物具有同一性，并不决定宇宙万物的存在发展、生灭变化，故对宇宙万物而言，也不具有终极依据的意义。宇宙万物的本体，即其存在、运动、变化的终极依据，应该从其"性体"上寻找。张载说："太和所谓道，中涵浮沉、升降、动静、相感之性，是生絪缊、相荡、胜负、屈伸之始。"② "太和"是对宇宙整体的描述。在张载看来，宇宙本身就是最高的和谐整体，万物的生长变化则根源于宇宙自身具有的"浮沉、升降、动静、相感之性"，"太和"能创生宇宙之秩序即谓"道"。"太

---

① 在诠释的过程中，也有将几种意义不加区别混同使用的，但仔细来看，这种混同并不利于哲学研究的深入展开。

② 张载：《张载集》，第7页。

和所谓道"，其中有能创生义、带气化之过程义、至动而不乱之秩序义，三义俱备，方是"道"的完整意义。张载认为，宇宙万物的本体，在于其自身所具有的内在性体。此性体是涵盖乾坤的，是绝对普遍的，虽具于个体，亦是绝对普遍的，"非有我之得私也"。然而，张载并不以上述两两相对的性能作为宇宙万物的本体，他认为这些性能仍有其根源。"太虚无形，气之本体。"①在张载看来，无形的"太虚"是"气"的本来存在状态，称为"太虚之气"，故云"至静无感，性之渊源"②。"至静无感"之性，也就是"太虚之气"的性体，姑且称为"太虚之性"，它是宇宙万物性能的根源，也是宇宙万物存在、发展、运动、变化的终极根源，所以就是宇宙万物的本体。

三

"虚气之争"的第二个重要问题是："太虚"究竟是不是"气"？对此问题，张载虽然有"太虚即气""虚空即气"等表述，但学者却有不同的理解，有的认为"太虚"就是"气"，有的认为"太虚"并不是"气"，虚与气的关系是相即不离。本文认为，以往研究对此问题的不同回答，忽略了"太虚"在张载哲学中的多义性，而将张载文献中多处论及的"太虚"视为内涵统一的哲学范畴，而这一点恰恰并不符张载的行文特点和诠释思想。

张载已经意识到诠释古典时存在的一些问题。他说："凡观书不可以相类泥其义，不尔则字字相梗，当观其文势上下之意。如'充实之谓美'，与《诗》之言美轻重不同。"③古人用语相同或相类之处，其义也有不同的情形，必须据其行文趋势、上下文意来做通盘的理解，否则前后文字互相矛盾，无法做恰当的诠释。张载又提出"心解"的诠释学主张，他说："心解则求义自明，不必字字相校。譬之目明者，万物纷错于前，不足为害，若目昏者，虽枯木朽株皆足为梗。"④这是提醒学者，对义理要有莫逆于心的体会，要从宏观大局整体把握，不必在文字细节处太过计较，以免胶柱鼓瑟，死于句下。这正是我们理解张载思想的基本原则。

---

① 张载：《张载集》，第 7 页。
② 张载：《张载集》，第 7 页。
③ 张载：《张载集》，第 322 页。
④ 张载：《张载集》，第 276 页。

通过对文献的查阅还可以看出，张载所运用的"太虚"一词，的确在其行文中具有不同的意义。"太虚"一词并非张载首创，而是最早出于《庄子》。《庄子·知北游》曰："若是者，外不观乎宇宙，内不知乎太初，是以不过乎昆仑，不游乎太虚。"在张载之前，"太虚"一词为佛老所常用，如东晋道安、唐代慧海禅师都曾论及"太虚"。① 众所周知，批判佛老、弘扬儒学是张载自我认定的重要使命，"太虚"一词正是在这种使命意识下被自觉运用的，故其意义有基于佛老思想的传统认识而言者，也有在建构儒学的创新意义上而言者。且看张载所说：

气坱然太虚，升降飞扬，未尝止息，《易》所谓"絪缊"，庄生所谓"生物以息相吹""野马"者欤！②

《正蒙·太和篇》这一句中的"太虚"显然不是指"气"，否则便为无意义的语言重复。其意义应为无限的空间，这正是基于佛老对"太虚"的认识而言的，不是张载哲学中"太虚"的主要意义。

太虚不能无气，气不能不聚而为万物，万物不能不散而为太虚。③

此句中前一个"太虚"为广大之空间，理由同上；后一个"太虚"则不能理解为空间，否则"万物不能不散而为太虚"讲不通，而应为"气"的本然状态。

太虚无形，气之本体，其聚其散，变化之客形尔。④

此句中之"太虚"，应为"气"的本然状态。

---

① 道安在《人本欲生经注》中解释佛经"想受灭尽定"一语说："行兹定者，冥如死灰，雷霆不能骇其念，火燧不能伤其虑，萧然与太虚齐量，恬然与造化俱游。"《景德传灯录》卷二八《慧海语录》载："又问：'如何是法有宗旨？'师曰：'随其所立，即有众义。文殊于无住本立一切法。'曰：'莫同太虚否？'师曰：'汝怕同太虚否？'曰：'怕。'师曰：'解怕者不同太虚。'"
② 张载：《张载集》，第8页。
③ 张载：《张载集》，第7页。
④ 张载：《张载集》，第7页。

> 气之聚散于太虚，犹冰凝释于水，知太虚即气，则无无。①

此句中之"太虚"为"气"的本然状态。此句也是理解"太虚"是不是"气"的关键。由水冰之喻可以知道，张载认为"太虚"和"气"是同质的，"气"聚于"太虚"，如同冰凝于水；"气"散于"太虚"，如同冰释于水，弥散状态的"气"和"太虚"是同一的。

由上可知，张载虽然也曾在无限空间的意义上运用过"太虚"，但这种运用主要是针对佛老思想的偏失而言的，并不构成张载哲学体系的主要范畴。在大多数情况下，张载所言的"太虚"，指的是"气（宇宙万物）"的本然状态，在这个意义上可断定，张载所言"太虚"的主要内涵并非绝对的空无，也并非和"气"不同的另一种存在，也不是和"气"的内涵完全同一，其准确的内涵是"气"散的一种状态，可名之为"太虚之气"，这也是作为宇宙万物统一者之"气"的本然状态。

四

与以上两个重要问题相关的第三个重要问题是："太虚"与"气"是形而上的还是形而下的？对此问题，学者有形而上、形而下两种不同的认识。这里的观点分歧，一方面根源于程、朱对张载思想评价的影响，另一方面则在于忽略了中国哲学面向世界整体之基本态度的独特性。

如上所述，中国哲学不同于西方哲学。西方哲学将世界划分为现象与本质二重世界，并以此为前提建构其本体论的思想模式；而中国哲学的表现形态，是在"宇宙本身是真实的和谐整体"这一认识的前提下，将对宇宙万物之统一性的探求作为哲学思考的第一要务。张载的"气"正是对宇宙万物统一性的抽象概括。在张载看来，"气"并非仅仅指看不见的存在，而是统一"有形""无形"两种存在的哲学范畴，是标志着宇宙万物真实性、统一性、和谐性的哲学范畴，故其仍是对宇宙万物的抽象概括，具有形而上的哲学品质。

但就存在状态而言，"气"有"形质之气"和"太虚之气"两种形态。"形质之气"是可见的，表现为具体的物，因而是形而下的。关于"太虚之气"，由

---

① 张载：《张载集》，第8页。

于张载认为其是"无形"而"有象"的,故有学者认为,形而上指的是完全抽象的存在,既然"太虚之气"有象,则应该是形而下的。这样,"气"两种形态的形而下性和"气"整体的形而上性似乎出现了矛盾。

针对这个矛盾,首先让我们对"太虚之气"的性质做一判定。"太虚之气"既然是"无形"而"有象"的,那么,对其到底是形而上还是形而下的判定,实际上就是对有"象"者是形而上还是形而下的判定。对此,张载认为:

> 太虚之气,阴阳一物也,然而有两体,健顺而已。亦不可谓天无意,阳之意健,不尔何以发散和一?阴之性常顺,然而地体重浊,不能随则不能顺,少不顺即有变矣。有变则有象,如乾健坤顺,有此气则有此象可得而言;若无则直无而已,谓之何而可?是无可得名。故形而上者,得辞斯得象,但于不形中得以措辞者,已是得象可状也。今雷风有动之象,须得天为健,虽未尝见,然而成象,故以天道言;及其法也则是效也,效著则是成形,成形则地道也。若以耳目所及求理,则安得尽!如言寂然湛然亦须有此象。有气方有象,虽未形,不害象在其中。①

在张载看来,形而上者虽然无形,但并非不可认知、不可言说的存在,其仍然在可以感知、可以意会、可以言诠的范围内,是确实的存在。象虽然是无形的,但同样可以为人感知、意会、言诠,故其仍是形而上者。张载又说:"形而上者,得意斯得名,得名斯得象;不得名,非得象者也。故语道至于不能象,则名言亡矣。"②由此可以断定,张载哲学中所说的"太虚之气"虽然"无形"而"有象",但仍是形而上者。

由上述可知,"气"具有"太虚之气"和"形质之气"两种存在形态,其性质则有形而上、形而下的区别。因此,单纯以形而上言"气",仍然存在理论上的不足。对于这一问题,首先要看到张载说"气"是形而上的时候,是就"气"的本然状态、理想状态而言的,"太虚之气"既然是"气"的本然状态,那么,其形而上性也就决定了"气"具有形而上的性质。"形质之气"只是"气"的

---

① 张载:《张载集》,第231页。
② 张载:《张载集》,第15页。

"变化之客形",故其形而下性不能说是"气"的本性。但是,就变化流行的整体过程而言,"气"仍然可以具有形而下的性质。这样,在张载哲学中,"气"具有贯通形而上、形而下的性质。张载说:

> 凡不形以上者,皆谓之道,惟是有无相接与形不形处知之为难。须知气从此首,盖为气能一有无,无则气自然生。气之生即是道是易。①

"气"作为张载宇宙论哲学的重要概念,其功能不仅在于统一万物,而且在于贯通幽明(有无)、"形不形"。"气从此首"是说"气"正是在此开始,起了贯通形上形下的作用。"惟是有无相接与形不形处知之为难",这就是"气"难了解之处。张载说:"由气化,有道之名。"②在"化"的过程中,"气"自然起了贯通形上形下的作用,这就是道、是易。不过"气"的功能还是本之"太虚之气"而有,所以张载说:"太虚者,自然之道。""虚者天地之祖,天地从虚中来。"③张载之"气"的性质,值得特别关注。

"气"通于形上、形下两层,"太虚之气"则纯为形而上的。那么,作为宇宙万物本体的"太虚之性"是形而上还是形而下的呢?应该说,"太虚之性"也是形而上的。但是也要注意到,"气"既然是通于形上、形下的,那么,"太虚之性"也应该随着"气"之形态的变化,普遍地落实并体现于具体的、有形质的个体存在之上。张载说:"合虚与气,有性之名。"④"太虚之性"必然落实于有形质的个体存在之上,并和"气质之性"构成人性的二重化。这一点,可以说是张载对《中庸》"天命之谓性"的观点和《庄子》"道无所不在"的观点的发展,并对朱熹"月映万川""一本万殊"的思想产生积极的影响。

"气"之整体和"太虚之性"贯通形上、形下的思想,也就是天道性命相贯通的思想,是张载宇宙论极具特色的观点,和西方哲学形上形下判然对立的看法迥然不同。这一点,也正好表现了中国哲学宇宙论及其本体思想的特质。在中国哲学家看来,"形而上者谓之道,形而下者谓之器","道""器"是人依乎自身之"形"对世界的划分,"器"是万物面向人的直接呈现,"道"则是人对万物

---

① 张载:《张载集》,第 207 页。
② 张载:《张载集》,第 9 页。
③ 张载:《张载集》,第 326 页。
④ 张载:《张载集》,第 9 页。

存在本原的直觉设定。"道""器"之别，仅在乎形上形下，而非关本质现象；"道""器"之关系，亦非截然对立，而是依"形"而起，相互依存。故中国哲学中所谓的本体，并非宇宙万物的本质，而是推动宇宙万物运动变化的内在生命和动力根源。这样的本体，既是唯一的、恒常的，也是运动的、变化的，和万物须臾不可分离，本身就是万物本性的体现。学者歧解横渠，正在于或将万物存在的统一实体与决定万物存在的终极依据混而为一，而以其统一实体为本体；或虽然以万物存在的终极依据为本体，却将万物的本体与其存在相裂为二。

五

"虚气之争"歧见纷呈，其根源还在于学者没有从张载立说的本旨及其思想的整体性去探求本体，而是按照西方哲学问题形态，割裂张载哲学乃至中国哲学"天人合一"的基本特征，将事实与价值分裂为二。

如上所述，西方哲学中之本体，乃是针对本质界发问之词谓，从属于本体论，而与宇宙论无关；然学人将之移植于中国哲学宇宙论中论及宇宙万物之本体，乃是针对宇宙万物存在之事实的推定，即寻求万物之终极依据为何、其特征与性能如何的学问。其探求之结果，亦构成人们面对宇宙之知识性本体，而对于人之安身立命，其价值意义则无从说起，如此，亦不合乎张载哲学乃至中国哲学本真之追求。

众所周知，西方哲学重在获取把握客观世界的工具——知识，可以说是一种典型意义上的知识"形而上学"；而中国哲学的主流形态则重在证实成就自我人生意义的依据——价值，可以说是一种典型的价值"形而上学"。这里所说的"证实"，乃基于这样的认识：价值的成就并不在于知识的多少，而在于实践活动中的理性直觉。在此实践活动中，个体已经形成对某种价值的认同，但为了获得社会群体对这种价值的认同，即需要从理论的角度论证这种价值的合理性，而"天人合一"则是中国传统价值之哲学理论形态的基本表现。

"天"是中国传统文化逐渐摆脱原始宗教后的情感遗留的表征。在中国哲学的形成中，正是由于对"天"的理解和态度不同，产生了各种不同的哲学理念。同样，在哲学的发展过程中，由于哲学家对各种价值的选择不同，他们需要站在价值本位的角度重新认识"天"，并通过对"天"的诠释，论证自我价值主张的合理性。价值之"善"总是需要事实之"真"来支撑,这是传统哲学的必由之路,除此之外别无选择。在这样的哲学理路下,对于"天"的知性判断不能仅仅在乎事实之"真",而且要指向价值之"善"。因此,对张载哲学的诠释,并不止于对宇宙本体的揭示,而更要从价值论证的理论追求方面理解其宇宙论各个思想要点的价值意义所在,并确立其宇宙本体与价值本体的相互关系。

从张载哲学的时代背景和思想旨趣来看,张载所关心的终极问题并不是对宇宙万物的纯粹认知问题,而是儒家的价值体系如何重新确立的问题。在这一问题上,张载的价值体系是以心性论为表现形态的。他认为,包括人在内的每个有形质的具体存在,都具有"天地之性"和"气质之性",但只有"天地之性"才是人的价值本性,其基本的价值内涵为"仁"。张载说:"天体物不遗,犹仁体事无不在也。"①故弘扬"仁",就是弘扬人的"天地之性",而只有弘扬"天地之性",才有可能培育出高阔宏远的人生境界,成就自我,成就社会。张载进一步认为,"得天地之最灵为人"②,只有人才能发扬"天地之性"而与天地参,而人要发扬"天地之性",就要"变化气质",要"知礼成性""穷理尽性""存心养性"。

那么,张载如何给他所提出的这一套价值体系提供理论支撑呢?首先,张载提出了"天人合一"的哲学命题,并试图从宇宙论的角度为其心性论提供支撑。仔细寻绎张载宇宙论与人性论之间的思想关联,可以发现其宇宙论的内容构成了人性论的理论依据,比如:

(1)"气"作为宇宙统一的本原,为包括人在内的宇宙万物的统一性提供了宇宙论基础;

(2)"气"分为"太虚之气"和"形质之气"两种存在形态,为现实的二重人性即"天地之性"和"气质之性"的来源提供了宇宙论基础;

(3)以"太虚之气"为"气"之本原,"天性"和"太虚之性"的同一性为"天地之性"作为人的价值本性提供了宇宙论基础;

(4)"太虚之气"和"形质之气"之间的互通转化,不仅能够合理地解释二重人性的形成问题,而且为人由二重人性向"天地之性"转化、"变化气质"提供了宇宙论基础;

---

① 张载:《张载集》,第 13 页。
② 张载:《张载集》,第 195 页。

（5）气化过程中的"道"成为修养本性之"礼"的宇宙论依据；

（6）气化过程中的"神"成为最高个人境界的宇宙论依据；

（7）"太虚"的"虚""大"等特征，在心性论层面为"大其心""虚其心"的修养要求提供了理论依据；

（8）"太和"成为其社会理想观的宇宙论依据。

可见，张载的哲学体系本身就是"天人合一"这一理论命题的具体表现。在这一理论体系中，纵向可划分为"天论"与"人论"，即宇宙论和人性论两大部分。人性论是张载价值论的理论表现，宇宙论则是其本体论的理论表现。宇宙论部分构成了人性论的终极解释，体现了"性与天道"的合一性。同时，张载的哲学体系又可从横向划分为"性论"与"气论"两大部分，"性"构成了"气"的本体依据，"气论"构成了"性论"的理论基础。总体而言，张载的哲学体系是由天人、性气两条线索经纬交错而成的理论体系。在这一理论体系中，依托于"太虚之气"的"太虚之性"，不仅是推动宇宙万物存在发展、运动变化的内在生命动力的总根源，而且是人之价值本性的终极来源和成就这种价值本性的终极依据，故只有"太虚之性"才可谓通贯张载哲学宇宙论和人性论的真正本体。

在中西哲学文化相互交融的时代背景下，要实现中国哲学的现代转化，就不能不借鉴西方哲学的研究范式，只有如此，中国哲学才能真正获得在现代社会存在发展的生命动力，进而实现与世界哲学的平等对话。然而，通过张载哲学研究中持续多年的"虚气之争"现象可以看出，并不存在完全适合中国哲学自身特征的现成研究范式，要真正推动中国哲学研究的深入发展，不仅需要对过去的研究范式进行批判性反思，而且需要超越地理解西方哲学中各种理论范畴在其理论体系、文化背景下的特定内涵，并从中国哲学自身的特征出发，基于中外哲学的共通性赋予其应有的意义。只有如此，才能实现中国哲学研究范式的创造性转化，消除研究中不必要的误解和纷争，在现代哲学文化的视野下审视中国哲学的本真精神。

张载思想中的"自诚明"与"自明诚"问题

"自诚明"与"自明诚"出自《中庸》第二十一章:"自诚明,谓之性;自明诚,谓之教。诚则明矣,明则诚矣。"后来,北宋思想家张载将"自诚明""自明诚"和《易·说卦》中的"穷理尽性以至于命"联系在一起,于是,"诚"便指"尽性","明"则与"穷理"相关,二者的关系为:"'自明诚',由穷理而尽性也;'自诚明',由尽性而穷理也。"①在《张子语录》中,张载又阐释了同样的道理并做了进一步说明,他说:"须知自诚明与自明诚者有异。自诚明者,先尽性以至于穷理也,谓先自其性理会来,以至穷理;自明诚者,先穷理以至于尽性也,谓先从学问理会,以推达于天性也。"②这样,"自诚明"与"自明诚"在张载那里就成了两条不同的为学进路。当然,由"穷理"而至于"尽性"的"自明诚"对于大多数学者来说没有什么问题,问题在于"自诚明"这条道路是否能实现。这就引起了后人在解释上的分歧与争论。

一

事实上,张载的"自诚明"之说在当时就已受到学者的怀疑与否定,如有学生对程颐(字正叔,学者称伊川先生,1033—1107)说:"横渠言'由明以至诚,由诚以至明',此言恐过当。"程颐则回答说:

---
① 张载:《张载集》,第21页。
② 张载:《张载集》,第330页。

"由明以至诚",此句却是。"由诚以至明"则不然,诚即明也。孟子曰:"我知言,我善养吾浩然之气。"只"我知言"一句已尽。横渠之言不能无失,类若此。①

在这里,程颐对张载说的"自明诚"即"由明以至诚"给予了肯定,但他否定"由诚以至明"的说法。因为在程颐看来,"诚"是一种与天合一的境界,既然已达到这一境界,就根本不需要再有一个"明"的过程,"诚即明也",故其认为张载把"自诚明"看作一种为学进路是不对的。

程颐之后,朱子也对"自诚明"与"自明诚"提出了不同看法,并否定张载的"自诚明"之说。他说:

"自诚明,谓之性。"诚,实然之理,此尧舜以上事。学者则"自明诚,谓之教",明此性而求实然之理。经礼三百,曲礼三千,无非使人明此理。此心当提撕唤起,常自念性如何善?因甚不善?人皆可为尧舜,我因甚做不得?立得此后,观书亦见理,静坐亦见理,森然于耳目之前!②

德无不实而明无不照者,圣人之德。所性而有者也,天道也。先明乎善,而后能实其善者,贤人之学。由教而入者也,人道也。诚则无不明矣,明则可以至于诚矣。③

诚是天理之实然,更无纤毫作为。圣人之生,其禀受浑然,气质清明纯粹,全是此理,更不待修为,而自然与天为一。若其余,则须是"博学、审问、慎思、明辨、笃行"。如此不已,直待得仁义礼智与夫忠孝之道,日用本分事无非实理,然后为诚。④

朱子认为,《中庸》讲的"自诚明"与"自明诚"并不是指两条平行的为

---

① 程颢、程颐:《二程集》,中华书局,2004年,第308页。
② 黎靖德编:《朱子语类》,中华书局,1986年,第1567页。
③ 朱熹:《四书章句集注》,中华书局,2011年,第32页。
④ 黎靖德编:《朱子语类》,第1563页。

学之路，而是指圣人之事和学者（贤人）之事，亦即"圣贤之品第"①。在朱子看来，"诚是天理之实然，更无纤毫作为"，"诚则无不明"，而符合"诚"的标准的只有圣人，圣人气质清明纯粹，全是此理，不待修为而自然与天为一。可见，"自诚明"说的是圣人之德。至于学者、贤人这样的人都还需要通过博学、审问、慎思、明辨、笃行等工夫来明此理、明此性，然后才能达到"诚"的境界。"明则可以至于诚"，故"自明诚"指的是学者、贤人之事。正是基于这种认识，朱子反对张载把"自诚明"与"自明诚"看作为学之两途，并肯定达到"诚"的同时即达到了"明"，从而否定还有一个由"诚"至"明"的过程，故朱子说：

> 张子盖以性、教分为学之两途，而不以论圣贤之品第，故有由诚至明之语。程子之辩，虽已得之，然未究其立言本意之所以失也。②

从程颐和朱子的观点中可以看出，他们都否定"由尽性而穷理"的"自诚明"作为为学之路的意义和可能性。继承程、朱的看法，南宋时期的熊刚大，明代的刘玑、刘儓，清代的张伯行、华希闵、张棠、周芳等在解释张载的这一思想时，都认为张载说的"自诚明"并不真正具有为学意义。如熊刚大说："自明以至于诚，是自穷究事物之理，以全尽吾性之实理者也。自诚而及于明，是全尽吾心之理，则于事事物物之理，自无不照也。"③刘玑也说："先明乎善而后能实其善者，'由穷理而尽性也'。先明乎善，即穷理之谓。德无不实而明无不照者，'由尽性而穷理也'。德无不实，即尽性之谓。"④刘儓则用"下学而上达"与"一以贯之"来解释"自明诚"和"自诚明"。⑤但无论是"全尽吾心之理"，还是"德无不实"，或者"一以贯之"，对普通的学者来说，都不是一条切实可行的追求学问的道路，而是个体成德或成性之后的事了。

故清代张伯行说："在'明诚'分上，'穷'与'尽'字，煞有功夫；在

---

① 朱熹：《四书或问·中庸或问》，见朱杰人、严佐之、刘永翔主编：《朱子全书》第6册，第595页。
② 朱熹：《四书或问·中庸或问》，第595页。
③ 林乐昌：《正蒙合校集释》（上），中华书局，2012年，第294页。
④ 林乐昌：《正蒙合校集释》（上），第294页。
⑤ 林乐昌：《正蒙合校集释》（上），第294页。

'诚明'分上，止是性无不尽，而理无不穷也。须有分别。"①华希闵更是指出，"自明诚"的"明"（即穷理）需要用力用工夫，而"自诚明"的"明"则不需要用力用功夫，因为做到诚就自然明。张棠、周芳也把"自明诚"和"自诚明"分为圣人之事与贤人、学者之学，认为"自明诚"是"择善之精而后复至善之体者，贤人有渐之学也"，而"自诚明"是"全体天德则自有天德之良知者，圣人所性之分也"。②可见，在宋明清的《正蒙》注释中，大多数学者都继承了程、朱的说法，认为"自诚明"属于圣人境界，并不真正具有为学意义。

不过也有例外，如清初的王夫之在解释张载思想中的"自诚明"和"自明诚"时则说："存养以尽性，学思以穷理。"③存养与学思显然是属于内外交养、相互并进的，因而"自诚明"也就不只是圣人的境界，而是与"自明诚"相辅相成，同为个体成德的修养方法。李光地也明确指出："由穷理而尽性者，明善以诚其身者也；由尽性而穷理者，尊德性而道问学者也。二者相为终始，非安勉两途之谓也。"④这就再次肯定了"自诚明"的可能性，否定其与"自明诚"分属于生知圣人与困知学者，而认为"自诚明"与"自明诚"就是指由"尊德性"而"道问学"，或由"道问学"而"尊德性"，德性与问学是互为终始的。

那么，"自诚明"究竟是不是一种具体可行的为学道路？这也是今天学者在研究张载思想时不得不面对的一个重要问题。

二

现代研究对张载"自诚明"与"自明诚"的认识，大致可以分为以下五种观点。

一是认为"自诚明"是针对生而知之、从容中道的圣人而言的，对学者来说并不具有任何现实意义。如林乐昌将"自明诚"与"自诚明"分别看作学者、

---

① 林乐昌：《正蒙合校集释》（上），第295页。
② 林乐昌：《正蒙合校集释》（上），第295页。
③ 王夫之：《张子正蒙注》卷三，见船山全书编辑委员会编校：《船山全书》（修订版）第12册，岳麓书社，2011年，第116页。
④ 李光地：《正蒙注》，见李光地：《榕村全书》第4册，福建人民出版社，2013年，第392页。

大人阶段的"穷理"工夫和圣人阶段的"尽性"工夫。①方旭东则结合《易传》《中庸》与张载三者的说法，对"自诚明"进行了详细的分析并指出："'由尽性而穷理'这种图景，在《易传》那里是不可想象的，后者所设计的为学是一条'由穷理而尽性'的单行道。"②何况张载本人也再三强调"穷理为先"和"穷理""尽性""至于命"三事不能一次并了，因此，"先尽性以至于穷理"这种情况不应该存在，它是张载用《易传》思想诠释《中庸》"诚""明"理论时过于"牵合文义、失于穿凿"的表现。③

二是认为"自诚明"从理论上说是可能的，而在实际的为学过程中，张载主张和强调的是"自明诚"。如刘纪璐认为，张载虽然区分了"自诚明"与"自明诚"这两条为学之路，但实际上能"自诚明"者少之又少，甚至连孔子也是"学而知者"，故"在先天道德理性与后天知性学习之间，张载强调的是后者"。④杨立华也认为，"尽管张载充分肯定了'由尽性以至于穷理'这一'自诚明'的为学路径的可能性，但在实际的修养实践中，他显然认为'自明诚'的路线更具现实性"⑤。王海成也提出，"自诚明"比较适合那种天生气质粹美、气禀清明，于天性无一毫遮蔽的人，但由于张载认为连孔子都是学而知之者，因此，"在理论上，这样的人，这样的途径是有的，但在实际上，张载又加以否定了"⑥。

三是肯定"自诚明"作为为学之路的实际意义。早期如唐君毅、罗光、孙振青等都认为"自诚明"和"自明诚"是具体可行的工夫，这两条路都可以走。如孙振青说，由明而诚与由诚而明，"只是指各人的修养程序或有不同。有的人先穷理，而后实现道德行为；有的人天生纯朴，先有诚的行为，而后达到明。天生的圣人是不存在的"⑦。后来，田智忠、李晓春、胡元玲等人也都肯定"自诚明"这一为学道路的实际意义。另外，美国学者葛艾儒也认为，"自明诚"与"自诚

---

① 林乐昌：《张载成性论及其哲理基础研究》，载《中国哲学史》2005年第1期。
② 方旭东：《早期道学"穷理"说的衍变》，见陈来主编：《早期道学话语的形成与演变》，安徽教育出版社，2007年，第253页。
③ 方旭东：《早期道学"穷理"说的衍变》，第253—258页。
④ 刘纪璐：《张载与王夫之的道德心理哲学》，载《社会科学》2011年第5期。
⑤ 杨立华：《气本与神化：张载哲学述论》，北京大学出版社，2008年，第136—137页。
⑥ 王海成：《论心性论视域中张载的三种知之辨》，载《东方论坛》2011年第5期。
⑦ 孙振青：《宋明道学》，台北千华出版公司，1986年，第107页。

明"这两种途径对张载来说都有可能,"只不过张氏更倾向于'自明诚'——穷理以至于尽性,所以,他劝告弟子们致力于穷理",而"'自明诚'也是张氏本人认可的途径"。①

四是主张"自诚明"和"自明诚"是相互包含、交相并用的。丁为祥肯定张载讲的"自诚明"与"自明诚"实际上是"一个相互包含而又相互衔接的动态过程","表现为一种双向的统一关系"。②一方面,"穷理"为"尽性"提供了客观基础及自觉性;另一方面,"尽性"则是"穷理"的人生落实与实践兑现,即将内在化的天道见之于人生日用常行之中,从而反映了张载哲学天人、主客并重,尊德性与道问学、知与行相统一的特征。郭晓东也认为,张载讲的"自诚明"的"诚"不只是指境界、果地,同时还指的是实践,亦即"学者于践履工夫上,当着实去行人生所固有的天道,也就是去行人作为人之所当行的事"。③而人之所当行的事,就是要"守礼""行礼"。也就是说,"一方面,要在人生中以礼践形成性,则不可不知天。……而从另一方面来看,仅仅穷理知天,而不在人生实践中知礼成性,则'知'非己之所有,亦非真能够知天,故在穷理知天的同时,又必须'以礼性之'"④。因此张载的工夫论是一种"诚""明"交进的工夫论。

五是从认识论而不是从工夫修养的角度来理解张载的"自诚明"与"自明诚"说,认为张载说的是两种认识方法和途径。如侯外庐等认为,"自明诚"与"自诚明""一方面是通过对于事物的研究以达到与天合一的道德境界;另一方面是从'天性'出发,体会万物之性皆由于'天性'而成"⑤。

可见,对于张载的"自诚明"这一问题,现代研究者看法各异。而把"自诚明"与"自明诚"看作一种交相并用、相辅相成的为学道路,以及从认识论的角度来理解张载的"诚""明"之说,是否符合张载之思想暂且不论,但确实有助于加深我们对张载之学的理解。

---

① [美]葛艾儒:《张载的思想(1020—1077)》,罗立刚译,上海古籍出版社,2010年,第111页。
② 丁为祥:《虚气相即——张载哲学体系及其定位》,人民出版社,2000年,第162页。
③ 郭晓东:《从"性"、"气"关系看张载、二程工夫论之异同》,载《台湾东亚文明研究学刊》2009年第6卷第1期,第79页。
④ 郭晓东:《从"性"、"气"关系看张载、二程工夫论之异同》,第80页。
⑤ 侯外庐、邱汉生、张岂之主编:《宋明理学史》(上),人民出版社,1997年第2版,第116页。

三

正如许多研究者所指出的，张载主张和强调的是"自明诚"而不是"自诚明"的为学道路，其弟子吕大临（号芸阁，1040—1092）就说，张载在讲学时，"学者有问，多告以知礼成性变化气质之道，学必如圣人而后已"①。张载特别重视"学"，强调"知礼成性"与"变化气质"，如其曰："为学大益，在自求变化气质，不尔皆为人之弊，卒无所发明，不得见圣人之奥。故学者先须变化气质。"②在张载看来，人的气禀有清浊、昏明、厚薄、偏正等不同，再加上后来的习染，从而将本有的天性即"天地之性"遮蔽了，所以还需要后天的工夫修养，才可以成性成圣，故他说：

> 性犹有气之恶者为病，气又有习以害之，此所以要鞭辟至于齐，强学以胜其气习。③

> 人之气质美恶与贵贱夭寿之理，皆是所受定分。如气质恶者学即能移，今人所以多为气所使而不得为贤者，盖为不知学。……但学至于成性，则气无由胜。④

因此，张载反复强调学者要"勉勉以成性"⑤，即通过虚心、大心、克己、庄敬、穷理、博文、守礼、集义等工夫内外一起努力来成就自我之天性。他还把是否"穷理"看作儒佛之间的一个根本区别，指出佛以"空"为性，而"吾儒以参为性，故先穷理而后尽性"⑥。在张载看来，甚至孔子也是学而知之者，他说："某自是以仲尼为学而知者，某今亦窃希于明诚，所以勉勉安于不退。……苟惟未止，则可以窃冀一成就。"⑦可见，张载主张的确实是"自明诚"一路。

---

① 张载：《张载集》，第 383 页。
② 张载：《张载集》，第 274 页。
③ 张载：《张载集》，第 329—330 页。
④ 张载：《张载集》，第 266 页。
⑤ 张载：《张载集》，第 264 页。
⑥ 张载：《张载集》，第 234 页。
⑦ 张载：《张载集》，第 330 页。

但对于张载来说，"自诚明"是否就只有理论上的意义，而无实际的为学意义呢？我们先来看一下张载对"诚"的理解。他说："诚者，虚中求出实。"①对张载来说，"虚"是仁之原、仁之本，故"虚中求出实"就是要将仁落实为具体的道德行动，故曰："人之事在行，不行则无诚，不诚则无物，故须行实事。"②张载又说："诚，成也，诚为能成性也，如仁人孝子所以成其身。柳下惠，不息其和也；伯夷，不息其清也；于清和以成其性，故亦得为圣人也。"③这里，"诚"依然强调的是实践、实行，意即通过不断地实践其本有的善性，如仁人孝子不息其仁孝，柳下惠、伯夷不息其清和之性，就能够成德、成性，成为圣人。这也就是张载所说的"由尽性而穷理""先自其性理会来"的"自诚明"。可见，在张载那里，"诚"更多的不是指一种圣人境界或圣人之德，而是指学者或贤人的道德实践，至于成性之后再去穷理（明）亦非不行，毕竟张载并不认为"诚则无不明"。

符合张载所说的能够由"诚"或"自诚明"而成性的人并不是没有，如古时候的伯夷、伊尹、柳下惠即是其中的代表。孟子说："伯夷，圣之清者也；伊尹，圣之任者也；柳下惠，圣之和者也；孔子，圣之时者也。"（《孟子·万章下》）显然，在孟子看来，伯夷、伊尹、柳下惠与孔子虽然有层次之分，但他们都是圣人则并无疑问。张载不仅继承了孟子的这一观点，而且进一步指出，伯夷等人成圣的方式也与孔子不同。他说：

> 所以成性则谓之圣者，如夷之清，惠之和，不必勉勉。彼一节而成性，若圣人则于大以成性。④

> 倚者，有所偏而系着处也，……所谓倚者，如夷清惠和，犹有倚也。夷惠亦未变其气，然而不害成性者，于其气上成性也。清和为德亦圣人之节，于圣人之道取得最近上，直邻近圣人之德也。⑤

---

① 张载：《张载集》，第 324 页。
② 张载：《张载集》，第 325 页。
③ 张载：《张载集》，第 192 页。
④ 张载：《张载集》，第 77 页。
⑤ 张载：《张载集》，第 318 页。

张载认为，孔子是由学而至"大"进而成为圣人的，而伯夷、柳下惠则是依靠自身所禀的清和之气，通过"尽性"（诚）的方式成为圣人的，而不像一般学者还需要学问之功来"变化气质"，勉勉以成性。不过，张载也指出，伯夷、柳下惠的这种成圣方式是有所倚的，即由"一节而成性"，从"一节"即某一个方面来成性，这自然与"学而知之"、由"精义入神"到"穷神知化"的孔子在对天道、天理的认识和把握上有所不同。

在张载那里，"先尽性以至于穷理"的"自诚明"方式其实也就是《中庸》所说的"致曲"。张载说："仁者不已其仁，姑谓之仁；知者不已其知，姑谓之知；是谓致曲，曲能有诚也，诚则有变，必仁知会合乃为圣人也。"①

"曲"指气质粹美但又偏于德性中某一方面的人，如偏于仁、偏于智、偏于清、偏于和者。这些人如果能够不已其仁、不已其智、不息其清、不息其和，即"曲能有诚"，也可以成德，达到圣人的境界，如伊尹便是如此，"虽然，得圣人之任者，皆可勉而至，犹不害于未化尔"②。可见，"致曲"也是"自诚明"，这还可以从张载弟子吕大临那里得到证明。吕大临在其《中庸解》中说：

> 致曲者，人之禀受存焉，未能与天地相似者也。人具有天地之德，自当致乎中和，然禀受之殊，虽圣贤不能免乎偏曲，清者偏于清，和者偏于和，皆以所偏为之道。不自知其偏，如致力于所偏，用心不二，亦能即所偏而成德。故致力于所偏，则致曲者也；用心不二，则曲能有诚者也。能即所偏而成德，如伯夷致清，为圣人之清；柳下惠致和，为圣人之和，此"诚则形"者也。③

虽然吕大临后来成为程门"四先生"之一，但在思想上却"守横渠学甚固，每横渠无说处皆相从，才有说了，便不肯回"④，而《中庸解》又是他早年从学张载时所作，因此从中可以看到张载思想的影响。在这里，吕大临明确指出，即使是圣贤其禀受也不能免于偏曲，如伯夷偏于清，柳下惠偏于和，但只要能够致力于所"偏"，"用心不二"，也能够成德，成为圣人。致力于所偏，即"致

---

① 张载：《张载集》，第187页。
② 张载：《张载集》，第80页。
③ 陈俊民辑校：《蓝田吕氏遗著辑校》，中华书局，1993年，第299页。
④ 程颢、程颐：《二程集》，第265页。

曲";"用心不二",即"曲能有诚"。因此,那种生来气质较好、具有某种突出德性(如清、和、仁、孝等)的人,可以通过充分发挥其性的"自诚明"来成性,而不必走"勉勉以成性"的"自明诚"道路。

四

当然,对于张载来说,"自诚明"与"自明诚"这两种为学方式,后者自然更具有现实意义,也更适合大多数学者。

首先,像伯夷、柳下惠这种天生气质清和,能以"一节"或"致曲"的方式来成性的人并不多。

其次,要从"尽性"至于"穷理",这对于受到先天气禀和后天习染双重影响的一般学者来说确实不容易,更不用说还要时时保持工夫不间断。而张载也非常重视人身上的这种限制性,所以他更重视"强学以胜其气习",即通过"自明诚"来达到"位天德"的圣人境界。吕大临也说:"君子之学,自明而诚。"[①]又说:

> 君子所贵乎学者,为能变化气质而已。……盖均善而无恶者,性也,人所同也;昏明强弱之禀不齐者,才也,人所异也。诚之者,反其同而变其异也。思诚而求复,所以反其同也;人一己百,人十己千,所以变其异也。孟子曰:"居移气,养移体。"况学问之益乎!……夫愚柔之质,质之不美者也。以不美之质,求变而美,非百倍其功,不足以致之。今以卤莽灭裂之学,或作或辍,以求变不美之质,及不能变,则曰"天质不美,非学所能变",是果于自弃,其为不仁之甚矣。[②]

通过"强学""变化气质"来成德、成性,就不会使学者因自身气质的不美而自暴自弃,从而激发对成性成圣的追求。

再次,张载之所以更重视和主张"自明诚",还在于他认为,依靠天生气质的粹美来"成性",即使成为圣人,也会有所倚着,不能因时变宜,更不能像孔子那样得大道之全,所谓"圣人之清直如伯夷之清,圣人之和直如下惠之和,但

[①] 陈俊民辑校:《蓝田吕氏遗著辑校》,第278页。
[②] 陈俊民辑校:《蓝田吕氏遗著辑校》,第297页。

圣人不倚着于此，只是临时应变，用清和取其宜"①。故张载说："清和犹是性之一端，不得全正，不若知礼以成性，成性即道义从此出。"②又说："清和亦可言善，然圣贤犹以为未足，乃所愿则学孔子也。"③所以张载认为《易》之乾卦之龙德，颜渊可以当之，但伯夷、柳下惠则"不可言龙"。因为清和只是性之"一端"，只是天德、天道的一个方面，颜子在成性上虽不如孔子，但其"术正也"④，故张载在讲学时常常告诉学者要学颜子，由颜子而至于孔子。

---

① 张载：《张载集》，第318页。
② 张载：《张载集》，第192页。
③ 张载：《张载集》，第324页。
④ 张载：《张载集》，第79页。

《宋元学案》
对张载思想中几个问题的诠释

人性问题是中国哲学史上的一个重要问题，人性是沟通天道与人道的桥梁。在孟子之时，关于人性善恶的问题就已众说纷纭，成为当时的一个显题。虽然孟子孤明先发，提出了著名的"性善论"，但历经战国、汉、唐，"性善"之说并没有成为儒家对人性的主流看法，所以后来又有荀子的"性恶论"、扬雄的"性善恶混论"和韩愈的"性三品说"等等，莫衷一是。一直到北宋，张载在继承孟子"性善论"的基础上，创造性地提出了"天地之性"与"气质之性"的概念。"天地之性"即孟子讲的性善之性，这是人人具有的；"气质之性"则来自气禀的清浊、昏明、厚薄，说的是人的性格、才能、欲望等，这是人所不同的，也是荀子、扬雄、韩愈等人说的人性。虽然"天地之性"与"气质之性"的划分基本解决了以往儒家关于人性的争论，统一了人们对人性的看法，而且张载也强调只有"天地之性"才是真正的人性或者说人的本性，即所谓"形而后有气质之性，善反之则天地之性存焉。故气质之性，君子有弗性者焉"①，但这种分析容易陷入人性二元论的悖论，引发人们对"天地之性"与"气质之性"关系的争论，这在清代的《宋元学案》中就有清楚的体现。不仅如此，《宋元学案》还对张载就"气质之性"而提出来的"变化气质"和"成性"的说法进行了辩驳，反映了明清之际理学思想的发展变迁。

---

① 张载：《张载集》，第23页。

一、"气质即性"

对张载的"形而后有气质之性,善反之则天地之性存焉"的说法,《宋元学案》首先引述了晚明北方王门学者杨东明(号晋庵,1548—1624)的观点,曰:

> 气质之外无性。盈宇宙间只是浑沦元气,生天生地,生人物万殊,都是此气为之。而此气灵妙,自有条理,便谓之理。夫惟理气一也,则得气清者理自昭著,得气浊者理自昏暗。盖气分阴阳,中含五行,不得不杂糅,不得不偏胜,此人性所以不皆善也。然太极本体,立二五根宗,虽杂糅而本质自在,纵偏胜而善根自存,此人性所以无不善也。①

在这里,杨东明明确反对把"性"分为"天地之性"(义理之性)和"气质之性",不认为人除了一个至善的义理之性,还有一个"杂糅""偏胜"或有善有恶的"气质之性"。在他看来,"气质之外无性",因为"盈宇宙间只是浑沦元气",天地人物都是此元气生成的,在气之外,并不存在一个名叫"理"的东西,人们所说的"理"其实只是气自身所具有的条理、规律。理与气就像姜桂与辛辣、铜镜与明亮一样,"浑是一物",而非两个各自独立的实体,所以人性也并无所谓"天地之性"与"气质之性"的区分,性只是气之理、气之灵,正所谓"气者理之质也,理者气之灵也","气质者义理之体段,义理者气质之性情"。②不过,杨东明又指出,不能把气质本身当作"性",因为气分阴阳,中含五行,有清浊、厚薄之不同,故"不得不杂糅,不得不偏胜",而"杂糅""偏胜"则影响了气的运动变化,使气的发用流行缺少条理性,而只能是"得气清者理自昭著,得气浊者理自昏暗",从这个角度来说,人性并不都表现为善。但就像铜镜本明一样,杨东明又认为"此气灵妙,自有条理",亦即不管气禀如何,条理性、秩序性始终是气的本质或本性,所以说气"虽杂糅而本质自在,纵偏胜而善根自存",而这也就是人性无不善的原因。

杨东明对张载"天地之性"与"气质之性"关系的新认识显然影响了《宋元

---

① 黄宗羲原著,全祖望补修:《宋元学案》,中华书局,1986年,第695页。
② 黄宗羲:《明儒学案》(修订本),中华书局,2008年,第650页。

学案》，黄宗羲不仅肯定杨东明之说一洗宋儒"理气为二之谬"，而且进一步发挥了杨氏的说法，其曰：

> 夫不皆善者是气之杂糅，而非气之本然；其本然者可指之为性，其杂糅者不可以言性也。天地之气，寒暑往来。寒必于冬，暑必于夏，其本然也。有时冬而暑，夏而寒，是为愆阳伏阴，失其本然之理矣。失其本然，便不可名之为理也。然天地不能无愆阳伏阴之寒暑，而万古此冬夏寒暑之常道，则一定之理也。①

在杨东明"气质之外无性"的基础上，黄宗羲又明确指出，气之本然才是性，而气之杂糅并不是性。那么，何谓气之本然呢？在黄宗羲看来，天地之气，寒暑往来，寒必于冬，暑必于夏，这是气之本然；如果冬而暑、夏而寒，则是失其本然，便属于气之杂糅偏胜了。可见，所谓气之本然，就是指气之流行而有条理，"流行而不失其序，是即理也"②，"所谓理者，以气自有条理，故立此名耳。亦以人之气本善，故加以性之名耳。如人有恻隐之心，亦只是气，因其善也，而谓之性"③。由此可以看出，黄宗羲也把条理性、秩序性看作气本身固有的属性，是气的本然之理，而把无序性看作气失其本然之理。理和性并不是气之外或气之中的另一物，理与气、性与气只是"一物而两名，非两物而一体也"④。故黄宗羲说："气质之外无性，气质即性也。第气质之本然者是性，失其本然者非性。"⑤又说："人生之杂糅偏胜，即愆阳伏阴也。而人皆有不忍人之心，所谓'厥有恒性'，岂可以杂糅偏胜者当之？杂糅偏胜，不恒者也。"⑥按照这一说法，张载的"天地之性"与"气质之性"正属于"两物而一体"，而非黄宗羲主张的"一物而两名"。

当然，黄宗羲所说的"气质即性"，并不是指气质本身就是性，而是有其特定内涵的，即他所说的"气质之本然者是性，失其本然者非性"。对此，其子黄

---

① 黄宗羲原著，全祖望补修：《宋元学案》，第695页。
② 黄宗羲：《孟子师说》，见沈善洪主编：《黄宗羲全集》（增订版）第1册，浙江古籍出版社，2005年，第60页。
③ 黄宗羲：《明儒学案》（修订本），第1174页。
④ 黄宗羲：《明儒学案》（修订本），第1061页。
⑤ 黄宗羲原著，全祖望补修：《宋元学案》，第695—696页。
⑥ 黄宗羲：《明儒学案》（修订本），第695页。

百家（字主一）又做了进一步说明：

> 夫所谓气质即性者，谓因气质而有天命之性，离气质无所谓性也。性既在此气质，性无二性，又安所分为义理之性、气质之性乎？然气质实有清浊厚薄之不同，而君子不以为性者，以性是就气质中之指其一定而有条不紊，乃天下古今之所同然无异者而言，故别立一性之名。不然，只云气质足矣，又何必添造，别设一性之名乎？①

首先，黄百家指出，所谓"气质即性"，是指因气质而有性，离气质则无性。也就是说，性即在此气质中，非气质之外还有一个名叫"性"的东西，因此，也就没有什么"义理之性"与"气质之性"的分别。

其次，黄百家强调，"气质即性"并非泛指气质就是性，因为气质还有清浊、厚薄之不同，如果把清浊、厚薄之气本身当作性，那么，气之清、气之明是性，而气之浊、气之昏也是性，这样就会得出人性各不相同的结论来，从而不仅与"性"的公共性和普遍性，即黄百家说的"一定而有条不紊""天下古今之所同然无异者"相悖，而且也有违儒家"性善论"的传统。所以黄百家指出，之所以要在气质之外别立一个"性"之名，就是要使人知道气质本身不是性，"性"乃指气质之"一定而有条不紊"者，也就是杨东明说的"气自有之条理"和黄宗羲讲的"气之本然"，它不会受气质清浊、厚薄的影响而改变。对此，黄百家又以刘宗周（人称蕺山先生，1578—1645）之说来说明。他说：

> 子刘子曰："气质还他是气质，如何扯着性！性是气质中指点义理者，非气质即为性也。清浊厚薄不同，是气质一定之分，为习所从出者。气质就习上看，不就性上看。以气质言性，是以习言性也。"可谓明切矣！②

在这里，刘宗周的说法与黄宗羲的观点看起来有点矛盾，一个认为"以气质言性，是以习言性"，一个强调"气质即性"，但我们从黄百家的解释中可以看到，黄宗羲所说的"气质即性"的"气质"乃指气的本然状态，即流行而有条

---

① 黄宗羲：《明儒学案》（修订本），第 696—697 页。
② 黄宗羲原著，全祖望补修：《宋元学案》，第 697 页。

理，而刘宗周所说的"气质"则是指气之清浊、厚薄，当然不能把气的清浊、厚薄也看作性，这是黄宗羲也认可的，所以二人的说法不仅不矛盾，而且从根本上来说是一致的，只不过刘宗周强调的是性气有别，而黄宗羲重在说明性气是"一物"，二人的关注点不同。因此，黄百家引刘宗周之语，意在说明不能把气质的清浊、厚薄也当作性，性虽然出于气，但它却是气之理、气之本然，是"气质中指点义理者"，"非气质即为性也"。

二、"气质无待于变化"

在"气质之外无性""气质即性"的认识基础上，《宋元学案》对张载的另一个重要命题"变化气质"也提出了不同的看法。

张载在将"性"划分为"天地之性"和"气质之性"的同时，又特别强调气质或气质之性对个体成德的限制作用。他说："气者在性学之间，性犹有气之恶者为病，气又有习以害之，此所以要鞭辟至于齐，强学以胜其气习。"①正因为气质的偏浊会遮蔽"天地之性"的呈现和发用，人们需要通过"变化气质"来改变现状，以返回到原有的"天地之性"，所以张载说："为学大益，在自求变化气质，不尔，皆为人之弊，卒无所发明，不得见圣人之奥。故学者先须变化气质。"②又说："人之气质美恶与贵贱夭寿之理，皆是所受定分。如气质恶者，学即能移。今人所以多为气所使而不得为贤者，盖为不知学。……但学至于成性，则气无由胜。"③可见，通过学来"变化气质"对张载来说是非常重要的，也是一条必经的学问之路。不过，对于张载的"变化气质"这一说法，《宋元学案》则指出：

> 吕巾石怀由先生之说，专以变化气质为宗旨，以为气质由身而有，不能无偏，犹水火木金，各以偏气相胜。偏气胜，则心不能统之矣。皆因心同形异，是生等差。故学者求端于天，不为气质所局矣。此言似是而有辨。先遗献曰："气之流行，不能无过不及；故人之所禀，不能无偏。气质虽偏，而中正者未尝不在也。犹天之寒暑，虽有过不及而盈虚消息卒归于太和。以此证气质之善，无待于变化。理不能离

---
① 张载：《张载集》，第329—330页。
② 张载：《张载集》，第274页。
③ 张载：《张载集》，第266页。

气以为理,心不能离身以为心。若气质必待变化,是心亦须变化也。今日心之本来无病,由身之气质而病,则身与心判然为二物矣。孟子言陷溺其心者为岁,未闻气质之陷溺其心也。盖横渠之失,浑气质于性;巾石之失,离性于气质。总由看习不清楚耳!"①

吕巾石即吕怀,是晚明湛氏学派的学者。从以上引文中可以看到,黄宗羲对张载与吕怀的说法都进行了批评。对于张载之说,黄宗羲指出,气之流行变化,不能无过与不及,故人之气禀各不相同,但气之中正者亦即气之流行发用原是有条理、有秩序的,这一气之本然是不变的,就像天之寒暑,虽然有时会冬暑夏寒,但这只是气之偏,并非气之本然。气之本然即冬寒夏暑则属于万古一定之理、天地之常道,所以人的气禀尽管有偏,有清浊、厚薄不同,但其本来所具有的条理性却未尝不在,故曰"气质之善,无待于变化"。如果说要"变化气质",那就意味着性也要变化,因为性与气是一物,性只是气之本然、气之理,气质变化了,性自然也要变化。对此,黄百家又进一步解释说:

所谓气质无待于变化者,以气质之本然即人之恒性,无可变化。若气质之杂糅偏胜者,非气质之本然矣。故曰,气质无待变化。非谓高明可无柔克,沈潜可无刚克也。②

黄百家指出,所谓"气质无待于变化"的"气质"是指气质之本然,而非清浊、厚薄杂糅偏胜之气质,而气质之本然即是人的恒性,这是无可变化的,故曰"气质无待于变化"。不过,黄百家又指出,气质之本然虽然无可变化,但这并不意味着气质之杂糅偏胜也不可以变化,恰恰相反,气质之杂糅偏胜是习之所从出者,而习则是可以改变的,故黄百家说,"非谓高明可无柔克,沈潜可无刚克"。也正是在这个意义上,黄宗羲认为张载没有把气质之本然与气质之清浊、厚薄区别开来,而只是笼统地说"变化气质",因此是"浑气质于性"。

对于吕怀的说法,黄宗羲则指出,吕怀主张"求端于天,不为气质所局",就是认为性源于天而与气不同,从而把性与气分割开来,认为气质需要变化而性无须变化,这就等于是说"心之本来无病,由身之气质而病",其实质则是把性与气

---

① 黄宗羲原著,全祖望补修:《宋元学案》,第696页。
② 黄宗羲原著,全祖望补修:《宋元学案》,第697页。

质看作"二物",以为性是性、气质是气质,因此是"离性于气质"。

从《宋元学案》对张载"变化气质"的解释可以看出,黄宗羲父子与张载的不同之处就在于对人性的理解。在张载看来,人性有"天地之性"与"气质之性"之分,由气禀的清浊、昏明、厚薄而形成的人的性格、才能、智愚以及感性欲望等就是"气质之性",其中并无价值、超越上的含义,所以"变化气质"在张载那里是可以成立的。但在黄宗羲、黄百家看来,人性只是一气,只不过性是指气本身所具有的条理性,这是气之本然,它与有清浊、厚薄之分的气质虽有不同,但都是气,故不能"变化气质"。

三、"成性则本成之性"

如果说"变化气质"是张载人性学说中的一种重要修养工夫,那么,"成性"则是这一工夫的终极目标。张载说:"成性则跻圣而位天德。"[①]又说:"九五,大人化矣,天德位矣,成性圣矣。"[②]"进德修业,欲成性也,成性则从心皆天也。"[③]"君子之道,成身成性以为功者也。未至于圣,皆行未成之地耳。"[④]然而,对于张载所说的"成性",黄百家在《宋元学案》中明确表示反对。他说:

> 先生之言才,就人有气质之偏,故有才有不才。言性,亦因有气质之偏之混,故必待尽性而后成性。若论其本然,孟子言性善,又曰"若夫为不善,非才之罪",则性固不待人为而后成,才亦无有才不才之别。何以言之?气质者,天地生人之本,宇宙圣愚之所同也。因气质而指其有性,是性者即从气质之本然者而名之,非气质之外别有性也。性既是气质,则气质之偏者,非惟不可言性,并不可言气质也,奈何将气质之偏者混扰于性中乎![⑤]

首先,黄百家指出,张载论"才"和"性"与孟子不同。张载不仅将气质

---

① 张载:《张载集》,第71页。
② 张载:《张载集》,第73页。
③ 张载:《张载集》,第78页。
④ 张载:《张载集》,第79页。
⑤ 黄宗羲原著,全祖望补修:《宋元学案》,第697页。

之偏即气的清浊、厚薄看作人之有才与不才的原因，而且还将气质之偏视为性，从而主张"变化气质"，认为"必待尽性而后成性"。但孟子论性，则说人性本善，"不待人为而后成"；论才，则曰"若夫为不善，非才之罪"（《孟子·告子上》），又曰"非天之降才尔殊也，其所以陷溺其心者然也"（《孟子·告子上》）。这里的"才"即是气质。可见，孟子并没有把气之偏当作性，更没有把不善的根源归之于气之偏（才）。对孟子来说，性与才一贯而下，性是才之体，才是性之用，而不善则主要来自后天环境与人为对本心、本性的"陷溺"，这从孟子的"牛山之木"之喻中即可以看到。因此，在黄百家看来，张载将气之偏也看作性，甚至认为其是不善的来源，故有"变化气质以成性"之说，而孟子对于气质（才）的看法则与张载完全不同，故孟子主张的是"收放心"和扩充"四端"，由尽心而知性知天。

其次，对于张载讲的"气质之偏"，黄百家也有不同看法。他认为，性即是气质之本然者，并非在气质之外另有一个性，故可以说"性即是气质"。从这个角度来说，气质之偏不但不可以言性，甚至也不能说是气质，而只是"习"。黄百家说："盖气质之偏者，习也。习不因堕地后而始有。五方土地之风俗，父母胎中之习养，此即莠麦之肥硗，人事、雨露也，岂得谓莠麦之才有殊乎？"①这就是说，每个人都禀受有天地本然之气，这是我们共同的善性，就好像莠麦之性无有不同。如果有不同的话，对莠麦来说，则是由于土地的肥瘠、人工的勤惰、雨露的多少而造成的；而对于人来说，则是由于"习"，"习不因堕地后而始有"，人除了有后天养成的"习"，还有来自气质之偏的"习"，因此张载把气质之偏看作性是不对的。

最后，黄百家对张载的"成性"说进行了批评。他说：

> 先遗献曰："气质即是情才。由情才之善而见性善，不可言性善而后情才善也。若气质有不善，便是情才不善；情才不善，则荀子之性恶不可谓非矣。"至于成性与尽性，则大有分别。尽性属人力，成性则本成之性，是天之所生，人力丝毫不得而与，故但有知性，而无为性之理。先生之言性由人而成，失《大易》之旨矣！②

---

① 黄宗羲原著，全祖望补修：《宋元学案》，第 697 页。
② 黄宗羲原著，全祖望补修：《宋元学案》，第 697—698 页。

黄百家引其父黄宗羲的说法指出，《易·系辞上》所谓"继之者善也，成之者性也"说的并不是修养工夫，而是指人的"本成之性"，即人生来就具有的那个先天善性或本有之性。但张载所说的"成性"则是成就之意，因为"性未成则善恶混"①，故人性还需要一个"成"的过程，这也就是说，性是由人而成的，属于人为。因此，黄百家认为，张载的"成性"说有违《易》之"继善成性"之旨。

当然，张载所讲的"成性"之意并非黄百家认为的那样，朱子即说：

> 横渠言"成性"，与古人不同。他所说性，虽是那个性，然曰"成性"，则犹言"践形"也。又曰："他是说去气禀物欲之私，以成其性。"②

> 前面说"成性"，谓如成事、成法之类，是见成底性。横渠说"成性"别。且如"尧舜性之"，是其性本浑成；学者学之，须是以知、礼做，也到得他成性处。③

> 横渠、伊川说"成性"，似都就人为处说，恐不如此。横渠有习以成性底意思，伊川则言成其性，存其所存。④

朱子指出，张载说"成性"与古人不同，他所说的"成性"不是指"本然已成之性"或"见成底性"，而是指通过知、礼以及"去气禀物欲之私"等修养工夫来成其性，亦即恢复原有的天地之性。显然，朱子虽然肯定张载讲的"成性"之意与《易》不同，也与程颐不一样，但他并不认为张载的"成性"就是黄百家说的"性由人而成"，因为朱子明确指出，张载所说的性仍是"那个性"，只不过是将《易》从本体论层面讲的"成性"变成从修养工夫上说的"成性"而已。可见，朱子的说法更符合张载的"成性"之意。张载是从纠正气质之偏来说"成性"的，而朱子也是从这一角度来理解张载的，二人的思路都是一种"性气二分"的模式。

然而，在黄百家看来，性与气则是"一物"，性是指气质之本然者，气质之

---

① 张载：《张载集》，第23页。
② 黎靖德编：《朱子语类》，第1910页。
③ 黎靖德编：《朱子语类》，第1910页。
④ 黎靖德编：《朱子语类》，第1909页。

外无性，气质虽有清浊、厚薄之不同，但却与不善没有关系，故不能说"变化气质"，也不能说通过变化气质来"成性"，否则，性就成了人为而成。因此，黄百家坚决反对从修养工夫的层面来讲"成性"，强调《易》说的"成性"只是指"本成之性"，而无其他含义。

总之，我们从《宋元学案》对张载"气质之性""变化气质""成性"等命题的诠释中可以清楚地看到明清之际理学人性思想的发展演变，从"天地之性"与"气质之性"的二分走向"气质之外无性"的气一元论，认为性与气只是一物之两名，而非两物之一体。但与此同时，这些"以气为本"的明清思想家仍然赋予"气"以价值意义，强调气原是有理的和气之本然，从而在一"气"的立场上坚持了儒家传统的性善论，说明了这个世界本身即具有秩序性。

在荀子与张载之间：
礼学的主要倾向及现代价值

研究荀子和张载的学者往往都会注意到这一点：荀子和张载都非常重视"礼"。但在实际的研究中，人们却很少关注荀子礼学与张载礼学之间的差异，也很少注意到荀子礼学对张载礼学的影响，以及两者在现代治国理政视域下的价值和意义。本文认为，张载的礼学实际上也受到荀子礼学的影响，两者的礼学都具有个人修养准则、人群关系规范、国家秩序制度三重含义，但由于立论的角度不同，故而表现出两种不同的趋向。在理论认识上，荀子主张"天人相分"，认为礼的根源在于圣人创制，而与天道无关；张载主张"天人合一"，认为礼本于天道，而圣人模之而作。在理论指向上，荀子的"礼"更侧重对"性恶"的对治，张载的"礼"则是对"性善"的培育。在实践指向上，荀子与张载的"礼"都具有道德教化和社会制约的意义，但荀子的"礼"更多地指向社会秩序和政治制度建设，并引申出"法"，具有较强的国家强制意味；而张载的"礼"更多地指向个体修养和社群规范，并引申出"约"，具有较强的道德教化意义。张载与荀子的礼学，虽然属于两种不同的进路，但对于当今治国理政和乡村治理体系建设都具有重要的参考价值和意义。

一、礼之根源：天与人

无论对荀子还是张载来说，"礼"都是一种基于人的需要的规范。这种规范是如何产生的？其合理依据又是什么呢？对此，荀子和张载围绕天人关系做出了不同的回答，体现了两人对"礼"的认识的分野。

天人关系是中国传统哲学的主题之一，大多数哲学家对此问题都持"天人合一"的论调，然而荀子却做出了不同的回答。荀子认为，"明于天人之分，则可谓至人矣"（《荀子·天论》）。荀子这里所说的"天人之分"，并不是说天和人是不相干的，而是指天与人各有各的职分，天不能干涉人，人也不应僭越天。《荀子·天论》中说：

> 天行有常，不为尧存，不为桀亡。应之以治则吉，应之以乱则凶。强本而节用，则天不能贫；养备而动时，则天不能病；修道而不贰，则天不能祸。故水旱不能使之饥，寒暑不能使之疾，祅怪不能使之凶。本荒而用侈，则天不能使之富；养略而动罕，则天不能使之全；倍道而妄行，则天不能使之吉。

人间的事出于人为，"受时与治世同，而殃祸与治世异，不可以怨天，其道然也"（《荀子·天论》）；反过来，人也不同于天，不同于自然界的水火草木禽兽，正如《荀子·王制》中所说：

> 水火有气而无生，草木有生而无知，禽兽有知而无义；人有气有生有知亦且有义，故最为天下贵也。力不若牛，走不若马，而牛马为用，何也？曰：人能群，彼不能群也。人何以能群？曰：分。分何以能行？曰：义。故义以分则和，和则一，一则多力，多力则强，强则胜物；故宫室可得而居也。故序四时，裁万物，兼利天下，无它故焉，得之分义也。

荀子认为，人和自然界的区别就在于人能群而彼不能群，而人能成群的原因则在于人能按照"义"——正义的原则来"分"。这里的"分"的内涵，实际上就是"礼"，所谓"人之所以为人者，何已也？曰：以其有辨也"，"辨莫大于分，分莫大于礼，礼莫大于圣王"（《荀子·非相》）。可见，在荀子看来，礼是由圣王制定的，而不是天道的体现。

张载在一定程度上承认荀子所说的礼的价值和意义，也不否定圣王在制定礼义中的作用，但他并不认同荀子将礼和天割裂开来的观点。张载在《礼记说》中说：

> 太虚，即礼之大一也。大者，大之一也，极之谓也。礼非出于人，虽无人，礼固自然而有，何假于人？今天之生万物，其尊卑小大，自有礼之象，人顺之而已，此所以为礼。或者专以礼出于人，而不知礼本天之自然。①

> 礼必本于天，……此属自然而言也。天自然有礼，如天尊地卑是也。……功有小大者，天也；报且礼之者，人也。……此则属人道而言，亦莫非天礼也。②

可见，张载并不赞同荀子对礼的起源的看法，不认同"专以礼出于人"③，而是认为礼本于天（太虚），是天道秩序在人间的反映。另外，张载还认为，礼实际上就是"理"。他说："礼者理也，须是学穷理，礼则所以行其义，知理则能制礼，然则礼出于理之后。"④就是说，在制定具有可操作性的礼时，要有抽象性的理作为其根据。只有先"穷理"，才能够做到"知礼""制礼"和"尽礼"。在此意义上，也可以把理看作礼的根源之一。但应当注意，在张载的思想体系中，由于"天"是最高的终极实在，"理"是居于"天"之下的次级范畴，"理"和"天"并未像二程洛学那样同一化为一个整体观念。因此，"理"虽然具有"根源"的含义，但它毕竟还不是终极根源，"理"和"礼"作为宇宙万物的生成过程以及社会生活中的秩序或规则，虽然也有"根源"等含义，但它们毕竟都要以"天"为最终根源。但不管怎样，张载对礼的根源的认识与荀子是有所不同的。

应该说，荀子和张载在对礼的来源的探求上选择的是不同的进路。荀子主要从"天人相分"的立场出发，认为礼应该归之人而与天无关，他的基本思路是：人——伪——礼。张载是从"天人合一"的立场出发，认为礼的根源在于天，而人只不过是顺之而已，他的思路是：天——理——礼。可以说，荀子对礼的来源

---

① 张载：《张子全书》，西北大学出版社，2015年，第342页。
② 张载：《张子全书》，第338页。
③ 张载：《张载集》，第264页。
④ 张载：《张载集》，第326—327页。

的说明，区分了人类社会与自然世界，对高扬人的自主性有积极的意义；而张载对礼的来源的认识，则将人类社会的礼与自然界的规律统一起来，对确定礼的正当性有积极的意义。荀子和张载对礼的来源的不同认识，体现了中国传统哲学在天人关系上的不同思想理路，在中国哲学的发展史上都具有重要的意义。

二、礼之内容：法与德

荀子非常重视礼。他不仅重视礼对个人修养的重要性，提出"礼者，所以正身也"的原则，认为"凡用血气、志意、知虑，由礼则治通，不由礼则勃乱提僈；食饮、衣服、居处、动静，由礼则和节，不由礼则触陷生疾；容貌、态度、进退、趋行，由礼则雅，不由礼则夷固僻违、庸众而野"（《荀子·修身》），而且把礼义作为成就君子人格的标准，主张"君子行不贵苟难，说不贵苟察，名不贵苟传，唯其当之为贵"（《荀子·不苟》）。这里的"当之"，即是指"礼义之中"，也就是合乎礼义。所以礼在学习和修养中具有重要的意义，所谓"礼者，法之大分，类之纲纪也，故学至乎礼而止矣。夫是之谓道德之极"（《荀子·劝学》），礼不但是学习的目标，而且是道德的极致。在国家和社会秩序层面，荀子也非常重视礼的作用。他认为礼对国家的安定非常重要，并把礼义是否完备当作国家治乱的标准："礼义之谓治，非礼义之谓乱也。"（《荀子·不苟》）"礼者，治辨之极也，强固之本也，威行之道也，功名之总也。王公由之，所以得天下也；不由，所以陨社稷也。""隆礼贵义者其国治，简礼贱义者其国乱。"（《荀子·议兵》）"故人之命在天，国之命在礼。"（《荀子·强国》）

荀子还将礼义作为判断王霸政治的标准，他说仲尼之门之所以羞称五伯，是因为"彼非本政教也，非致隆高也，非綦文理也，非服人之心也"，是"诈心以胜矣。彼以让饰争，依乎仁而蹈利者也，小人之杰也。彼固曷足称乎大君子之门哉"。（《荀子·仲尼》）故荀子认为礼是王道之治的标准："人君者，隆礼尊贤而王，重法爱民而霸，好利多诈而危，权谋倾覆幽险而亡。"（《荀子·强国》）可见，无论对个人、对社会、对国家，礼都是极为重要的，"故人无礼则不生，事无礼则不成，国家无礼则不宁"（《荀子·修身》），礼构成了荀子思想的总纲，是荀子之学的主脉。

儒家讲究名分观念、等级差序，荀子亦注重从社会群体"分"的角度来言礼。在他看来，礼首先表现为"分"，即社会有分工的不同，有贵贱上下的差等，人有长幼、智愚、贤不肖之分，而"礼者，贵贱有等，长幼有差，贫富轻重皆有称者也"（《荀子·富国》），礼的作用就在于以"分"来区别贵贱、尊卑、长幼、是非、贤与不肖等，"夫礼者，所以定亲疏，决嫌疑，别同异，明是非也"（《礼记·曲礼上》）。基于"分"，荀子的"礼"具有三重含义。

第一，礼是国家的大法。这是荀子最为强调的礼的意义。比如官职的设置及职能所在，即《荀子·王制》中所述"序官"，就是这一层意义上的主要内容。这样的礼虽然仍号称"礼"，但其实已被赋予了法的性质，说明礼不再是一种简单的社会规范或要求，而是需要用国家强制力来推行和保证的政治制度。

第二，礼是人伦中的礼节仪式。"礼之大凡：事生，饰欢也；送死，饰哀也；军旅，饰威也。"（《荀子·大略》）作为基本的人伦情感之外在体现，礼是《荀子·礼论》中所述及的丧、祭、军、宾等不同社会活动中的礼节仪式。

第三，礼是调节人伦关系的道德规范。礼是为人君、为人臣、为人父、为人子、为人夫、为人妻的道德规范。落实于个体，礼则是个人修养的准则，"礼者，所以正身也"（《荀子·修身》）。总之，荀子的"礼"主要继承了孔子以来"礼"的主要内容，但也有所创新，即突出了礼在国家层面具有强制性的特点，这是荀子在传统儒家礼学的角度吸收法家思想的产物。

与荀子相同，张载也非常重视礼。在张载看来，"礼嘉天下之会"[1]，具有会通天下、使社会达致和谐的功能；而作为"圣人之成法"[2]，礼更是"致乎大同"的天下常道。故而张载在政治上"慨然有意三代之治"[3]，主张治国理政要"以礼乐为急"[4]，而"三代之治"的基础便是礼乐制度。

关于张载礼学的内容，林乐昌指出：张载的礼表现为"成德践行之礼""社会教化之礼""养民治国之礼"三种。所谓成德践行之礼，关注的是主体自身气质和行为的转变，以成就德行，其主要表现形式和功能是就个体而言的"以礼成德"，亦即张载所说的个体的"行礼"实践，以及个体的举止得体、行为庄敬等。所谓社会教化之礼，其主要内容为乡村生活尤其是家族生活中的常行礼仪，

---

[1] 张载：《张载集》，第50页。
[2] 张载：《张载集》，第264页。
[3] 张载：《张载集》，第384页。
[4] 张载：《张载集》，第317页。

如冠礼、婚礼、丧礼、祭礼等。所谓养民治国之礼，则是张载在治国理政层面的礼。如张载说："欲养民当自井田始，治民则教化刑罚俱不出于礼外。"①又说："贫富不均，教养无法，虽欲言治，皆苟而已。"②可见，张载在国家政治方面的礼，也包括荀子所言国家制度层面的法，发挥着养民、教民和治民的作用。正如林乐昌所说："从张载礼学的整体结构和功能模式看，它既是个体行为的自我约束机制，也是社群关系的调节机制，又是国家政治的运行机制。"③张载对礼的基本内容和功能的认识与荀子基本一致。

但是，与荀子相比，张载不大重视和强化礼的强制性，而更强调人的自我修养和自我教育，他更多的是从人格养成和社会教化的角度言礼，把按照礼来行动看作自我教育的过程。如他提出教育应该"先学礼""强礼然后可与立"④，将礼作为教学实践的中心支点。对此，程颐说："子厚以礼教学者，最善，使学者先有所据守。"⑤这可以说是对张载思想特点的精当概括。后来程颐进一步将张载的学术特点概括为"以礼立教"四字，而后世的理学家又进一步解释为"以礼为教"，简明扼要地概括出了张载教学实践和教育思想的基本特征。而在北宋理学家及其他儒者中，虽然重视教育和通晓礼学者不乏其人，但明确标示"以礼为教"，并把"以礼教学者"作为自己教学实践宗旨和教育哲学主题的，仅张载一人而已。

在个人道德教育的基础上，张载还特别注重以礼化俗，把礼当作改善社会风俗的一种主要方法，将礼看成实现自己胸中"大成"事业的手段。他在解释《礼记·学记》的"大成"思想时说："化民易俗之道，非学则不能至，此学之大成。"⑥在社会实践中，张载不仅大力推动地方风俗更加醇化，而且着力于进行井田制的试验、宗法制的建设和肉刑的恢复。张载用礼化民易俗的做法对关中风俗的改变有很大影响。受其影响，他的弟子蓝田吕氏兄弟还专门撰写了《吕氏乡约》《乡仪》，并推行于蓝田（今陕西蓝田），从而开辟了中国传统社会的乡俗建设的基本路向。可见，无论在张载的教育思想还是社会实践中，礼都具有极

---

① 张载：《张载集》，第264页。
② 张载：《张载集》，第384页。
③ 林乐昌：《张载礼学三论》，载《唐都学刊》2009年第3期。
④ 张载：《张载集》，第29页。
⑤ 程颢、程颐：《二程集》，中华书局，1981年，第23页。
⑥ 张载：《张子全书》，第359页。

为重要的地位。

总之，荀子和张载对礼都极为重视，他们对礼的基本作用的认识是一致的，这源于他们所讲的礼有共同的文化根源，都源于先秦儒家经典。但荀子和张载对礼的关注重点也有不同：荀子主要从政治的角度审视礼，重点强调礼作为国家政治秩序的"节"的作用，所以他的"礼"延伸出了具有高度国家强制性的法；张载则主要从道德的角度审视礼，重点强调礼对人的品性的培养作用，所以他的"礼"延伸出了具有社群道德合约性质的乡约。也就是说，荀、张二人对礼的理解大致是相同的，但荀子的"礼"具有更多的法制化色彩，而张载的"礼"则具有更强的道德化意味。

三、礼之功用：善与恶

无论是对荀子还是对张载来说，礼都是一种基于人的需要的规范。但人为什么会需要这种规范呢？对此，荀子和张载都从人性的角度出发，从不同的视域阐述了礼对人性的作用。

荀子对礼的探讨基于其对人性的认识，而其对人性的认识则来自孔子。对于人性，孔子只说过"性相近也，习相远也"，并没有明确说明人性究竟是什么，但孔子的论述已经透露出人性兼有同与不同的意义，这就是"性相近"的起点。此后，孟子、荀子都从人的本性相同的角度出发，给予人性以明确的规定。孟子提出"性善论"，认为人的本性为善，以此构成自己的"仁政""王道"政治论的基础。荀子则不同，他批评孟子的观点，认为人的本性虽然相同，但却不是"善"。荀子对"性"做了规定："不可学、不可事而在人者，谓之性。"（《荀子·性恶》）"生之所以然者谓之性。"（《荀子·正名》）也就是说，性就是人没有经过学习、修养的自然之性。

那么，性的本质是什么？荀子指出："今人之性，生而有好利焉，顺是，故争夺生而辞让亡焉；生而有疾恶焉，顺是，故残贼生而忠信亡焉；生而有耳目之欲，有好声色焉，顺是，故淫乱生而礼义文理亡焉。然则从人之性，顺人之情，必出于争夺，合于犯分乱理而归于暴。"（《荀子·性恶》）由此来看，荀子所说的人性实际上类似于人天生的自然本能以及欲望。人都有相同的自然生理本能欲望，如果从人之性，顺人之情，任凭人的自然生理本能自由发展而不加以规范节制，必将导致"恶"的出现，社会就会陷入混乱争斗之中，所以需要有某种东西来对治人性，这就是"伪"。

什么是"伪"？在《荀子·性恶》中，荀子在对"性"做了界定之后说："可学而能，可事而成之在人者，谓之伪。"又说："心虑而能为之动，谓之伪"，"虑积焉、能习焉而后成谓之伪"（《荀子·正名》）。可见，荀子所说的"伪"，就是人通过后天的努力才能成就的东西，这本身是与"性"相对的，"是性伪之分也"。荀子认为，人性是人生来就具有的，每个人生来就如此，人与人之间在"性"上是无差别的，都是朴素之才。"伪"则是通过人的主观能动性养成的，凡经由后天人为学习教化才能获得的道德礼仪，都是人文化成的结果。荀子认为，人存在的价值并不在于"天"，而在人本身。

因此，在人性方面，荀子认为自然之人性本无价值，一个人的善念需要由外界的力量来教化。"性者，本始材朴也；伪者，文理隆盛也。无性，则伪之无所加；无伪，则性不能自美；性伪合，然后成圣人之名，一天下之功于是就也。故曰：天地合而万物生，阴阳接而变化起，性伪合而天下治。"（《荀子·礼论》）基于对人性的这一认识，荀子提出了"化性起伪"的观点。所谓"化性起伪"，简单来讲，就是通过后天人自身的力量以及社会和政府的力量来改变人天生的恶的倾向性。荀子高扬了人的主体性，认为每个人都是可以通过后天的努力成为圣贤的。"化性起伪"即强调人必须由"自然人"转化为"社会人"，即受社会道德约束的人。那么，什么是能矫正人性之恶的伪呢？荀子认为这就是"礼"。

> 礼起于何也？曰：人生而有欲，欲而不得，则不能无求，求而无度量分界，则不能不争。争则乱，乱则穷。先王恶其乱也，故制礼义以分之，以养人之欲，给人之求。使欲必不穷乎物，物必不屈于欲，两者相持而长，是礼之所起也。（《荀子·礼论》）

> 凡礼义者，是生于圣人之伪，非故生于人之性也。……圣人积思虑，习伪故，以生礼义而起法度，然则礼义法度者，是生于圣人之伪，非故生于人之性也。……故圣人化性而起伪，伪起而生礼义，礼义生而制法度。然则礼义法度者，是圣人之所生也。（《荀子·性恶》）

这样，荀子就将礼的渊源从"天"之中解脱出来，而完全归之于人，并将其创作归之于圣人。

荀子认为，人通过学习礼义、修身养性，可以成圣成贤，因此他所提出的"性恶"并不是说人性本来就是恶的，而是为了阐明"其善者伪也"这一主题。荀子认为，"善"实际上是圣人的"伪"。他说："凡人之性者，尧舜之与桀跖，其性一也；君子之与小人，其性一也。……然则有曷贵尧禹，曷贵君子矣哉？凡所贵尧禹君子者，能化性，能起伪，伪起而生礼义。"（《荀子·性恶》）如果人生而有善，就不需要社会制度来约束，那就不会有夏桀之类的暴君，尧、舜这样的圣人也就不可贵了。就人的本性来说，君子和小人是相同的，不同的是，君子可以"化性起伪"，以礼义约束自己。荀子指出，"性"虽然是人的共同起点，但"伪"才是人和人的区别所在。而"伪"的意义，就在于能够"劝学""修身"，使人真正成为一个社会人，"故必将有师法之化、礼义之道，然后出于辞让，合于文理而归于治"（《荀子·性恶》）。可见，荀子治国理政的目标在于"治"，要达到"治"，就必须"化性起伪"，用礼义制度来改造人，而礼义作为一种人为的"伪"，则是由圣人创制的，而非来自"天"。

与荀子相似，张载也是"自立说以明性"①，也是从"性"的角度来论礼。不过，张载承接的是孟子和荀子两种人性学说的思路。他把人性分为"天地之性"和"气质之性"两个层次：天地之性禀太虚之气而成，太虚之气的本性也就是人和物的共同本性，是先天之性，也是善的来源。"性于人无不善，系其善反不善反而已。"②天地之性对于人来说是善的，人的不同只在于善于反省和不善于反省而已。气质之性则指每个人由于禀受阴阳二气清浊、昏明、厚薄的不同而形成的特殊之性，如"人之刚柔、缓急、有才与不才，气之偏也"③。气质之性对外物有所追求，故张载又称其为"攻取之性"。他说："攻取，气之欲。口腹于饮食，鼻舌于臭味，皆攻取之性也。"④它是人性中"恶"的来源。"性其总，合两也"⑤，这样，张载就建构起独具特色的二元人性论，脱出了先秦孟、荀以来性善、性恶之争的窠臼。不过，张载又说："形而后有气质之性，善反之则天地之

---

① 张载：《张载集》，第 275 页。
② 张载：《张载集》，第 22 页。
③ 张载：《张载集》，第 23 页。
④ 张载：《张载集》，第 22 页。
⑤ 张载：《张载集》，第 22 页。

性存焉。故气质之性，君子有弗性者焉。"①可见，张载并不把气质之性当作人的本然之性。

基于此，张载又主张变化"气质之性"，回到"天地之性"。他提出："人之气质美恶与贵贱夭寿之理，皆是所受定分"，但"气质恶者，学即能移"②，通过学习克服追求外物的情欲，则能变化气质，从而恢复本来的善性，即"天地之性"。可见，在人性论上，张载虽然继承了孟、荀两种思路，但他对孟子"性善论"的继承是认同性继承，而对荀子"性恶论"的继承是批判性吸收。

那么，人如何变化自己的气质，使自己的"天地之性"凸显出来而扬弃"气质之性"呢？张载首先归结到"礼"。他为学者总结了两种基本修身工夫："知礼成性"和"变化气质"。"知礼成性"亦即张载所说的"以礼成德"，指的是在道德修养过程中人应该学礼、习礼，用礼来规范自身的行为；而"变化气质"虽然从表面看好像与礼无关，但实际也是要合乎礼。张载说："但拂去旧日所为，使动作皆中礼，则气质自然全好。"③可见，"变化气质"是一种能够与"知礼成性"配合使用的工夫。需要指出的是，张载"知礼成性"中的"成性"，是对"天地之性"的成就，而"变化气质"则是对"气质之性"的扬弃。礼自始至终都贯穿于张载的这两种修身工夫之中，故张载的"礼"具有"去恶复善"的特点。由此亦可见张载对荀子"性恶论"的批判性吸收。

四、礼的落实：政与教

钱穆曾评价宋代理学家对于政治与教育关系的看法，认为"范仲淹、王安石诸人，政治意味重于教育"，而"二程、横渠以来，教育意味重过政治"。④钱穆对范、王与程、张在政治和教育侧重点上的认识，其实也适用于荀子和张载，即荀子侧重于礼的政治作用，而张载侧重于礼的教化作用。荀子和张载对礼的重视有不同的用心和际遇，对如何推行礼也有不同的认识。荀子主要立足于国家层面，主张采取从上而下的方式建构礼；张载则立足于民间，从社会制度层面推进礼。这是两者以礼为政和以礼为教的差别所在。

---

① 张载：《张载集》，第 23 页。
② 张载：《张载集》，第 266 页。
③ 张载：《张载集》，第 265 页。
④ 钱穆：《国史大纲》（修订本），商务印书馆，1994 年，第 796 页。

荀子礼学最基本的特征是"以礼为政""以礼治国"。荀子说："礼义者，治之始也。"（《荀子·王制》）"国家无礼则不宁。"（《荀子·修身》）"国无礼则不正。"（《荀子·王霸》）那么，如何以礼来建构国家的政治呢？

首先，荀子认为，礼是圣王创制的，而圣王制礼的目的是"分"，亦即区分差别。他说："分均则不偏，势齐则不壹，众齐则不使。有天有地而上下有差，明王始立而处国有制。夫两贵之不能相事，两贱之不能相使，是天数也。势位齐，而欲恶同，物不能澹则必争，争则必乱，乱则穷矣。先王恶其乱也，故制礼义以分之，使有贫、富、贵、贱之等，足以相兼临者，是养天下之本也。"（《荀子·王制》）这也就是说，只有承认差别，从对差别的确定开始，才能达到养天下的根本。

其次，荀子强调君主为政应该把握三个要点，其一即是"隆礼"："君人者，欲安，则莫若平政爱民矣；欲荣，则莫若隆礼敬士矣；欲立功名，则莫若尚贤使能矣：是君人者之大节也。三节者当，则其余莫不当矣；三节者不当，则其余虽曲当，犹将无益也。"（《荀子·王制》）在此基础上，荀子指出："至道大形，隆礼至法则国有常，尚贤使能则民知方，纂论公察则民不疑，赏克罚偷则民不怠，兼听齐明则天下归之。然后明分职，序事业，材技官能，莫不治理，则公道达而私门塞矣，公义明而私事息矣。"（《荀子·君道》）

最后，荀子把君主对礼的推行作为治国的起点。

第一，君主要用礼义来建立"王者之政"。荀子说："贤能不待次而举，罢不能不待须而废，元恶不待教而诛，中庸民不待政而化。分未定也，则有昭缪。虽王公士大夫之子孙也，不能属于礼义，则归之庶人。虽庶人之子孙也，积文学，正身行，能属于礼义，则归之卿相士大夫。故奸言、奸说、奸事、奸能、遁逃反侧之民，职而教之，须而待之，勉之以庆赏，惩之以刑罚。安职则畜，不安职则弃。五疾，上收而养之，材而事之，官施而衣食之，兼覆无遗。才行反时者死无赦。夫是之谓天德，是王者之政也。"（《荀子·王制》）这也就是要用礼义选拔人才，用礼义确定人民的职责，并用礼义进行教育、赏罚、养育等。

第二，君主以礼义、刑法作为处理政事的关键。荀子说："听政之大分：以善至者待之以礼，以不善至者待之以刑。"（《荀子·王制》）确定了准则之后，接着要做到"法而议，职而通"，法令要公开讨论，职责要相互沟通，在这个过程中要做到公平、中和，"公平者，听之衡也；中和者，听之绳也。其有法

者以法行，无法者以类举，听之尽也"。(《荀子·王制》)

与荀子"以礼为政""以礼治国"不同，张载礼学最基本的特征是"以礼为教"。张载虽然也有与荀子类似的思想，比如主张恢复井田制、肉刑和宗法制度等，但这对其所处的时代来说，都难以实现。在具体的政治和社会实践中，张载没有放弃自己关于礼的基本主张，如在宜川做知县时就采取以礼善俗的办法，回到家乡又试验井田、推行礼法，但他对礼最主要的实践，是把礼作为教育的主题。

张载将礼作为学习的起点和立足点，主张学习修身要"先学礼"，"强礼然后可与立"，反复强调"人必礼以立"。① 这里所谓的"立"，其目标是主体道德人格的确立，而"立"的根基则在于礼。故在张载看来，立于礼是"继志""入德"的有效方法。张载说："学者行礼时，人不过以为迂。彼以为迂，在我乃是径捷，此则从吾所好。文则要密察，心则要洪放，如天地自然，从容中礼者盛德之至也。"② 张载的这一思想是对孔子"不学礼，无以立"(《论语·季氏》)的进一步发挥。

同时，张载继承了孔子"克己复礼为仁"的践仁精神，突出强调了礼对于实现"仁"的积极作用。张载指出，仁"不得礼则不立"③，"仁守之者在学礼也"④。也就是说，要真正确立"仁"这一核心价值，就不能不依靠礼，并把"学礼"视为"守仁"的有效途径。张载又说："'恭敬撙节退让以明礼'，仁之至也，爱道之极也。"⑤ 亦即在实践中彰显礼，把明礼视作仁爱的极致。

张载通过礼的自我约束来实现仁，这构成了他的一种重要的教育方式，不仅应用于个体层面，而且还推行于民间社会。张载在民间推行的"以礼化俗"后来由其弟子蓝田吕氏兄弟进一步制度化和规范化，这就是著名的《吕氏乡约》和《吕氏乡仪》。乡约是由地方士绅倡立，乡人自愿加入或退出的带有自治性的规约，以"德业相劝、过失相规、礼俗相交、患难相恤"为宗旨，一约之中，倡导善行，互相规劝过错，推行良序美俗，如果有人遇到患难，其他人都应当提供援助。这为礼在民间的推行开辟出一条新的道路。到明清时期，乡约发展到全国90%以上的县以下地区，被中国现代历史学家、国学大师钱穆誉为中国人的"精神宪法"。尤其值

---

① 张载：《张载集》，第192页。
② 张载：《张载集》，第265页。
③ 张载：《张载集》，第274页。
④ 张载：《张载集》，第265页。
⑤ 张载：《张载集》，第36页。

得注意的是,《吕氏乡约》有一套与众不同的完整体制,涵盖组织机构、聚会时间与赏罚方式。这一点使得它更多地表现为一种富于中国儒家特色的民间基层组织,而区别于今天乡村的乡规民约。所以我们说以张载及吕氏弟子为代表的礼学,具有道德劝善的性质,是一种自觉的、民间的以礼为教的形式。

此外,荀子和张载在礼的具体施用中也存在差别。其一,荀子的礼法制度不仅注意天人之分,而且主张把社会分为君王、臣子(君子)、百姓三个等级,分为不同的行业等,注意礼在"分"上的作用;张载虽然也讲礼之分,但更注重人与人之间、人与宇宙万物的和谐统一,如他在《西铭》中所说的"民吾同胞,物吾与也",有着浓厚的天人合一、社会和谐的色彩。其二,荀子虽然认为礼是国家的根本大法,但是也极力强调"法"和"礼"在适用对象上的差异:"德必称位,位必称禄,禄必称用,由士以上则必以礼乐节之,众庶百姓则必以法数制之。"(《荀子·富国》)即礼乐主要用于士大夫以上,而刑法则主要针对百姓。张载则与之不同,他更主张将礼推行到民间。其三,荀子重视法之严明,主张刑罚和罪责相等,他说:"刑称罪则治,不称罪则乱。故治则刑重,乱则刑轻。"(《荀子·正论》)张载则注重在刑罚中运用仁术,如他反对死刑,主张用肉刑,认为用肉刑可以收到震慑人心的作用,他说:"肉刑犹可用于死刑。今大辟之罪,且如伤旧主者死,军人犯逃走亦死,今且以此比刖足,彼亦自幸得免死,人观之更不敢犯。今之妄人往往轻视其死,使之刖足,亦必惧矣。此亦仁术。"①

由以上所述可见,荀子和张载对礼的理解是相同的,但侧重点不同。荀子主要走的是礼的官方化、制度化、法治化的道路,张载主要走的是礼的民间化、契约化、道德化的道路。他们一个侧重于从社会整体到人格规范的落实,另一个则侧重从个体修养到社会风俗的教化。荀子和张载在礼学践行方面的差异,实际上也是礼的推行应该自上而下还是自下而上、自整体而个体还是自个体而整体的差别,也是"以政行教"和"以教行政"的差别。在礼的现代化建设中,我们应吸收借鉴荀子和张载两条理路,一方面需要当政者注重礼的教化作用,从国家层面提出礼的建构策略;另一方面也需要人民自觉将礼作为一种社群契约来实现。目前,国家提出了社会主义核心价值观,但精神层面的认同总是要落实到具体行为的规范化建构、社会群体精神的契约化建构、国家的制度化建构三个层面,荀子和张载礼学对此无疑具有重要的借鉴价值。

---

① 张载:《张载集》,第248页。

明代关学四期发展说

明代是关学思想发展史上一个非常重要的时期。在这一时期，关学总体上呈现出多元化发展的局面，各种思想交互融合，朱子学、阳明学、气学与关学的"读经重礼""躬行实践""下学上达""崇尚气节"等学风结合在一起，从明初的独尊朱子学到中期的朱子学与阳明学并行发展再到晚明的朱王融合，异彩纷呈，并经历了两次发展高峰。根据明代关学的发展、演变及特点，我们可以将其分为四个不同时期或阶段。

一、主敬穷理：明初的关陇之学

明初，在北方讲学且能够称得上大儒的学者并不多，除河南曹端（号月川，1376—1434）之外，便是山西河津的薛瑄（号敬轩，1389—1464）。薛瑄曾长期在家乡讲学，由于交通的便利和明初薛瑄在北方思想界的影响，不少关中士子都前往河津问学。据薛瑄弟子关中人王盛记录，薛瑄的七十四名弟子中，有十七人来自陕西，仅次于山西本省。[①]正是通过这些陕西弟子，薛瑄的朱子学思想得以在关中广泛传播，并构成了明初关学最主要的思想资源。虽然此时的关中仍有一些本地学者在钻研理学，如三原的马贵（号靖川，1394—1443）和马江（号云岩）父子二人都精于性理之学，并以讲授为业，但显然，陕西当地提倡理学的学者很

---

① 薛瑄：《薛瑄全集》，山西人民出版社，1990年，第1656—1658页。

少且影响不大,所以《关学编》中记载的明初关学学者基本上都是薛瑄的弟子或私淑弟子。现代研究也指出,薛瑄的河东之学有两条主要的扩张和发展路径,一是往南入河南,一是往西入陕西。①

在薛瑄的陕西弟子中,以咸宁的张鼎(字大器,1431—1495)、凤翔的张杰(号默斋,1421—1472)和韩城的王盛(号竹室)名气较大。张鼎的父亲曾为山西蒲州知州,张鼎十五六岁时就随父就任,因而得以受学于薛瑄,并得到薛瑄的器重。后来,张鼎又在山西为官十三年。薛瑄去世后,其文集散漫失传,张鼎用数年时间搜辑校正并刊刻成书,这是薛瑄文集的第一次刻印,为薛瑄著作的保存与流传做出了重要贡献。不过,张鼎仕途比较顺利,大部分时间都在外省为官,故对于薛瑄之学在关中的传播之功不及张杰。张杰是在山西赵城任训导时认识并从学于薛瑄的,后来因奉养母亲而不再出仕,居家读书讲学,并拓家塾以"五经"教授乡里,被学者称为"五经先生",名重一时。张杰不仅在家乡教授弟子,而且还将讲学的范围扩展到今甘肃天水、兰州一带。其时,他与兰州的段坚(号容思,1419—1484)、秦州(今甘肃天水)的周蕙(号小泉)和安邑(在今山西夏县西北)的李昶相与论学,②初步形成了一个比较松散的讲学圈,因为他们讲学的范围基本集中在今陕西关中和甘肃东部一带,故可称之为"关陇之学"。

与张杰、李昶不同的是,关陇讲学圈中的段坚和周蕙并非薛瑄的及门弟子。段坚年轻时曾南游访学,在洛阳"得阎子与、白良辅辈定交焉"③,并向二人问学。阎禹锡(字子与)与白良辅是薛瑄在河南的弟子,但段坚与他们并非师承关系,《段容思先生年谱纪略》称之为"纳交"④,而《关学编》说是"定交"。不过,虽为私淑,段坚对薛瑄之学在关陇地区的传播却非常重要,时人称其"继往开来,远探濂洛,文清之统,惟公是廓"⑤。段坚晚年"结庐兰山之麓,扁曰'南村',曰'东园'"⑥,授徒讲学。而在前来问学的人中,秦州的周蕙是最为重要的一位。周蕙本是兰州的戍卒,听说段坚在家中集诸儒讲理学,遂前往听之。

---

① 参见[新加坡]许齐雄:《北辙:薛瑄与河东学派》,叶诗诗译,浙江大学出版社,2015年,第125页。
② 李昶是薛瑄的弟子,做过甘肃秦州清水县教谕,周蕙曾向其问学。张杰与段坚、周蕙、李昶相互讲学,可能即在其任清水教谕时。
③ 冯从吾:《关学编(附续编)》,第26页。
④ 彭泽编:《段容思先生年谱纪略》,清道光三年(1823)刻本。
⑤ 冯从吾:《关学编(附续编)》,第28页。
⑥ 冯从吾:《关学编(附续编)》,第27页。

一开始，他只是个站着的听众，时间长了，大家让他坐着听，之后又让他参与讨论，再后来有什么疑惑都向他请教。除向段坚问学外，周蕙还师从当时任秦州清水县教谕的薛瑄弟子李昶，从而"得薛文清公之传"①，学问越来越精纯，为远近学者之宗。关中渭南的薛敬之（号思庵，1435—1508）听说后，不远千里前往天水从学于周蕙。

后来，周蕙在游历西安时遇到了咸宁的李锦（号介庵，1436—1486），遂与之论学。李锦听了周蕙讲濂洛关闽之学后，放弃了正在从事的辞章记诵之学，"专以主敬穷理为事"②，此后经常与薛敬之等人相互讲学，相劝相规，成为关西名儒。也正是从薛敬之与李锦开始，明代初期关陇讲学的重心又从甘肃兰州、天水一带回到陕西关中地区，从此绵延不断。薛敬之后来更是培养了高陵的吕柟（号泾野，1479—1542），在吕柟这里，河东之学终于通过私淑弟子一脉发扬光大，并最终融汇到关学的滚滚洪流之中。清初关学学者李二曲（名颙，1627—1705）就说：

> 小泉先生崛起行伍之中，阐洛、闽绝诣以振颓俗，远迩向风，贤愚钦仰。思庵薛子不远数千里从之学，每晨候门躬扫坐榻，跽而请教，事之唯谨，卒得其传，为一时醇儒。其后吕文简公又问道于薛，以集关中大成，渊源所自，皆先生发之，有功于关学甚伟。③

总的来说，由于时代和条件的限制，明初的关学与关陇讲学并不兴盛。从讲学活动来看：首先，影响不大，理学学习的氛围不浓，没有出现像河东薛瑄那样有影响力的人物；其次，范围较小，参与者不多，没有一个稳定的讲学场所（即书院），更没有像后来阳明学那样定期举行的讲会活动，只是随所到之处或居家讲学。但不管怎样，明初的关陇一带已经开始出现学者讲学的活动，这不仅预示着关中讲学之风即将兴起，而且为随后关学的发展培养了一批著名学者。从思想上来看：第一，河东薛瑄的朱子学是明初关学最主要的思想资源；第二，比较传统保守，明初关学学者基本上都恪守着程朱"主敬穷理"之传；第三，北宋自张

---

① 冯从吾：《关学编（附续编）》，第31页。
② 冯从吾：《关学编（附续编）》，第34页。
③ 李颙：《二曲集》，中华书局，1996年，第286页。

载以来关中读经重礼、强调实践的学风得到继承和发扬。综上所述,明初是关学传播、融合河东之学的时期。

不过,明初的关学也不是一味趋于保守,而是于保守中蕴含着变化,在一定程度上反映了时代的风貌。正如许多研究者所指出的,明初理学界有一种重视心性、强调躬行的趋向,[①]这在许多关学学者的思想中有所体现。如薛敬之就非常重视心体,认为为学首先要从心地上做工夫,"千古圣贤非是天生底,只是明得此心分晓"[②]。在薛敬之那里,传统的朱子理气之辨也被转化为心气之辨,"心"与"理""太极"同义。他说:"心者,理之天,善之渊也。养心者,则天明渊澄而理与善莫不浑然发外矣。""一身皆是气,惟心无气。随气而为浮沉出入者,是心也。"[③]不过,薛敬之虽具有心学的倾向,其所言之"心"也具有道德本心的含义,但他始终是一位程朱学者,在他那里,心、气就像理、气一样是二分的,如曰:"心乘气以管摄万物,而自为气之主,犹天地乘气以生养万物,而亦自为气之主。""心有所守则气自无不制。气无不制者,心之驭气也,无制者,气之驭心也。""学者始学,切须要先识得此心是何物,此气是何物,心主得气是如何,气役动心是如何,方好着力进里面去。"[④]

但不管怎样,薛敬之是明初关学中一位开风气之先的学者,他为当时以"主敬穷理"为学的关学注入了更多心性涵养的因素。不过,由于明初关陇学者多以读经重礼、躬行实践为主,不重视著述,虽间有著述但保存下来的很少,今天能够见到的仅有薛敬之的《思庵野录》一书,其他如段坚的《容思文集》《柏轩语录》,以及薛敬之的其他著作等都早已佚失,因而不能完全窥探明初关学的全貌以及了解关陇学者之间的学术往来交流,这不能不说是一个遗憾。

二、读经重礼:三原弘道书院的讲学

在明初段坚、周蕙、张杰等人的关陇讲学之后,陕西本地的理学和讲学之风也逐渐兴起,关学迎来了其在明代发展的第二个阶段,其代表是三原王恕(号介

[①] 参见吕妙芬:《胡居仁与陈献章》,文津出版社,1996年,第31—44页。
[②] 薛敬之:《思庵野录》卷上,清咸丰元年(1851)渭南武鸿模重刻本。
[③] 薛敬之:《思庵野录》卷上。
[④] 薛敬之:《思庵野录》卷上。

庵，1416—1508）、王承裕（号平川，1465—1538）父子的三原之学和弘道书院（清代乾隆时因避讳而改名为"宏道书院"）讲学。

弘道书院是王承裕于弘治八年（1495）在三原创建，并于第二年完工的。王承裕先是在三原当地的一个僧舍里讲学，取名"学道书堂"，三原士子马理（号谿田，1474—1555）、秦伟（号西涧）、雒昂（号三谷）等人皆来从学。后来随着前来问学的人逐渐增多，僧舍容纳不下，于是在秦伟的倡议下，众弟子合力，在三原普照寺旧址上创建了明清关中著名的讲学书院——弘道书院，后在书院讲学的基础上形成了当时有名的三原学派。

弘道书院的主讲者是王承裕，王恕在研究学问之余有时也会为书院诸生讲学。其实，王恕一生的成就主要是在事功和经济上，只是到了晚年致仕回乡后，才开始潜心研究儒家学问，主要是对朱注四书五经的进一步解释，虽间有与朱注不同之处，但总体上还是属于经书传注的形式，对儒学义理发挥很少，如其所著《玩易意见》和《石渠意见》便是如此。因此，冯从吾在编《关学编》时，有人曾提出：王承裕的学问来自其父，为何《关学编》中不收王恕？冯从吾则回答说"《石渠意见》有裨经学"[1]，与《关学编》以记述"关中理学"的原则不符，故最终没有为王恕单独立传，只是在王承裕的传文末尾附了一句："端毅公林居日，著《五经四书意见》，独摅心得，自成一家，学者宗之。先生（王承裕）著述种种，盖多本之庭训云。"[2]

与王恕关注经书传注不同，王承裕之学则以义理为主，其弟子马理就说，"先生教以宗程朱以为阶梯，祖孔颜以为标准"[3]。另外，从其著述《论语近说》《谈录漫语》《草堂语录》《进修笔录》《太极动静图说》等书名中，亦可以看到王承裕以理学为主的学问倾向。可惜其著作大多已佚失，只有后人所辑录的《进修笔录》和《太极动静图说》以及一些诗文保存了下来，因而难以窥见其思想之全部。

不过，根据《进修笔录》《太极动静图说》和冯从吾的记载，王承裕之学以恪守程朱之说为主，但在一些方面也体现出与关陇之学相同的特点来，如重视心性、强调经学和以礼为教、躬行实践等。在心性方面，王承裕比较重视心的涵

---

[1] 冯从吾：《冯从吾集》，第294页。
[2] 冯从吾：《关学编（附续编）》，第39页。
[3] 马理：《马理集》，西北大学出版社，2015年，第325页。

养如"正心",而非心性之辨或心体含义的阐发。他指出,人之一身,以心为主,故"心正则身正,身正则万事皆正矣。是故正万事莫如正身,正身莫如正心也"①。另外,对于经学和礼教的强调,也可以从弘道书院的学规、设施和教学中看到。王承裕为书院诸生所立学规之一就是每日要读经,并且《诗》《书》《礼》《易》《春秋》五部经书中不仅必须专研一经,余下的四经也要依次学习。他还专门将弘道书院的后堂命名为"考经堂",作为讲解、讨论经书的场所。当然,对经学的强调与科举之业分不开,但又并非全为科举考虑。弘治年间(1488—1505)的陕西提学副使王云凤(号虎谷,1465—1517)在《建弘道书院记》中指出,王承裕以"弘道"作为书院之名,实际上就是要学者懂得为学的大道理,而不以举业为限。"道"是君子修身、君王治天下的根据,而这个根据就是每个人所固有的天命之性,因此,"弘道"就是要尽己之性、尽人物之性,以至参天地、育万物,而非仅以举业为务,以功名显达自期。②王云凤的认识,显然是符合王承裕弘道书院讲学之旨的。对于礼教,王承裕更是重视。冯从吾说,王承裕"自始学好礼,终身由之,故教人以礼为先。凡弟子家冠婚丧祭,必令率礼而行"③,并且还在三原刊布和推行《吕氏乡约》《乡仪》,以教化风俗。

另外,王恕和王承裕在弘道书院的讲学还崇尚气节,反对空谈。故其门人弟子多以气节著名,如马理、雒昂与张原(字士元,1473—1524)等都因在嘉靖初年的"大礼议"中上疏劝谏而遭廷杖,雒昂与张原二人甚至因此殒命。气节从而成为关中三原学派的一大特点。黄宗羲在《明儒学案》中就称赞说:"关学大概宗薛氏,三原又其别派也。其门下多以气节著,风土之厚,而又加之学问者也。"④

可见,王承裕在弘道书院讲学期间是继明初关陇讲学之后进一步将程朱理学中心性修养的内容与张载"以礼为教"精神相融合的时期。这一时期的关学不仅继承并强化了关陇之学对心体的重视,而且突出了对本地理学资源如张载"读经重礼"之学的发挥。总之,三原弘道书院讲学的兴起,不仅改变了关中无讲学书院的状况,而且为理学的传播提供了比较稳定的场所,培养了更多的理学人才,同时

---

① 王承裕:《进修笔录》,见《少保王康僖公文集》,清道光十八年(1838)李锡龄、王稷刻本。
② 来时熙:《弘道书院志》,明弘治十八年(1505)刻本。
③ 冯从吾:《关学编(附续编)》,第39页。
④ 黄宗羲:《明儒学案》(修订本),中华书局,2008年,第158页。

也开启了明代关中地区大规模的讲学之风。在弘道书院创立之后不久的弘治九年（1496），陕西提学副使杨一清（号邃庵，1454—1530）重建西安府正学书院，并在武功修建绿野书院，在陇州（今陕西陇县）建岍山书院等，关中讲学之风开始兴起。随后，在吕柟、马理、韩邦奇（号苑洛，1479—1555）、南大吉（号瑞泉，1487—1541）等人讲学的推动下，明代关学迎来了其发展的第一个高峰。

三、多元化发展：关学的中兴

到了正德、嘉靖年间（1506—1566），关中理学人才济济，讲学蔚然成风。这一时期关学的代表人物有高陵的吕柟，三原的马理，朝邑的韩邦奇，富平的杨爵（号斛山，1493—1549），以及渭南的南大吉、南逢吉（号姜泉，1494—1574）兄弟等。在这些学者的推动下，关学走向了其在明代发展的第三个阶段。这一时期的关学不仅出现了自南宋以来的第一次中兴局面，而且迎来了多元化的发展方向，呈现出如下几个新的特点。

第一，阳明学的传入为关学增添了新的思想元素和发展活力。明代关中之王学是从渭南的南大吉兄弟开始的。晚清关学学者柏景伟就说："明则段容思起于皋兰，吕泾野振于高陵，先后王平川、韩苑洛，其学又微别，而阳明崛起东南，渭南南元善传其说以归，是为关中有王学之始。"[1]南元善即南大吉，他与其弟南逢吉于嘉靖二年（1523）在浙江绍兴师从王阳明，学习良知学，成为日后王阳明在关中最重要的两位弟子。[2]南大吉对老师的学问的态度，可以用一个字来概括，就是"信"。他在嘉靖五年（1526）写给王阳明的信中说道：

> 兹孟子谓七十子之服孔子，中心悦而诚服之也。夫苟其中心之悦也，必得其心之所同然者矣。……大吉兄弟资不敏，其幼而学也，窃尝有志于圣贤之道，乃为近世格物之说所囿，终焉莫得其门。比其长也，乃遂驰骛于词翰之场，争奇而斗胜者，然且十数年矣。既乃以守越获登尊师之门，而领致知之教，始信人皆可以为尧舜，而七十子

---

[1] 冯从吾：《关学编（附续编）》，第69页。
[2] 南逢吉是明代关中王学的一位重要代表人物，一直在渭南积极传播阳明学，曾建姜泉书院讲学，著有《姜泉集》和《越中述传》等，可惜二书已佚，无法窥知其思想。但对于南逢吉，《明儒学案》和《关学编》均无记载，原因不得而知。

之所以服孔子者非伪也。天命我心而我自放之，不仁孰大焉？亲生我身，而我自失之，不孝孰大焉？今而后愚兄弟可以勉强惕厉以求自存其心，自成其身，而不至不仁不孝之大者，皆尊师之赐也，故曰孔子于诸子有罔极之恩焉。①

在信中，南大吉以"七十子之服孔子，中心悦而诚服之"以及自己兄弟二人的为学经历，来表达对王阳明良知学的深深信服以及对老师的感恩之情。另外，南大吉在写给友人的信中也说："王先生之学，天下方疑而非议之，而某辄敢笃信而诚服之者，非所以附势而取悦也，非谓其所惑也，非喜其异而然也，反而求之，窃有以见夫吾心本如是，道本如是，学本如是，而不可以他求也。"②正是由于对良知说的"笃信而诚服之"，南大吉不仅在绍兴知府任上重建稽山书院及尊经阁，延请王阳明及其弟子前来讲学，并刊刻《传习录》传播海内，而且在离任后还与其弟南逢吉积极在家乡渭南传播良知学，使得关学一改过去以朱子学为宗的情况。此一学术格局的变化对明清关学发展影响深远，此后关学遂呈现出朱子学与阳明学两大学术思想并行且盛衰交替的局面。也正是由南氏兄弟起，关学开始了与阳明学相融合的时期。

第二，气学和"重气"思想的出现。随着朱子学自身的逻辑展开，到了明代中期，从朱子的理气关系逐渐转出"重气"或以气为本的思想来，如湛若水、罗钦顺、杨东明等人皆为此类思想的代表人物。③而这种思想转向也发生在一些关学学者身上，如吕柟和韩邦奇等。吕柟是正德、嘉靖年间关学最主要的代表人物，如果说明代关学有两个发展高峰，那么吕柟就是其中之一，而另一个则是晚明万历年间（1573—1620）的冯从吾。从为学宗旨来看，吕柟之学是以程朱为主，恪守"主敬穷理""知先行后"之说。但吕柟对程朱之学并非完全墨守成规，这主要体现在理气关系上，其将朱子的"理气二分"转变为"理气一物"。如他在解释张载"合虚与气，有性之名"的时候，明确指出"理气非二物"：

> 观合字，似还分理气为二，亦有病。终不如孔孟言性之善，如说"天

---

① 南大吉：《南大吉集》，西北大学出版社，2015年，第80—81页。
② 南大吉：《南大吉集》，第78页。
③ 关于明代气学的相关研究，可参见杨儒宾、祝平次编：《儒学的气论与工夫论》，华东师范大学出版社，2008年，第111—163页。

命之谓性"，何等是好！理气非二物，若无此气，理却安在何处？故《易》言"一阴一阳之谓道"。①

另外，在性气关系上，吕柟也反对分性气为二，反对性自性、气自气，而是认为气中自有性在，性是从气中发出来。②他说："性、神皆在气中，只一物耳。故养成浩然之气，性命皆得。"③不过，如果仔细分析吕柟关于理气、性气关系的论述，可以看到，他虽然主张"理气一物""性气一物"，认为理和性只在气上求，但其理论还不是后来所讲的气学或以气为本，而只是一种"重气"的思想，重在强调气对于理的显现和发用，故言"一物"。其主张与同时代罗钦顺（号整庵，1465—1547）讲的"理只是气之理，当于气之转折处观之"④、气"千条万绪，纷纭胶轕，而卒不可乱，有莫知其所以然而然，是即所谓理也。初非别有一物。依于气而立，附于气以行也"⑤不同；也与清初黄宗羲（号南雷，1610—1695）理气只是"一物而两名，非两物而一体"⑥，"心体流行，其流行而有条理者，即性也"⑦，以及"造化只有一气流行，流行之不失其则者，即为主宰，非有一物以主宰夫流行"⑧等说法不同。

不过，吕柟对理气、性气、心性等形上问题的讨论较少，他的"重气"思想主要是强调"气"对理的实现，关联的是工夫实践，而不是单纯的理论思辨。刘宗周就指出，吕柟之学以尚行为旨。⑨冯从吾也说，吕柟"重躬行，不事口耳"，"不为玄虚高远之论"。⑩

如果说吕柟的"理气非二物"说还只是一种"重气"的思想，那么与吕柟同时代的韩邦奇所提出的"元气"说就明显具有气学的特点了。黄宗羲在《明儒学案》中将韩邦奇和其弟子杨爵，以及后来的王之士（号秦关，1528—1590）列入"三原学案"。事实上，所谓三原学派只是一个地方性理学学派，以王恕、王承

---

① 吕柟：《泾野子内篇》，中华书局，1992年，第124页。
② 吕柟：《泾野子内篇》，第116页。
③ 吕柟：《宋四子抄释》卷二，见《景印文渊阁四库全书》第715册，第54页。
④ 罗钦顺：《困知记》，中华书局，2013年第2版，第89页。
⑤ 罗钦顺：《困知记》，第5—6页。
⑥ 黄宗羲：《明儒学案》（修订本），第1061页。
⑦ 黄宗羲：《黄宗羲全集》第1册，浙江古籍出版社，2002年，第60页。
⑧ 黄宗羲：《明儒学案》（修订本），第438页。
⑨ 黄宗羲：《明儒学案》（修订本），第11页。
⑩ 冯从吾：《关学编（附续编）》，第46页。

裕及其三原籍弟子为中心，但韩邦奇是朝邑人，杨爵是富平人，而王之士则是蓝田人，他们不仅籍贯与王恕、王承裕和马理等人不同，而且与王氏父子及马理既无师承关系，也没有向其问过学，在思想上也有较大不同，黄宗羲为何将他们都归入三原学派？但不管怎样，韩邦奇在本体论上并没有遵循朱子的理气之说，而是延续了张载的气学思想。

韩邦奇认为，"混沌之初也，一元之气，渣滓融尽，湛然清宁，而万象皆具一极中，《易》所谓太极，天之性也。及其动静继成之后，气化形生，并育并行，是天率天之性而行，是之谓天道"①。在韩邦奇看来，"元气"是一种湛然清宁的气，同时也就是《易》所说的太极，就是天之性。而"元气"在自身运动变化过程中所显现出来的条理性就是理。人之心即是湛然清宁的"元气"，亦是人之性，所以韩邦奇说："人有人之性，人率人之性而行，发而见诸行事为道，子思所谓'率性之谓道'是也。天有天之性，天率天之性而行，发而见诸化育流行为道，孔子所谓'一阴一阳之谓道'是也。"②因此，对韩邦奇来说，天地之间只是气而已。不过，与吕柟和南大吉等关学学者一样，韩邦奇对形而上的讨论兴趣不大，他更多的成就是在音乐和易学上。

虽然正德、嘉靖年间（1506—1566）的关学出现了王学、气学或"重气"的思想等多元化发展的趋势，但其主流仍然是程朱之学，吕柟、马理、韩邦奇和杨爵等人对阳明学都持拒绝或批评的态度，这在很大程度上影响了阳明学在关中地区的传播和发展。③另外，与前期的关陇之学和弘道书院讲学相比，这一时期的关学除了在主流上仍以程朱为宗，还在很大程度上维持着对经学、礼教和实践的强调。如：吕柟指出，"君子以行为先，以言为后"④，强调"明经修行"，并对五经都有相关著述；马理对礼的重视和执守不亚于张载，对五经亦都有阐释；韩邦奇则精于易学，对《周易》《尚书》和《毛诗》诸经也都有阐释；等等。总之，正德、嘉靖年间的关学处于一个各种学术思想互相碰撞并逐渐融合的时期，保守与开放并存。

---

① 韩邦奇：《韩邦奇集》，西北大学出版社，2015年，第1358页。
② 韩邦奇：《韩邦奇集》，第145页。
③ 参见米文科：《论明代关学与朱子学之关系》，载《中国哲学史》2017年第4期。
④ 吕柟：《泾野先生文集》，西北大学出版社，2015年，第981页。

四、"朱王会通"：冯从吾与晚明关学

随着南大吉、吕柟、马理、韩邦奇等人去世，关学与关中讲学开始走向衰微，直到万历二十年（1592）冯从吾在西安城南宝庆寺讲学，以及张舜典（号鸡山，1557—1629）在凤翔讲学，关学才再次兴盛，进入了其发展的第四个阶段，并走向第二个高峰。据冯从吾《关学编》记载，在冯从吾讲学之前，关中较有名的学者有泾阳的吕潜（号愧轩，1517—1578）、张节（号石谷，1503—1582）和郭郛（号蒙泉，1518—1605），以及咸宁的李挺（字正立）、蓝田的王之士等吕柟弟子或以吕柟为学的学者，但无论其思想影响还是讲学规模，都远不及正德、嘉靖年间的关学，而且由于这些学者或者没有著述，或者著作失传，现已很难了解其具体的思想。因此，这一段时间是关学的衰落期。

但随着万历十三年（1585）时任陕西提学副使许孚远（号敬庵，1535—1604）开始主持西安正学书院，并邀蓝田王之士讲学其中，以及随后冯从吾在宝庆寺和关中书院讲学，关学迎来了其在明代发展的第二个高峰。

冯从吾是晚明长安人，也是许孚远的弟子。许孚远从学于甘泉学派的唐枢（人称一庵先生，1497—1574）。唐枢对湛若水的"随处体认天理"之说和王阳明的"致良知"说"两存而精究之"①，具有明显的会通朱王的倾向。而许孚远亦信良知之说，但他对王门后学援良知以入佛的做法特别是"无善无恶"说极为反对，曾作《九谛》同周海门（名汝登，1547—1629）进行辩难。冯从吾作为许孚远的弟子，同时又与东林学派的高攀龙（世称景逸先生，1562—1626）相友善，再加上家学的影响，从小父亲就教他"个个人心有仲尼"之诗，故对王阳明的良知说也笃信不已，认为"阳明先生致良知三字，真得圣学真脉，有功于吾道不小。知善知恶是良知一语，尤为的确痛快"②。对晚明流行的"无善无恶"说，冯从吾也与其师一样持批评的态度。在他看来，当时王门后学有一种"猖狂"之风，③原因就在于被"无善无恶"之说所误，而"无善无恶"说的实

---

① 黄宗羲：《明儒学案》（修订本），第948页。
② 冯从吾：《冯从吾集》，第301页。
③ 晚明刘宗周批评王学之弊时就说："今天下争言良知矣，及其弊也，猖狂者参之以情识，而一是皆良；超洁者荡之以玄虚，而夷良于贼，亦用知者之过也。"（吴光主编：《刘宗周全集》第2册，浙江古籍出版社，2007年，第278页。）

质是要翻孟子性善之案，从而堕于告子的"无善无不善"、佛氏的"无净无垢"之说中。

尽管冯从吾笃信良知说，但他并非以王学为宗。对他来说，晚明的学术之弊，除了因王门后学提倡"无善无恶"之说而导致的"猖狂"之风，还有朱子学者与阳明学者之间的纷争造成的学术分歧。为了解决这一纷争，冯从吾提出了以良知为本体、以主敬穷理为工夫的"本体与工夫合一"的为学主张。他说：

> 学者往往舍工夫而专谈赤子之心，则失之玄虚；舍赤子之心而专谈工夫，则失之支离，心学几为晦蚀。①

> 近世学术多歧，议论不一，起于本体、工夫辨之不甚清楚。……若论工夫不合本体，则泛然用工夫必失之支离缠绕；论本体而不用工夫，则悬空谈体必失之捷径猖狂，其于圣学终隔燕越矣。②

在冯从吾看来，识得本体，然后可做工夫；做得工夫，然后可复本体。本体与工夫并不是截然分开的，而是统一于同一个过程之中，因此两者不可偏废。应该说，冯从吾以"本体与工夫合一"来融会贯通程朱、陆王之学，这为晚明的思想界开出了一条新的为学之路，而与之同时的影响更大的东林学派则在批评王学之中重新走向了朱子学，反而在一定程度上加剧了明末清初的朱、王门户之争。同时，冯从吾的"朱王会通"说是关学发展到晚明时出现的一种新的动向，是明代中期以来关中朱子学和阳明学互相吸收融合的结果，对清初关学也产生了极大影响。清初以李二曲及其弟子王心敬为代表的关学主流，走的就是一条以王学为主、会通程朱的学问之路。

在尽力统合本体与工夫的同时，冯从吾为救正晚明王学"空谈良知"的学风，又特别强调实修的重要性，认为学问源头在于对性体的透悟，但唯有真修实践才能真正体认、把握性体，所以他指出："今日讲学，要内存戒慎恐惧，外守规矩准绳，如此才是真悟，才是真修。"③又说："日用平常自有天，如何此外觅

---

① 冯从吾：《冯从吾集》，第241页。
② 冯从吾：《冯从吾集》，第288页。
③ 冯从吾：《冯从吾集》，第306页。

空玄。请看鱼跃鸢飞趣，多少真机在眼前。"①可见，冯从吾之学依然保持着明代以来关学重实践的品格。

除走向"朱王会通"的道路之外，晚明关学的第二个特点就是由前期的以"主敬穷理"为主转向凸显心性的价值。冯从吾明确指出："圣贤之学，心学也，心之不养而徒事于枝叶间，抑末矣。"②又说："自古圣贤学问，总只在心上用功，不然即终日孳孳，总属枝叶。"③事实上，对心性的价值和意义，明代前期的薛敬之就说过："为学不从心地做工夫，则却无领要，纵然力研强记，不过卤莽灭裂，成甚气质，况可望德业之过人。"④此后除少数学者如南大吉主张"致良知"，强调在心体上做工夫之外，大多数关学学者恪守的是朱子学的"主敬穷理"之传和张载的读经重礼学风，即通过"穷理"和"守礼"来收摄心性。但到了冯从吾这里，传统的朱子学的学问路向开始转为对心性之学以及心性涵养的重视。如在工夫上，冯从吾就很少谈及"穷理"或"礼教"，而是更强调在"一念未起"和"一念方动"时做工夫。他说："一念未起，则涵养此心；一念方动，则点检此心，于此惟精，于此惟一，庶乎有不发，发皆中节；有不感，感皆尽道矣！"⑤具体来说，在冯从吾那里，所谓"一念未起"时的工夫主要指戒慎恐惧和静中体验未发气象，而"一念方动"时的工夫则是指慎独和诚意。

最后，需要说明的是，尽管冯从吾重视心体，强调戒慎恐惧、静坐和慎独等心性修养工夫，但他并非就属于王学。在冯从吾那里，对心性本体的重视主要是针对中晚明以来朱子学者的支离之病，而对修养工夫的强调则针对的是王门后学脱略工夫的学风以及对世道人心的警醒，其会通朱王的色彩非常明显。但若从思维方式来看，冯从吾的朱子学性格则十分明显，如他对天命之性、气质之性、道心人心、天理人欲和涵养省察的划分，无一不是一种"理气二分"的思维方法。

除冯从吾之外，晚明关学的另一位重要代表就是与冯氏同时的张舜典。张舜典主要是在凤翔一带讲学，其学以"明德"为宗，辅以"致曲"工夫，走的也是一条以心体本原为主而融合朱王之学的学问之路。⑥虽然从理论深度和学术影响上

---

① 冯从吾：《冯从吾集》，第351页。
② 冯从吾：《冯从吾集》，第237页。
③ 冯从吾：《冯从吾集》，第32页。
④ 薛敬之：《思庵野录》卷中。
⑤ 冯从吾：《冯从吾集》，第272页。
⑥ 参见米文科：《论明代关学与朱子学之关系》。

来看，张舜典之学远不及冯从吾之学，但他对晚明关学的复兴与转折仍具有重要的推动作用，清初的李颙说："凤翔张鸡山先生，明季理学真儒也，深造自得，洞彻大原，与长安冯少墟先生同时倡道，同为远迩学者所宗。横渠、泾野而后，关学为之一振。"①不管怎样，以冯从吾和张舜典为代表的晚明关学，以拯救时弊为问题意识，强调良知心体的价值，主张会通朱王，不仅一改之前关中以程朱为宗的思想局面，而且使得自明初以来关学对"格物穷理"和经学与礼制的研习都有所弱化，而更注重内在心性的修养。

从明代关学的四期发展来看，虽然不同时期的关学在思想上各有侧重，但尊崇程朱之学，继承和发扬张载读经重礼、躬行实践的学风，不尚理论思辨，重视"学贵有用"，是其总体特征，体现了关学朴实而又保守的学术性格。不过，虽然明代关学发展较慢，理论创新也不足，但它最后总能跟上时代思想的步伐，能够在发展的过程中不断吸收和融合河东之学、阳明心学、气学以及湛氏之学等，从这一点来说，明代关学也有其开放的一面。到了晚明，强烈的问题意识和现实关怀使得关学更加注重心性道德本体的挺立，并走向朱王会通之路，而这一转变又极大地影响了清初关学的发展趋势。

---

① 李颙：《鸡山语要引》，见张舜典：《鸡山语要》，民国二十四年（1935）《关中丛书》本。

明代关学与朱子学之关系

宋明理学中的关学一派是由北宋理学开创者之一的张载所创立，但自张载及其弟子相继去世后，到了南宋，具有学派性质的关学已经名存实亡了。我们这里所说的"关学"，是沿用明代冯从吾（号少墟，1557—1627）《关学编》中的概念，指的是关中理学。冯从吾说："我关中自古称理学之邦，……余不肖，私淑有日，顷山中无事，取诸君子行实，僭为纂次，题曰《关学编》，聊以识吾关中理学之大略云。"①冯氏对关学的这一定义为当时及后来清代学者所广泛认可和接受，如明余懋衡在《关学编序》中便称："其书以'关学'名，为关中理学而辑。"清代的刘得炯也说："是编少墟冯先生之所著也，……乃举关中理学之可传者集为一编。"②可以说，作为地域性理学概念的关学是冯从吾所建构的。但从北宋初关中就具有了理学传统，而张载读经重礼、强调躬行、崇尚气节的学问特点又对关中学者影响甚为深远，因此，明清两代的关学虽有时以朱子学为宗，有时又以阳明学为宗，有时又兼融二者，但自身仍保留了张载之学的某些特征，从而使明清关学从总体上呈现出与其他地域理学不同的特色来，这一点我们可以从明代关学与朱子学之间的关系看出。

---

① 冯从吾：《关学编（附续编）》，第1—2页。
② 冯从吾：《关学编（附续编）》，第121、124页。

一、在继承中发展

明代前期的关学,就其思想资源来说主要来自两个方面:一是本地的三原学派,二是源自河东的薛瑄之学。就其与河东之学的关系来看,薛瑄是明初继曹端之后北方朱子学的又一重要代表人物,前来问学的人比较多,再加上地理条件的便利,河东之学在关中地区得以广泛传播。薛瑄弟子中著名的陕西籍门人有凤翔的张杰、咸宁的张鼎和韩城的王盛等人。其中,张鼎曾搜辑校正薛瑄的文集并刊刻成书,为薛瑄著作的保存和流传做出了较大贡献;在思想上,张鼎则"终身恪守师说,不敢少有渝越",故有"至今学者尚论文清必以先生之言为征信云"之论①。张杰则在家乡用五经教授学生,从学者众多,名重一时,被称为"五经先生"。此外,他还常与兰州的段坚、河东的李昶、秦州的周蕙等人往来论学,形成了一个比较稳定的讲学圈,从而对河东之学在关中的传播起了较大的推动作用。如段坚虽未及薛瑄之门,却有"文清之统,惟公是廓"②之誉,属于私淑而有得者;周蕙在西安讲学时则培养了咸宁的李锦和渭南的薛敬之等著名的关中学者。此后河东之学又通过薛敬之传于高陵的吕柟,吕柟在南京与湛若水(号甘泉,1466—1560)、邹守益(号东廓,1491—1562)共主讲席,其讲学"风动江南,环向而听者前后几千余人"③,遂开创了明代关学发展的第一个高峰。

再来看明初关学的本地资源。其代表是三原的王恕、王承裕父子及其弟子马理等人,也就是后来黄宗羲所说的三原学派。三原学派的实际开创者是王承裕。弘治九年(1496),王承裕创建弘道书院(清乾隆时因避讳而改名"宏道书院")并讲学其中,王恕在潜心经书传注之外亦偶尔为书院诸生讲论经典。三原学派虽然在学问上也以程朱为宗,但并非出自薛瑄,而是"独摅心得,自成一家"④,即出于自我对儒家经典的体认与思考,并无师承。王恕早年的成就主要在经济事功方面,对于理学并无多少研究,只是到了晚年致仕后才转到学问上,开始探讨经书传注中的义理,而王承裕之学则主要来自王恕之传,所以清代四库馆

---

① 冯从吾:《关学编(附续编)》,第33页。
② 黄宗羲:《明儒学案》(修订本),第127页。
③ 冯从吾:《关学编(附续编)》,第44页。
④ 冯从吾:《关学编(附续编)》,第39页。

臣就说："关中之学，大抵源出河东、三原。"①又说："明世关西讲学，其初皆本于薛瑄。王恕又别立一宗，学者称为三原支派。"②这都说明了三原学派与河东薛瑄之学的不同，三原之学并非出自河东。此外，三原学派的另一重要代表人物马理除了游学于王恕父子，还有自己的家学渊源，即上承自其祖父马贵和父亲马江，此二人亦精通程朱之学。可见，本地学者对程朱理学的钻研也是明代前期关学思想资源的一个重要组成部分。

从学问宗旨来看，明前期的关学是以程朱为宗，恪守"主敬穷理"之说。如段坚"近宗程朱，远溯孔孟，而其功一本于敬"，他也时常告诉学者要"主敬以致知格物"；周蕙则"慨然以程朱自任"，而其弟子李锦则"专以主敬穷理为事"，周蕙的另一个弟子王爵（字锡之）也是"切切以诚敬为本"；王承裕主讲的弘道书院也以"宗程、朱以为阶梯，祖孔、颜以为标准"；等等。③不过，明代前期的关学对朱子学还是有一定发展的，这主要表现在对心体的重视上。如段坚在"主敬穷理"的同时，又把"心"作为学问的根本，强调"吾之心即天地之心，吾心之理即天地之理，吾身可以参天地、赞化育者在于此"④；张杰被时人称为"明心学于狂澜既倒之余"⑤，其诗中更有"今宵忘寝论收心"之语，可见他对心性的重视。三原学派对"心"也非常重视，如王恕有《心箴》一文，专门阐发了心的重要作用；王承裕也说："人之一身，惟心为主，心正则身正，心不正则身亦不正矣。""心正则身正，身正则万事皆正矣。是故正万事莫如正身，正身莫如正心也。"⑥

在以上学者论"心"的基础上，渭南的薛敬之进一步发展了明前期关学重视"心"的思想，从本体论的高度对"心"与"理"的关系重新做了规定，指出"心"即"理之天，善之渊"，认为"心为太极"，⑦这就与讲求树立道德本心的心学较为接近了。基于对心体的这一认识，薛敬之主张为学首先要从"心"上做工夫，也就是要"存心""养心"，他说："学者第一要心存，心一有不存，便

---

① 永瑢、纪昀主编：《四库全书总目提要》，海南出版社，1999年，第495页。
② 永瑢、纪昀主编：《四库全书总目提要》，第356页。
③ 冯从吾：《关学编（附续编）》，第28、31、34、32、38页。
④ 冯从吾：《关学编（附续编）》，第28页。
⑤ 冯从吾：《关学编（附续编）》，第30页。
⑥ 王承裕：《进修笔录》，见《少保王康僖公文集》，清道光十八年（1838）李锡龄、王稷刻本。
⑦ 薛敬之：《思庵野录》卷中。

与道畔。"① 不过，薛敬之在重视心体的同时亦强调程朱的"主敬穷理"工夫不可缺少，这也就是要使学者知道，心性之说一定不能停留在理论思辨的层面，而只有在躬行实践中才能达到预期的目标。晚明的邹元标（号南皋，1551—1624）就说，薛敬之的心学主于持敬收敛，"虽未必心融神解，然不失先儒矩矱，而可以挽末流开来学"②，即对于那种主张"一切放下"、以情识为良知的猖狂无忌之风可以起到积极的救正作用。

总之，由陆九渊（号象山，1139—1193）创立的心学在元代经过了"朱陆合流"式的发展，对关中地区的影响却微乎其微，即使到了明初，关学仍是以程朱为宗，基本上看不到陆氏之学传播的痕迹。不过，明代前期的关学虽然遵守程朱的"主敬穷理"之说，但也出现了一些新的变化，如重视心体、强调躬行实践等，这种变化从总体上看与明初理学发展的趋势基本相同。③

二、修正程朱，对抗王学

如前所述，明初的关学在强调"主敬穷理"的同时，对心性亦给予了较多的关注。沿着明初关学开创出的这一道路，正德、嘉靖时期（1506—1566）的关学一方面对程朱学做了更多的调整和修正，另一方面则努力应对逐渐兴起的阳明学。这一时期关学的主要代表是吕柟、马理、韩邦奇、杨爵（号斛山，1493—1549）等人。

吕柟是明代关学中兴的领军人物。从晚明至清代，无论是关中学者还是外地学者，一般都把吕柟看作继张载之后关学发展的又一高峰，如冯从吾就称吕柟是明代关学中"集诸儒之大成而直接横渠之传"④的人，而与冯从吾同时的江右著名王学学者邹元标也认为："横渠之后，明有仲木（吕柟），今有仲好（冯从吾），可称鼎足。"⑤ 清光绪《三原县新志》亦谓："关学自横渠后，在明惟高陵吕泾野为最著。"正如前面所提到的，吕柟之学通过薛敬之而上接河东，故在学问上也是以程朱为宗，恪守着朱子学之规矩，"以格物为穷理，及先知而后行，

---

① 薛敬之：《思庵野录》卷上。
② 邹元标：《薛思庵先生野录序》，见薛敬之：《思庵野录》。
③ 参见吕妙芬：《胡居仁与陈献章》，第31—44页。
④ 冯从吾：《关学编（附续编）》，第1页。
⑤ 邹元标：《少墟冯先生集序》，见冯从吾：《冯从吾集》，第12页。

皆是儒生所习闻"①。不过吕柟也对朱子学做了一定的修正。他反对朱子的"理气二分"，认为"性、神皆在气中，只一物耳。故养成浩然之气，性命皆得"②。这就是说，理不是别的，理只是气之理，是气之流行发用而不失其序者，亦即气的条理。显然，吕柟对理气关系的这一认识已超出了朱子的理气二元论，而转向以气为本、强调"理气一物"的气学了。不过，虽然在本体论上表现出与朱子不同的看法，但吕柟的学问重心却不在这里，他更关注的是形而下的日常工夫实践，因此，真知实践、"重躬行，不事口耳"、"不为玄虚高远之论"③便成了吕柟理学的主要特色。除对朱子学的理气关系进行修正外，吕柟还力图将张载的"民胞物与"和程颢的"万物一体"精神与孔子的仁学结合起来，在"仁者以天地万物为一体"的基础上，强调于日用常行中去行仁、践仁，从而将境界的追求与具体的道德实践统一起来。

除吕柟之外，朝邑的韩邦奇也对程朱学进行了一定的反思，并在此基础上发展了张载的气学。

首先，与吕柟一样，韩邦奇也反对朱子分理气为二、把理和气看作宇宙中两个各自独立的实体，而认为"天地之间，气而已。分而为二，则为阴阳而五行，造化万物"④。那么，理在何处？韩邦奇说：

> 混沌之初也，一元之气，渣滓融尽，湛然清宁，而万象皆具一极中，《易》所谓太极，天之性也。及其动静继成之后，气化形生，并育并行，是天率天之性而行，是之谓天道。
>
> 一元未辟，浑浑沌沌，太极之未形也，是天之性也。如尧舜之心，至静未感，万理咸具，即太极也，是尧舜之性也。⑤

这就是说，天地之初只有气而已，只有混沌未分、湛然清宁的一元之气。"元气"本身即气，同时也是太极之理、天之性。换言之，理并不是存在于气之外或气之中、主宰支配着气的另一物，而是湛然清宁的"元气"在运动变化过程

---

① 黄宗羲：《明儒学案》（修订本），第138页。
② 吕柟：《宋四子抄释》卷二，见《景印文渊阁四库全书》第715册，第54页。
③ 冯从吾：《关学编（附续编）》，第46页。
④ 韩邦奇：《韩邦奇集》，第189页。
⑤ 韩邦奇：《韩邦奇集》，第145页。

中自身所呈现出来的一定秩序和条理。这种秩序、条理和规律是必然的，而不是偶然为之的，所以可以说气原是有理的，理是气本身固有的，理即气之理。这与上述吕柟的思想比较接近。

其次，既然"元气"既是气，又是太极之理、天之性，因而韩邦奇反对宋儒把道与气分成形而上与形而下，并以太极和理来规定道而将道置于气之上。他认为，道其实就是人们通常所说的"路"，是就"流行发见者而言"的。韩邦奇说：

> 人有人之性，人率人之性而行，发而见诸行事为道，子思所谓"率性之谓道"是也。天有天之性，天率天之性而行，发而见诸化育流行为道，孔子所谓"一阴一阳之谓道"是也。至于凡物，卵为性，发而为鸡，知觉运动，是道也；核为性，发而为树，荣瘁开落，是道也。孔子"逝者如斯"、子思"鸢飞鱼跃"皆谓是也。①

可见，道只是"元气"的流行发用，所谓"发而见诸行事为道""发而见诸化育流行为道"，因此理与道、性与道之间只有隐与显的分别，它们只是"元气"的不同表现而已，并无本质的区别，属于"一物而两名"。在此意义上，可以说道是"感而遂通"者，太极、性和理是"寂然不动"者，若以道为太极为理，就是以感为寂、以动为静、以已发为未发，颠倒了二者之间的关系。如果用体用关系来说的话，韩邦奇指出："性是天之性，太极之理，体也。道是天之道，天率天之性，一阴一阳之迭运化育流行，用也。然皆实理也。"②太极、性和理是体，道则是用，不能将其混同。不过，因为性与理并不是气之外的另一物，故韩邦奇的性体道用之分并非朱子"理气二分"下的体用关系，而是在一气之中划分的体与用。

通过吕柟和韩邦奇的思想可以看到，明代中期的关学在学宗程朱的同时，也不断对朱子学进行着修正，并在多方面吸取其他的思想资源，如孔子的仁学、张载的气学以及读经重礼等。然而，关中学者在缓慢消化着这些资源并推动朱子学发展的同时，却不得不面对思想上的巨大冲击，这便是当时迅速兴起的阳明学。

对于阳明学，吕柟、马理等人采取的态度基本相同，即拒绝。简言之，吕柟

---

① 韩邦奇：《韩邦奇集》，第145页。
② 韩邦奇：《韩邦奇集》，第166页。

认为王阳明的良知学一是不能"因人变化",二是"以行为知"。首先,就"因人变化"来说,吕柟认为,王阳明讲学全然不考虑问学之人的资质、才能和病处所在,只是一味说"致良知",使学者感到无从下手。更何况绝大多数人并不是生而知之者,在"知"这一方面还有所欠缺,对圣贤之理还没有了解把握,就被告诉要"致良知",更会茫然不知所归。为了说明这一点,吕柟用了一个医者治病的比喻,他说:"凡学者各受病处,如疮疥之类一般,有发之手者,有发之足者,有发之面目者,须是自其脉络贯通紧要处整治,才易愈。圣人之教人,正如医者之用药,必是因病而发。"①正如孔子在回答弟子什么是"仁"的时候,也是根据不同的学生而给予不同的回答,并没有一概而论:颜渊来问"仁"的时候,告之以"克己复礼";当仲弓来问的时候,又告之以"敬"和"恕";而樊迟来问的时候,却告诉他要"居处恭,执事敬,与人忠";等等。总之,孔子的回答每次都不同,这是因为"人之资质有高下,工夫有生熟,学问有浅深",故圣人教人也是"因人变化","或因人病处说,或因人不足处说,或因人学术有偏处说"。②其次,王阳明提出"知行合一"说,把"格物"解释为"正物",吕柟认为其实质是"以行为知",即用"行"来代替"知",完全取消"知"在儒家道德修养中的地位。在他看来,当学者尚未真正掌握圣贤之理时,"博学""审问""慎思""明辨"等这些"穷理"工夫一样都不能少,更何况从逻辑先后来说,"知"也在"行"之前,就好像形体与影子、眼睛与走路一样:如果没有形体,影子便不会存在;如果不用眼睛看,走路就会失去方向,甚至寸步难行。所以说知便要行是对的,但说知即是行却不对,不知则不能行,就如同"戒慎恐惧","须知得何者是天理,何者是人欲。不然,戒慎恐惧个甚么?"③因此,吕柟的结论是:"人之知行自有先后,必先知而后行,不可一偏。"④

虽然吕柟对阳明学进行了批评,但在另一方面,他也看到王学对当时以辞章记诵为学、以功名举业为目的的学风有补偏救弊的作用,特别是"致良知"之说强调躬行实践,更具有积极的意义,所以他又在一定程度上对阳明学予以肯定,而不像马理那样态度严厉,直指王学为禅学。

马理是当时与吕柟并称的关学大儒,其学亦以程朱为宗,强调"主敬穷

---

① 吕柟:《泾野子内篇》,第147页。
② 吕柟:《泾野子内篇》,第121页。
③ 吕柟:《泾野子内篇》,第146页。
④ 吕柟:《泾野子内篇》,第89页。

理"。在马理看来，王阳明所说的"良知"其实是孩童在无意识状态下自然生发出来的一种良心，这种"良知"是时有时无的，它与先天的道德本体即《中庸》所说的"独知"不同，也与通过格物穷理而对道德之知的自觉不同，因而以此为"良知"，实际上就是禅宗所说的"作用是性"。另外，马理对王学末流中出现的那种"糠尘经籍"、专事"良知"而废诸学问思辨行的现象也进行了严厉的批评，认为此为达摩、慧能之徒也，"率是而行，则将弃儒焚典，聋瞽天下，孟子所谓邪说之言甚于洪水猛兽者正谓是耳"①，这种指责可谓严厉之极。在此基础上，马理指出，程朱之学虽然也有一些错误的地方，但其"体认宗旨之真，持守斯道之正，续孔孟既坠之绪，辟佛老似是之非，则千古不可泯灭"，不可轻议，而今日学者往往"是陆非朱"，却不知此举正是"拾锄去之莠，播而种之，以乱我苗"，②对儒学危害甚大，从而肯定了程朱对儒家孔孟之学的贡献。

除吕柟、马理之外，富平的杨爵也对阳明学有所质疑。杨爵师从韩邦奇，对程朱理学亦信守不移，曾与钱德洪（号绪山，1496—1574）、刘魁（号晴川）和周怡（号讷溪，1506—1569）等阳明学者在一起讲学及讨论学问，钱德洪还曾教杨爵于静中体认良知心体。然而，与吕柟对阳明学的批评主要集中在知行关系和格物穷理上不同，也与马理指斥阳明学为禅学不同，杨爵质疑的是王阳明晚年提出的"无善无恶"说。钱德洪曾在给杨爵的信中说："来教承举'无善无恶'与'感物而动'二言之疑，如兄所辩，更复奚辞。"③虽然我们现在已无法得知杨爵对这一问题的确切看法，但从钱德洪的信中略可推知是因为"无善无恶"说与传统的"性善论"相悖，故钱德洪从心体的无执无着来阐发"无善无恶"以消除杨爵的疑虑。他说：

> 至善之体，恶固非其所有，善亦不得而有也。至善之体，虚灵也，犹日之明、耳之聪也。虚灵之体，不可先有乎善，犹明之不可先有乎色，听之不可先有乎声也。目无一色，故能尽万物之色；耳无一声，故能尽万物之声；心无一善，故能尽天下万事之善。④

此外，钱德洪还在信中劝杨爵要抛弃"成说"，指出如果能在静中体证良知

---

① 马理：《马理集》，第553页。
② 马理：《马理集》，第322页。
③ 钱明编校整理：《徐爱 钱德洪 董沄集》，凤凰出版社，2007年，第155页。
④ 钱明编校整理：《徐爱 钱德洪 董沄集》，第155页。

本体，就不会对"无善无恶"说产生疑虑了。不过，杨爵始终没有接受阳明学的理论。

可以说，吕柟、马理、杨爵等人对阳明学的态度代表了这一时期关学的主流看法，他们对阳明学的批评与拒绝也在很大程度上遏制了阳明学在关中的传播，因此，在正德、嘉靖年间（1506—1566），虽然关中有王阳明弟子南大吉和南逢吉兄弟在传播良知学，但他们的影响主要局限于渭南一地。这一时期，关学的主流依然是程朱学，关中仍然是程朱理学的一个重镇。这种状况一直到万历十二年（1584）许孚远出任陕西提学副使并讲学正学书院之后才逐渐改变。

三、会通朱王与晚明关学的转向

在吕柟、马理等人之后，关学逐渐走向衰微，数十年间没有大的讲学活动，也没有再出现具有较大影响力的思想家，但许孚远的到来最终为关学的发展创造了新的机遇。

许孚远从学于唐枢，属湛若水的再传弟子。唐枢对"甘泉之随处体认天理，阳明之致良知，两存而精究之"①，这一态度影响了许孚远，故许孚远在督学关中、讲学正学书院时不仅将湛学再次带到关中，而且还带来了会通朱王的思想。此前湛学也曾在关中产生过一定影响，如吕柟弟子泾阳的张节就曾向湛若水学习，得其"随处体认天理"之学，主张"默坐澄心，体认天理"以及陈献章的"静中养出端倪"，并强调说："吾辈须理会得此，方知一贯真境。不尔纵事事求合于道，终难凑泊，不成片段矣。"②但张节的名气和学问在关中影响不大，而许孚远却培养出长安的冯从吾和凤翔的张舜典等晚明关中最著名的学者，他们继承和发展了许孚远思想中的调和倾向，并直接推动了关学在晚明的复兴。

冯从吾是晚明思想界的一位重要人物，与邹元标、高攀龙鼎足相映，世称"南邹北冯"。刘宗周说："冯先生，今之大儒也，倡道关西，有横渠之风而学术醇正似之。"③张舜典则与冯从吾同时倡道关中，亦为远近学者所宗，当时有"东冯西张"之称，两人在关中的讲学使得关学自张载、吕柟之后"为之一

---

① 黄宗羲：《明儒学案》（修订本），第948页。
② 冯从吾：《关学编（附续编）》，第57页。
③ 刘宗周：《都门语录序》，见冯从吾：《冯从吾集》，第469页。

振",清代的许孙荃(字生洲,1640—1688)就说:"有明关学,继文简公而起者,长安则有冯少墟先生,岐阳则有张鸡山先生。二公生同时,东西相望,相与往复辩论,倡明斯道。学者景从,一时称极盛焉。"①冯从吾生活的时代,朱王之间的门户之争及其后学末流中出现的弊端更加严重,于是思想界逐渐兴起一股调和二者以纠正其失乃至由王返朱的思潮,其中尤以顾宪成、高攀龙等东林学者为代表。

这种对晚明学术的反思,同样体现在冯从吾和张舜典身上。如冯从吾认为,朱子之学"集诸儒之大成,其功甚大,其所得甚深",即使间有所失,也不足以为病;阳明之学则是有得有失,"其得处在'致良知'三字,直指圣学真脉",并且一改晚宋以来学者抛却自家心性而以辞章记诵为学的弊端,其失处则有三:"一在以无善无恶为心之体,翻孟子性善之案,堕告子无善无不善、佛氏无净无垢之病,令佞佛者至今借为口实";"一在举《学》《庸》首章,必欲牵附而绌文公以穷理解格物之说";"一在低昂朱、陆太过",把《集注》《或问》看作朱子中年未定之见。②张舜典则一方面维护程朱之学,指出"今人皆欲高过宋儒,恐流于异端而不自知。孔门精微意旨,赖二程、横渠剔拔出,大有功为学规矩,考亭先生把得绝定莫走作"③;另一方面对王学"高谈性命"而脱略工夫实践,甚至"阴拾干竺之唾余,阳饰吾儒之面目"④等现象进行了批评。

针对晚明的这种学术之失,冯从吾和张舜典也同东林学者一样,试图将朱王之学会通融合起来。如冯从吾强调,对待程朱、陆王之学,学者正确的态度应该是"去短集长,毋令瑕瑜相掩",而不能"是陆非朱"或"是朱非陆",否则就会"舍工夫而专谈赤子之心,则失之玄虚;舍赤子之心而专谈工夫,则失之支离"⑤。具体来说,就是要将本体与工夫统一起来,不能偏执一端,或舍工夫而言本体,或舍本体而做工夫,否则不是沦于玄虚就是失之支离。故冯从吾指出:"识得本体,然后可做工夫;做得工夫,然后可复本体。此圣学所以为妙。"⑥所谓"识得本体,然后可做工夫",就是说工夫与本体必须相统一,如此工夫才

---

① 许孙荃:《鸡山语要序》,见张舜典:《鸡山语要》。
② 冯从吾:《冯从吾集》,第304页。
③ 辛全:《致曲言序》,见张舜典:《鸡山语要》。
④ 张舜典:《鸡山语要·致曲言》。
⑤ 冯从吾:《冯从吾集》,第241页。
⑥ 冯从吾:《冯从吾集》,第71页。

是直达性天的关键性工夫，否则就是以工夫为义外，属于泛然用功而陷入支离了。然而，"识得本体"毕竟只是学问的起点，学者并不能做到时时是此心，还需要具体的工夫实践才能恢复本心之明，这就是所谓"做得工夫，然后可复本体"。可见，本体与工夫是一个动态的发展过程，是一个统一体，而不能截然分割开来。

张舜典与冯从吾一样重视从本体与工夫的关系来会通朱王之学，他的著作分别用"明德"和"致曲"来命名（即《明德集》与《致曲言》），用意明显可见。"明德"即道德本体，同时也是学问宗旨，是学者首先要了解的。"致曲"则为工夫，而工夫又可分为"即本体以为工夫"和"由工夫以复本体"两种。前者是自然致之的工夫，是"以本体为工夫"；后者则是勉力为之的工夫，是"以工夫复本体"。但无论哪一种工夫，都说明了本体与工夫不可分离。当然，在张舜典看来，这两种工夫应该是同时进行、相辅相成的，不能分割开来各自用功，亦即"顿渐齐有，而修悟兼至"。①

不过，若就具体工夫来看，冯从吾与张舜典对程朱所重视的"格物穷理"却强调甚少。因为在冯从吾看来，圣贤讲的是心性之学，他说："窃谓圣贤之学，心学也，心之不养而徒事于枝叶间，抑末矣。"②又说："自古圣贤学问，总只在心上用功，不然即终日孳孳，总属枝叶。"③故道德修养的根本在于涵养心体，以恢复本心之明或本性之善。张舜典也认为"明德"才是学问的宗旨所在，他所谓的"明德"即王阳明讲的良知本心。他说："夫何谓之明德？'德'谓心之良能，'明'谓心之良知，一体而二名。"④又说："明德者，本性之尊称，即本性之实际也。非从外来，乃自有之自然，天然不待学习，不烦拟议，……在圣不增，在凡不减，大行不加，穷居不损，夭寿不二，分定故也。"⑤虽然人人都具有先天不学不虑的"明德"本体，但由于为气禀和物欲所拘、习染所污，故不能做到本心常明，"致曲"的目的就是要"明明德"，使"心体清明，寂而常照"⑥。这样，"格物穷理"和见闻之知在以心性涵养为根本的冯从吾、张舜典那里就显得不那么重要，或者至少不像在朱子思想中的地位那么高。

---

① 张舜典：《鸡山语要·明德集》。
② 冯从吾：《冯从吾集》，第237页。
③ 冯从吾：《冯从吾集》，第32页。
④ 张舜典：《鸡山语要·明德集》。
⑤ 张舜典：《鸡山语要·明德集》。
⑥ 张舜典：《鸡山语要·明德集》。

那么，冯、张二人所重视的工夫又是什么呢？简要来说，冯从吾强调从念虑发动的前后做工夫。他认为静时是道之根本，方动时是道之机括，动时是道之发用，故"学者必静时根本处得力，方动机括处点检，动时发用处停当，一切合道，然后谓之不离"①，也就是要在"一念未起"和"一念方动"时做工夫，前者说的是戒慎恐惧、"体验未发"和静坐，后者则是指慎独、诚意。不过，尽管冯从吾提倡存养与省察不偏一边，但较之方动时的省察和日用事为上的点检，他更重视静时的存养，也就是要在"本原处透彻、未发处得力"。他说："学问之道，全要在本原处透彻、未发处得力。本原处一透，未发处得力，则发皆中节，取之左右自逢其原，诸凡事为自是停当。不然，纵事事点检，终有不凑泊处。"②与冯从吾相比，张舜典则比较强调"慎独"。他认为"圣学工夫只是慎独""慎独是存心养性之口诀"，③与冯从吾的静时存养和事事省察点检有所不同。

总而言之，从整个明代关学与朱子学的关系来看，它们大体上经历了一个继承、修正和融合阳明学的过程。在这一过程中，我们可以看到关学始终与整个思想界发展的趋势保持一致，无论是明初对心体的重视，还是明代中期气学的兴起，抑或是晚明会通朱王、主张"本体工夫合一"的潮流，都可以看到关中学者的身影。然而，由于对礼教传统和经典学习的重视，以及对躬身实践的强调，关学在思想创新和体系建构上都无法与南方的阳明学相比，正如清初许孙荃所说："迄明未造，风会中蚀，而关学独以醇正称于天下。"④因此，开放与保守并存是明代关学给后世留下的最深刻的印象。

---

① 冯从吾：《冯从吾集》，第 287 页。
② 冯从吾：《冯从吾集》，第 225 页。
③ 张舜典：《鸡山语要·致曲言》。
④ 李颙：《二曲集》，第 393 页。

南大吉的良知学及其对明代关学的影响

南大吉是明代嘉靖时期（1522—1566）一位非常重要的关学学者，是王阳明在关中地区为数不多的弟子之一，也是最早在关中传播良知学的人。与其他阳明后学注重对良知学各种概念和命题的理论思辨性阐发不同，南大吉更强调如何去"致良知"，亦即"良知"的实践、实行，从而从心学的立场上突显了关学重躬行实践的特点。

一、南大吉的生平

南大吉，字元善，号瑞泉，明代陕西渭南人。正德六年（1511）进士。嘉靖二年（1523）二月，南大吉升任浙江绍兴府知府，是年六月到任，此时正值王阳明倡道东南，讲良知之学，遂师事之。不过在这之前南大吉就与王阳明相识，因为南大吉是正德六年辛未科王阳明所取之士。南大吉的弟弟南逢吉因会试不第，于是年陪同母亲一同来到绍兴，并于当年十二月师从王阳明。①

嘉靖三年（1524）四月，南大吉重修稽山书院，并建明德堂、尊经阁，选诸生优秀者入书院读书，又延请王阳明及其弟子讲学其中，万历《绍兴府志》说：

---

① 南逢吉著有《姜泉集》《越中述传》（今二书已佚）等书。王阳明曾为南逢吉阐发"博约"说。在《王阳明全集》卷三二《传习录拾遗》中又有南逢吉向王阳明请教"尊德性"与"道问学"关系的问答之语。参见王守仁：《王阳明全集》，上海古籍出版社，2014年，第296—297、1288页。

"文成振绝学于一时，四方云集，庖廪相继，皆大吉左右之。"① 十月，南大吉于绍兴续刻《传习录》（相当于今本《传习录》上、中两卷）并作序。② 南大吉的这些举措为阳明学的传播与发展做出了一定贡献。嘉靖五年（1526）正月，因在先前的施政中得罪地方大族，南大吉在当年的考绩中被罢官。七月，南大吉回到家乡渭南。在返乡途中，他曾寄书于王阳明，而王阳明复书不仅称赞其"庶几于有道之士"，而且说：

> 关中自古多豪杰，其忠信沉毅之质，明达英伟之器，四方之士，吾见亦多矣，未有如关中之盛者也。然自横渠之后，此学不讲，或亦与四方无异矣。自此关中之士有所振发兴起，进其文艺于道德之归，变其气节为圣贤之学，将必自吾元善昆季始也。今日之归，谓天为无意乎？谓天为无意乎？③

从王阳明的复书中可以看到，他希望南大吉与南逢吉兄弟此次回到家乡后能在关中传播良知学，使关中之士振发兴起，"进其文艺于道德之归，变其气节为圣贤之学"。带着王阳明的厚望，南大吉回到渭南后，便在所居之地秦村与诸生讲良知学。不久之后，王阳明又复书询问："里中英俊相从论学者几人？学绝道丧且几百年，居今之时，而苟知趋向于是，正所谓空谷之足音，皆今之豪杰矣。便中示知之。"④ 南大吉在《示弟及门人》一诗中云"归来三秦地，坠绪何茫茫。前访周公迹，后窃横渠芳。愿言偕数子，教学此相将"⑤，表明他愿意在家乡传播良知学。嘉靖八年（1529）四月，南大吉建湭西书院（或称"湭西草堂"）讲学，前来问学者众多。南大吉的讲学活动一直持续到嘉靖二十年（1541），这一年八月，南大吉去世，其弟南逢吉继续在关中传播良知学。

南逢吉在嘉靖十七年（1538）中进士之前一直与其兄在家乡讲学，后来从

---

① 萧良幹、张元忭：《绍兴府志》卷三八《人物志·名宦》，见《中国方志丛书》，台北成文出版社，1983年，影印明万历十五年（1587）刊本。
② 南大吉所作《刻传习录序》见《南大吉集》，第62—63页。南大吉的《瑞泉集》共二十二卷，明嘉靖四十四年（1565）南轩刻本，现存卷一六至卷二二，以及附录一卷、后记一卷。
③ 王守仁：《王阳明全集》，第235—236页。
④ 王守仁：《王阳明全集》，第236页。
⑤ 王美凤整理编校：《关学史文献辑校》，第301页。

山西按察司副使任上致仕后,又在渭南建姜泉书院讲良知学。在南氏兄弟的门人中,较为著名者有薛腾蛟(字时化,号南冈山人)、王麟(字季灵,称石鼓先生)、裴贞(字一卿,号灵阴)等。另外,南大吉有三子,也颇有声名,能得良知之旨,雍正《渭南县志》云"鼎峙诸生间,时人目为三凤"①,但可惜皆不幸早卒,不能继其父辈在关中继续传播良知学。南氏兄弟的弟子在关中的影响力并不大,在南逢吉之后未见有较大的讲学活动。

虽然南大吉与南逢吉对阳明学的传播主要是在渭南一带,并且在他们之后关中的阳明学很快便衰落下去,但其对关学的影响却仍然存在。晚明万历时期(1573—1620)长安学者冯从吾就以"本体与工夫合一"来融合程朱、陆王之学,使关中阳明学迎来了新的发展局面,并最终在清初李二曲和王心敬那里达到鼎盛。

二、笃信良知学

从现有资料来看,南大吉于嘉靖五年(1526)回到渭南之后,便远离了阳明后学的讲学中心,也没有参与王门诸子之间的相互论学,书信往来也极少。此后约十五年的时间,南大吉主要是在渭南讲授良知学,与其交往的大多是关中本地的一些学者,如吕柟、马汝骥(号西玄,1493—1543)等人。因此,我们在南大吉的著作中基本上看不到他对王阳明思想提出什么不同的看法,不像其他阳明弟子曾围绕"良知"之含义和"见在(现成)良知""无善无恶",以及"良知"的寂感、未发已发等问题进行一系列的辩论,南大吉对王阳明的"良知"说主要是以笃信与躬行为主,很少从理论上进行阐释。

南大吉在《寄答阳明先生书》中说道:

> 大吉兄弟资不敏,其幼而学也,窃尝有志于圣贤之道,乃为近世格物之说所囿,终焉莫得其门。比其长也,乃遂驰骛于词翰之场,争奇而斗胜者,然且十数年矣。既乃以守越获登尊师之门,而领致知之教,始信人皆可以为尧舜,而七十子之所以服孔子者非伪也。天命我心而我自放之,不仁孰大焉?亲生我身而我自失之,不孝孰大焉?

---

① 岳冠华:《渭南县志》卷一〇《人物志·儒林》,清雍正十年(1732)刊本。

> 今而后愚兄弟可以勉强惕厉以求自存其心，自成其身，而不至不仁不孝之大者，皆尊师之赐也，故曰孔子于诸子有罔极之恩焉。①

此书信作于嘉靖五年（1526）返乡途中，正如王阳明说的，"勤勤恳恳，惟以得闻道为喜，急问学为事，恐卒不得为圣人为忧，亹亹千数百言，略无一字得丧荣辱之间"②。南大吉在信中说道，他与其弟早年为近世格物之说所惑，于圣贤之道不得其门而入，成年以后又驰骛于诗词古文，争奇斗胜，直到从王阳明那里得闻"致良知"之说，才相信人人皆可以为尧舜，从而转向对理学的学习。南大吉把王阳明在为学道路和做人修养方面的引领视为"罔极之恩"，即如同父母的养育之恩一样。

不过，南大吉也强调自己对良知学"中心悦而诚服之"，并不是因为这是老师的学说。他说："夫王先生之学，天下方疑而非议之，而某辄敢笃信而诚服之者，非所以附势而取悦也，非为其所惑也，非喜其异而然也，反而求之，窃有以见夫吾心本如是，道本如是，学本如是，而不可以他求也。"③南大吉指出，他对阳明学之笃信诚服，不是趋炎附势以取悦于王阳明，也不是为其学说所迷惑，更不是好异而为之，而是由于"吾心本如是，道本如是，学本如是"，所以他不顾天下之人正在怀疑和非议阳明学，仍然转向良知学的学习。

那么，究竟是什么使南大吉认为"吾心本如是"，从而对良知学心悦诚服，认为"圣人可学而至"的？这就是王阳明的"格物"说。上文已指出，南大吉曾自述其早年为"近世格物之说"所惑，而无从得入圣贤之门，这与王阳明"庭前格竹"的经历非常相似，都是受朱子"即物穷理"的影响，以为由此可以逐步达至圣贤地位。后来，王阳明通过"龙场悟道"而大悟格物致知之旨，并最终提出"心即理"的命题，从此摆脱了朱子学的困扰。王阳明的"格物"说主要是反对朱子学在事事物物上寻求"定理"，认为"定理"或"至善"存在于人的内心之中，所谓"于事事物物上求至善，却是义外也。至善是心之本体"④。王阳明的这一"格物"思想显然给了南大吉兄弟极大的启发，如王阳明在作于嘉靖四年（1525）的《博约说》中说道：

---

① 南大吉：《南大吉集》，第 80—81 页。
② 王守仁：《王阳明全集》，第 234 页。
③ 南大吉：《南大吉集》，第 78 页。
④ 王守仁：《王阳明全集》，第 2 页。

南元真之学于阳明子也，闻致知之说而恍若有见矣。既而疑于博约先后之训，复来请曰："致良知以格物，格物以致其良知也，则既闻教矣。敢问先博我以文，而后约我以礼也，则先儒之说，得无亦有所不同欤？"①

如果考虑到南逢吉是在嘉靖三年（1524）十二月才从学于王阳明，那么从中可以看到，南逢吉是在对王阳明的"格物"思想即"致良知以格物，格物以致其良知"恍若有见后，又进一步向其请教"博文"与"约礼"的关系。对此，王阳明指出，"博文以约礼，格物以致其良知，一也"②。在王阳明看来，"礼也者，天理也"③，而"文"则是"天理"（礼）的具体显现，亦即天理之条理，"礼"与"文"是一种体用关系，礼是文之存于中者，而文是礼之见于外者，二者就好像朱子说的"理一分殊"。因此，所谓"博文"就是在语默动静、酬酢变化之间求尽吾心之条理，而所谓"约礼"则是通过"博文"来求尽吾心之天理，故王阳明认为"博文以约礼"与"格物以致其良知"是一致的。

南大吉在作于嘉靖三年（1524）的《杂说二首》中也对"良知"与"定理"的关系进行了具体阐释，他指出：

> 定理、定体，其即吾心之良知乎！毫末不可以加损，其犹规矩尺度之不可易乎！法用之不可定也，其犹方圆长短之不可胜穷乎！圣人以其一心之良知，而应乎无穷之事变，大而参赞弥纶，小而动静食息，无不各得其当，亦犹规矩立而方圆不可胜用，尺度陈而长短不可胜用，天下岂有不治乎？周公思兼三王，正唯求之于吾心焉尔矣。夫何今之人不反求物理于吾心之良知，而乃求之于应事之变，如某事则曰当如之何如之何，其治也如某官则曰当如之何如之何，其为也各为定法执之以为定用，故不能随物当理，随时应变。滞极而不可通，弊至而不可救，亦犹不以规矩为方圆，而以方圆为方圆，则方圆一定而用必穷矣。不以尺度为长短，而以长短为长短，则长短一定而用必穷矣，天下之不治兹其病之源与。④

---

① 王守仁：《王阳明全集》，第296页。
② 王守仁：《王阳明全集》，第297页。
③ 王守仁：《王阳明全集》，第297页。
④ 南大吉：《南大吉集》，第71页。

南大吉指出，"定理""定体"就是吾心之良知，而良知就像规矩、尺度一样，"规矩立而方圆不可胜用，尺度陈而长短不可胜用"，故学者应该以吾心之良知来应乎无穷之事变，而不是像朱子学在事物上去寻"定理"，如此便能做到随物当理、随时应变，而事事物物无不各得其当。故南大吉说："夫是道也，具于吾心，秉彝天则之良，大中至正，人人所同，而不可以毫发私意加损焉者也。依是天则而处之各得其道，则人心无有不慊者矣。"①

另外，南大吉与其弟南逢吉在绍兴时曾录有王阳明的讲学语录，后来由其后人整理为四篇，名为《越中述传》，其中就有"格物"篇，从中也可以看到南氏兄弟对王阳明"格物"思想的重视。总之，王阳明以"格物"为致良知，认为"定理""至善"就存在于人的内心之中，这对南大吉确立圣贤之志、将为学方向从古文诗词转向良知学产生了重要影响。

三、躬行良知学

晚明学者冯从吾在《关学编》中对南大吉之学有一个总括："先生之学以致良知为宗旨，以慎独改过为致知工夫，饬躬励行，惇伦叙理，非世儒矜解悟而略检押者可比。"②这就是说，相比于世儒从语言文字上来认识良知学，南大吉更重视"良知"的躬行实践，并以"致"为宗旨。

事实上，纵观南大吉的阳明学思想，确实可以看到他非常重视"致良知"的工夫实践，而很少从义理上去阐发王阳明的思想。王阳明去世后，王门诸子对"良知"之义产生了各种不同的看法，王畿（号龙溪，1498—1583）曾列举过当时的六种"良知异见"，即：

> 有谓良知非觉照，须本于归寂而始得，如镜之照物，明体寂然，而妍媸自辨，滞于照，则明反眩矣。有谓良知无见成，由于修证而始全，如金之在矿，非火符锻炼，则金不可得而成也。有谓良知是从已发立教，非未发无知之本旨。有谓良知本来无欲，直心以动，无不是道，不待复加销欲之功。有谓学有主宰，有流行，主宰所以立性，流行所

---

① 南大吉：《南大吉集》，第84页。
② 冯从吾：《关学编（附续编）》，第52页。

以立命，而以良知分体用。有谓学贵循序，求之有本末，得之无内外，而以致知别始终。①

如果再加上王龙溪自己的理解，那么关于"良知"的认识就有七种。此外，诸如"见在良知"、"无善无恶"、"归寂"、未发已发等都在阳明后学中引起广泛的讨论，但这些问题完全不见南大吉论及。

在具体工夫主张上，南大吉也与其他王门诸子有所不同。王龙溪主张从当下"一念灵明"处即"见在良知"上做工夫，工夫即本体；聂豹（号双江，1487—1563）则主张返归良知寂体，立体以达用；欧阳德（号南野，1496—1554）强调"循良知"；刘邦采（号师泉，1492—1577）认为要"性命兼修"，修证并进；等等。南大吉则以理学传统的慎独、改过为致良知工夫，这一工夫主张虽然看起来平淡无奇，却来自南大吉的实践经验。

首先，关于"改过"。据说南大吉刚开始治理绍兴时，为政苛急，经常会犯过错，他就向王阳明请教如何改过、少过。《王阳明年谱》对此事有较为详细的记载：

> 郡守南大吉以座主称门生，然性豪旷不拘小节。先生与论学有悟，乃告先生曰："大吉临政多过，先生何无一言？"先生曰："何过？"大吉历数其事。先生曰："吾言之矣。"大吉曰："何？"曰："吾不言，何以知之？"曰："良知。"先生曰："良知非我常言而何？"大吉笑谢而去。居数日，复自数过加密，且曰："与其过后悔改，曷若预言不犯为佳也？"先生曰："人言不如自悔之真。"大吉笑谢而去。居数日，复自数过益密，且曰："身过可勉，心过奈何？"先生曰："昔镜未开，可得藏垢。今镜明矣，一尘之落，自难住脚。此正入圣之机也，勉之！"②

王阳明认为，能知过、改过乃良知本心的显现，而从知身过到知心过，从视听言动到意念之微，则说明良知已渐渐恢复其本明之体，故"一尘之落，自难住脚"。王阳明指出，由此去实致其良知，正是"入圣之机"。可见，南大吉对

---

① 王畿：《王畿集》，凤凰出版社，2007年，第26页。
② 王守仁：《王阳明全集》，第1423页。

改过的重视主要来自其为政的经历,此后他也一直以改过为致良知的一种重要工夫。嘉靖十五年(1536),南大吉在写给友人的信中说道:

> 是故恶非君子之肯为,过则虽圣人不能免也。是故古之君子其过也,非闻之为难而悔之为难,非掩之为贵而改之为贵。故曰:"吾未见能见其过而内自讼者也。"又曰:"过而不改,是谓过矣。"……是故闻贵悔,悔贵改,改斯善而可与圣贤同归矣。①

在这里,南大吉指出即使是圣人也不能免于过错,因此学者对其过不仅贵于悔,更贵于改,改则可与圣贤同归。

其次,关于"慎独"。在南大吉看来,只是去纠正视听言动等"身过"还远远不够,毕竟这些"身过"都是已经发生了的过错。与其过后悔改,不如尽量减少甚至不犯"身过",也就是还要改正其"心过",而"心过"便与"慎独"有关。南大吉说:

> 是故当尊也心有所骄忽,而或卑称焉;当卑也心有所恐惧,而或尊称焉;当厚也心有所忿懥,而或博施焉;当薄也心有所好乐,而或厚施焉;当有也心有所拂吝,而或乃无焉;当无也心有所忧患,而或乃有焉。又或之其所畏敬而辟焉,则过于尊矣;之其所傲惰而辟焉,则过于卑矣;之其所亲爱而辟焉,则过于厚矣;之其所疏薄而辟焉,则过于薄矣;之其所哀矜而辟焉,则过于有矣;之其所贱恶而辟焉,则过于无矣。此等一失,人皆曰我非也,而人心慊乎?人心不慊,则吾内省能无疚乎?能自慊乎?然此等此则具于应壁之心者,其几之初动也,或是或非,或当或不当,应壁之心昭然自知,即所谓莫见莫显者也,即所谓良知。依是良知,尊尊卑卑、厚厚薄薄、有有无无,不以一毫私意参乎其间,即所谓慎独也,即所谓致良知也。②

上述文字中,南大吉着重说明了如何去改正"心过"。他指出意念之初动,或是或非,或当或不当,良知昭然自知,能够依此良知去做,"不以一毫私意参乎

---

① 南大吉:《南大吉集》,第83页。
② 南大吉:《南大吉集》,第84页。

其间，即所谓慎独也，即所谓致良知也"。另外，南大吉所说的"慎独"并不完全只是在意念上做为善去恶的工夫，其所谓"独"乃是"独知"，亦即良知，故"慎独"就是要恢复和保持良知本心之虚明，而这也就是"致良知"。在南大吉看来，如果能做到"慎独"，就能避免"心过"以至"身过"，所谓"此'知'一致，人皆曰我是也"①。可见，"慎独"与"改过"是一而二、二而一的。

南大吉不仅在思想上主张躬行良知学，而且在其日常生活中也能实致其良知。他因得罪地方势力而遭受毁谤被罢官回乡，对于这一不公平的待遇，虽然他自觉无愧于心，并且能不以得失毁誉动其心，但偶尔又会有不平之气。他在给友人的信中说道：

> 古之君子不以毁誉得丧动其心，是以学日进而德日修也。……某也鄙夫，窃尝有志于圣贤之学而未能也，是故闻誉而喜，见毁而怒，得则乐，丧则忧。每觉而每加省焉，至于今年且四十矣，而兹归也，反之于心若无愧焉。然不平之气又或窃发，发则觉，觉则力加克治。病根若或拔矣，稍懈而萌者复达焉，达则又芟治之而其心始快。顾唯气薄而质不美，是以此心不能常跃如也。所幸者吾心之良知自明，故发则即能觉，觉则克治之功自有不容已者。弗克则心必不快，不快则愧怍生矣。②

南大吉指出，对于自己的不平之气，即"闻誉而喜，见毁而怒，得则乐，丧则忧"，"发则觉，觉则力加克治"，反反复复，稍有懈怠则得失毁誉之心就会萌发，但他每次都能力加克治，且克治之后便感到快乐，不去克治则其心不快。从这里即可以看出，南大吉是真能致其良知者，他对王阳明学说的认识并非一种语言文字上的领悟。

四、政学合一

除了强调在人伦日用中躬行良知学之外，南大吉还将王阳明的"致良知"说与为政统一起来，提出"学仕一事"的思想。

---

① 南大吉：《南大吉集》，第84页。
② 南大吉：《南大吉集》，第80页。

南大吉不仅是一名学者，同时也是一位官员。作为绍兴知府，如何治理好地方、有益于当地百姓是他首先考虑也是最重要的问题，所以南大吉不仅向王阳明请教如何纠正"临政多过"的问题，还请教如何为政之事。王阳明则为其阐发"明德"与"亲民"一体之学，南大吉听后深深感悟，于是将其听政之堂取名为"亲民堂"。王阳明在《亲民堂记》中说：

> 南子元善之治越也，过阳明子而问政焉。阳明子曰："政在亲民。"曰："亲民何以乎？"曰："在明明德。"曰："明明德何以乎？"曰："在亲民。"曰："明德、亲民，一乎？"曰："一也。明德者，天命之性，灵昭不昧，而万理之所从出也。人之于其父也，而莫不知孝焉；于其兄也，而莫不知弟焉；于凡事物之感，莫不有自然之明焉；是其灵昭之在人心，亘万古而无不同，无或昧者也，是故谓之明德。其或蔽焉，物欲也。明之者，去其物欲之蔽，以全其本体之明焉耳，非能有以增益之也。"曰："何以在亲民乎？"曰："德不以徒明也。人之欲明其孝之德也，则必亲于其父，而后孝之德明矣；欲明其弟之德也，则必亲于其兄，而后弟之德明矣。君臣也，夫妇也，朋友也，皆然也。故明明德必在于亲民，而亲民乃所以明其明德也，故曰一也。"①

首先，王阳明向南大吉指出"政在亲民"，即为政的根本在于亲民。其次，王阳明强调，要做到亲民则需要"明明德"，但"明明德"不是离开亲民而去"明"，而是就在亲民之中，"明德"与"亲民"是合一的。王阳明说的"明德"就是"良知"，从为政的角度来说，"明明德"是不能离开各种具体的亲民措施而空明其德的，就像"致良知"不是离开君臣、父子、兄弟、夫妇、朋友这些具体的人伦事物而空致其知的，所谓"人之欲明其孝之德也，则必亲于其父，而后孝之德明矣"，兄弟、君臣、夫妇、朋友皆是如此，所以说"明明德必在于亲民，而亲民乃所以明其明德"，"明德"与"亲民"是一件事，是体用一源的。

后来，南大吉将王阳明的"明德""亲民"合一的思想发挥为"学仕一事"。他说：

---

① 王守仁：《王阳明全集》，第279—280页。

心之良知本一也。以其运于天而言谓之命，以其赋于人而言谓之性，以其率而行之谓之道，以其修而诚之谓之教，以其推而及之于四海谓之治，以其成而重之于万世谓之功，皆是心也，天下之所同也，学所以明此也，仕所以行此也。故吾心于事苟无欺蔽，行之而自觉其是；于物苟无私累，处之而自得其安；则必自以为快矣。吾心既快，求之天下而同然，人心亦未有不快之者，是故毁誉不能摇，祸福不能怵，无入而不自得也。夫然后知学与仕本一事，而非两途也。夫然后知学固学也，仕亦学也。①

南大吉指出，"心之良知本一"，从天命之性到治国平天下，皆是吾心之良知及其流行发用，故学是明此良知，行则是行此良知，从为官、为政的角度来看，学与仕也只是一事，而非两途。学是为了使此心之良知恢复其本明之体，而仕则是将此良知施之于政，推之于民。因此，为学与为政、为人与为官是浑然一体的，而不是绝然分开的。可以说，政学合一、学仕一事的思想是南大吉良知学的一个非常重要的特点，而这也反映了他对王阳明思想的笃信与躬行。

南大吉及其良知学对明代关学的发展具有非常重要的意义和影响。在南大吉兄弟之前，关学主要是以朱子学为宗，恪守着"主敬穷理"之传，强调经学与礼教，躬行实践。虽然在较早之前就有关中学者接触和学习过阳明学，如正德年间（1506—1521）三原学派王承裕的门人李伸在巡按江西时，正值"阳明王子讲学东南，先生（李伸）与为讲友，自谓深得其学"②，这可能是关中学者最早接受阳明学的例子。嘉靖初年，同州（今陕西大荔）人尚班爵（字宗周）亦学于王阳明。③此外，又有三原张元相于嘉靖四年（1525）至绍兴向王阳明问学，王阳明告之以"格物"与良知说。④但是，无论是李伸还是尚班爵、张元相，他们都没有过多在关中宣传阳明学，真正第一个在关中地区自觉传

---

① 南大吉：《南大吉集》，第78页。
② 王美凤整理编校：《关学史文献辑校》，第259页。
③ 参见冯从吾：《关学编（附续编）》，第52页。
④ 张元相在嘉靖四年（1525）从三原至浙江绍兴请王阳明为其亲撰写墓志铭，其间向王阳明询问"圣人之学"，王阳明"语以格致之说焉。求格致之要，则语之以良知之说焉"（见王守仁：《王阳明全集》，第309—310页）。张元相深受启发，表示回乡归葬其亲后会再来绍兴从学于王氏之门。临行，王阳明作《书张思钦卷》送之。

播良知学的是南大吉。①晚明冯从吾说:"昔王文成公讲学东南,从游者几半天下,而吾关中则有南元善、元贞二先生云。"②晚清关学学者柏景伟也说:

> 关中沦于金、元,许鲁斋衍朱子之绪,一时奉天、高陵诸儒与相唱和,皆朱子学也。明则段容思起于皋兰,吕泾野振于高陵,先后王平川、韩苑洛,其学又微别,而阳明崛起东南,渭南南元善传其说以归,是为关中有王学之始。③

可见,晚明以来关中学者就把南大吉兄弟看作关中王学的真正代表和传播者,而南氏兄弟在关中对阳明学的传播,不仅一改之前关学独尊朱子学的局面,而且为关学增添了新的思想活力,从而成为明代正德、嘉靖年间(1506—1566)关学中兴和多元化发展的一个重要组成部分。

---

① 参见刘学智:《南大吉与王阳明——兼谈阳明心学对关学的影响》,载《中国哲学史》2010年第3期。
② 冯从吾:《冯从吾集》,第251页。
③ 《柏景伟小识》,见冯从吾:《关学编(附续编)》,第69页。

韩邦奇学术特色及其关学定位
——兼论明代早中期关学对张载之学的传承

关学也称关中理学,是儒家学术于宋明时期转化为"理学"形态的背景下关中地区理学的概称,其本质是"理学"这一学术形态和"关中"这一特定地域相结合的复合概念。其基本内涵,正如刘学智先生所指出的那样:"从广义上说,关学是指由张载开创及其后一直在关中流传的理学的统称;而狭义的关学,则指张载及其后在关中流传的与张载学脉或宗风相承或相通之关中理学。"① 而关学之所以会有广义和狭义之分,正在于其在自身发展的过程中逐渐从"一派"走向"多元"。关学之肇兴,始于北宋时期张载创立的关中学派,当时"关中学者郁兴,得与洛学争光"②。然在张载之后,"关中沦于金、元,许鲁斋衍朱子之绪,一时奉天、高陵诸儒与相唱和,皆朱子学也"③,而张载的学说却"再传何其寥寥也"④。

明初,关学复振,但这一时期的关学主要源自河东的薛瑄之学以及三原之学。按黄宗羲《明儒学案》的说法,河东学派的特点是"悃愊无华,恪守宋人矩矱"⑤,薛瑄的关中弟子及后学如张鼎、张杰、周小泉、薛敬之、李锦,还有私淑薛瑄的关中学者段坚等,都固守程朱之学。三原学派是与河东学派传承不同的"别

---

① 刘学智:《关学源流特征与〈关学文库〉的编纂》,载《孔子研究》2014年第5期。
② 黄宗羲原著,全祖望补修:《宋元学案》,第665页。
③ 《柏景伟小识》,见冯从吾:《关学编(附续编)》,第69页。
④ 黄宗羲原著,全祖望补修:《宋元学案》,第6页。
⑤ 黄宗羲:《明儒学案》(修订本),第110页。

派",其主要人物王恕、王承裕父子虽然具有反思朱学、注重自得的特点,但其思想整体仍不出程朱之学的藩篱。故张廷玉在《明史·儒林传一》中说:"原夫明初诸儒,皆朱子门人之支流余裔,师承有自,矩矱秩然。"明代中叶,理学尊信程朱的学风已经发生变化,以陈献章为代表的江门之学、以王阳明为代表的姚江之学逐渐兴起。当时关学的代表人物如吕柟、马理、韩邦奇等人,也受时代的影响出现分化。马理颇"得关、洛真传",但其"论学归准于程朱"。①吕柟在阳明心学影响日渐扩大之时,仍坚守程朱之学,《明史》谓:"时天下言学者,不归王守仁,则归湛若水,独守程、朱不变者,惟柟与罗钦顺云。"

那么,在明代中期理学思潮逐渐分化的背景下,关中学人与张载之学的关系如何?这个时期关中理学对张载之学的继承发展又如何?何人堪为这一时期继承发展张载之学的最重要代表?本文以为,明代早中期关中理学虽然在尊信程朱之学的前提下同时吸收张载"以礼为教"的学风,但在韩邦奇的《正蒙拾遗》问世之前,普遍对张载"以气为本"的思想建构以及其他学术特点重视不够。而韩邦奇从"推阐朱蔡"向"返归横渠"的思想转化,则体现了明代中期关学向张载之学复归的思想动向。韩邦奇对张载学说的高度评价、对张载思想的继承阐发和对张载宗风的践履落实,是对张载之学的全面继承和高度阐扬,是韩邦奇学术思想的独特之处,在明代关学阵营中尤为突出。正是这一学术特色奠定了韩邦奇在明代关学史上的重要地位,所以应将韩邦奇视为明代关学阵营中继承发扬张载之学的最重要代表。

一

韩邦奇,字汝节,号苑洛,明代陕西西安府朝邑(今陕西大荔)人,是继三原学派王恕、王承裕父子之后,与吕柟、马理同时而齐名的关学重要代表人物。晚明万历年间(1573—1620)的关中大儒冯从吾撰《关学编》,认为"光禄(马理)与宗伯(吕柟)司马(韩邦奇)金石相宣,钧天并奏,一时学者歙然向风,而关中之学益大显明于天下"②,故将三人作为明代中期关中重要理学家而录入《关学编》,并分别为之立传。这说明韩邦奇与吕柟、马理一样,在当时关学阵营中具有

---

① 冯从吾:《关学编(附续编)》,第48页。
② 冯从吾:《关学编(附续编)》,《自序》第1页。

重要的学术地位和影响。而清人柏景伟则这样评价道:"明则段容思(段坚)起于皋兰,吕泾野(吕柟)振于高陵,先后王平川(王承裕)、韩苑洛(韩邦奇),其学又微别。"① 那么,韩邦奇的学术特色如何?在关学史上,应如何对韩邦奇进行定位?窃以为,要回答这一问题,就要以明代早中期理学思潮和关学的整体特点为参照,梳理韩邦奇学术思想的发展变化历程,并与其前后关学学人比较,把握其学术的群体共性和自身特点。

首先,和同时代关中士子一样,韩邦奇学术深受朱子理学影响。明初,朱子之学的官方地位重新得到强化和巩固,朝廷颁布《五经大全》《四书大全》《性理大全》,构建了一个以朱子一系为主导的文献系统,作为科举取士之标准。其内容既包括朱子一系的理学著作,也包括朱子一系对北宋理学家如周敦颐、张载、邵雍等人理学著作的诠释,还包括朱子一系对四书五经的注解。这是当时科举取士的标准,也是当时理学家建构自身思想体系的起点。与马理、吕柟一样,韩邦奇早年矢志于科举,故其早年之学不能不受朱子之学影响。但与马、吕不同,韩邦奇早年之学的重点在于"推阐朱蔡"②。韩邦奇二十岁之前完成的《蔡传发明》《禹贡详略》都是以蔡沈《尚书集传》为主研习《尚书》之作,前书是对蔡沈《尚书集传》的发挥,后书是据《尚书·禹贡篇》经文及蔡沈传文所作注解。韩邦奇二十五岁完成的《易学启蒙意见》和二十六岁完成的《律吕直解》二书,则分别是对朱熹《易学启蒙》和其弟子蔡元定《律吕新书》的注解。三十七岁时完成的《洪范图解》一书,则是韩邦奇本之于蔡沈《洪范皇极内外篇》,力求贯通《尚书》和易学的著作。从这些著作内容来看,韩邦奇早年的学术思想源出朱子之学。通过著作完成的先后顺序和内容特点,还可以看出:韩邦奇对朱子之学的体认,经历了一个由笃信蔡沈的尚书学转而拓展到朱熹的易学、蔡元定的律学,再转而寻求《易》与《尚书》相互贯通的过程。这一过程,同时也是韩邦奇由笃信朱学转而在认同的基础上质疑、改造朱学,再转而阐发自己对朱学思想见解的过程。这说明韩邦奇四十岁之前的早年之学是以对朱子理学的推阐为主的。韩邦奇在主攻朱学的同时,兼及北宋理学诸子之作。韩邦奇门人樊得仁《性理三解序》曾说:"苑洛先生为诸生时,尝以张子《正蒙》无注,邵子《经世》书虽有注非其本旨,……乃为《正蒙解结》

---

① 《柏景伟小识》,见冯从吾:《关学编(附续编)》,第69页。
② "朱"指朱熹,"蔡"指朱熹的弟子蔡元定及其子蔡沈。

《经世摘隐》。"① 可见韩邦奇早年除研习朱、蔡经学著作之外，对邵雍和张载著作也用力颇多。总体而言，宋儒邵雍、张载、朱熹、蔡元定、蔡沈的易学、尚书学和律学思想对韩邦奇影响比较大。

其次，与同时代关中学者一样，韩邦奇对张载"以礼为教"的传统甚为重视。"关中理学，推重横渠"②，受地方文化之影响，关中学人普遍自觉肯定和接受张载"以礼为教"的传统。河东之学的段坚、周蕙、张杰、张鼎、李锦、吕柟及三原学派的王恕、王承裕、马理等关中诸大儒，都注重对礼学的学习传授与躬行实践。韩邦奇也极为重视礼教，据《世宗实录》卷四四三、朱彝尊《经义考》卷一二七记载，韩邦奇著有《礼记断章》《周礼义疏》等礼学著作，惜今已不传。现今所存韩邦奇关于礼教之论述，主要见于《正蒙拾遗·王禘篇》之注解和《苑洛集》中的《见闻考随录》。这既是韩邦奇礼学思想的精要，也是对张载礼学思想的继承。除传述礼学之外，韩邦奇还从自身做起，躬行礼教。《明儒言行录》云："公性极孝友，事父莲峰先生及阎恭人，终身不违颜色。"③ 正德十四年（1519），其父莲峰先生病重，邦奇、邦靖兄弟亲自服侍起居，以至昼或忘食、夜不解衣。莲峰先生去世时，兄弟悲伤万分，哀毁几死，三日滴水不进，继而"三月席草，枕块柩下，腰绖不除。时盛夏，虮虫丛积，振衣跃落"④。韩氏四兄弟关系融洽，尤以韩邦奇与韩邦靖之间情义甚笃。《大清一统志》载："邦靖兄弟孝友，邦奇尝庐居得疾，邦靖药必分尝，食饮皆手进，后邦靖病急，邦奇日夜持弟泣，衣不解带，及殁，衰绖蔬食，终丧勿懈，乡人为立孝弟碑。"⑤ 韩邦靖卒后，韩邦奇为其墨泪作传，并整理其诗文成集以传世。《明儒言行录》引用韩邦奇弟子樊得仁的话说："自有兄弟以来，中间道德之高、功业相映亦多矣，至相爱之深、相信之笃、所见之同如公兄弟，可谓旷世少有。"⑥ 韩邦奇极力用"以礼为教"的传统引导世俗风尚，其《苑洛集》中有墓表、纪传、序文等多篇，皆以表彰风德、昌明世教。这都是韩邦奇对张载礼学传统的继承。

从以上所述可以看出，明初关中理学主要有两大特征：在思想渊源上，普遍

---

① 韩邦奇：《韩邦奇集》，第143页。
② 冯从吾：《冯从吾集》，第346页。
③ 沈佳：《明儒言行录》卷四，见《景印文渊阁四库全书》第458册，第51页。
④ 韩邦奇：《韩邦奇集》，第1506页。
⑤ 和珅：《大清一统志》，见《景印文渊阁四库全书》第478册，第31页。
⑥ 沈佳：《明儒言行录》卷四，第51页。

接受以朱熹理学为主流的时代学术思潮；在学术风气上，普遍继承以张载为代表的"以礼为教"的地方文化传统。韩邦奇与当时关中地区的河东学派、三原学派学者，都具有以推阐朱子理学为主、兼及北宋理学诸子、继承张载"以礼为教"传统的特点，这是韩邦奇早年学术的基本特点，也是当时关中理学的群体共性。

二

明代早中期的关学虽然普遍继承了张载的学风，但学术思想的主流已经不再是张载之学，而是朱子之学。这一点在当时关学学人身上表现突出，如河东学派早期传人以及三原学派的王恕、马理均很少言及张载，除王承裕所述《横渠遗书》之外，再没有关于张载学说的任何著作。然而需要注意的是，随着关学对朱子理学由尊崇到反思的思潮变化以及对北宋理学诸子关注的深化，张载之学在当时关学阵营的思想层面逐渐复苏，而吕柟、刘玑、韩邦奇三人正是这一思想转化的重要代表。

吕柟是河东学派在关中地区最为重要的发扬者。虽然其学出于河东门下，源自程朱理学，但与河东学派早期学者相比，他对张载更为重视和推崇，曰："横渠潜思力行，勇果实践，学近孟子焉。"① "横渠先生之学，贯天人，该古今，质鬼神，俟圣贤。"② "横渠子厚精思力践，执礼不回，发为《西铭》《正蒙》诸书，开示后学，故殿中丞（指张载之父张迪）之寿赖以至今数百载常存也。"③ 又称赞张载之书"皆言简意实，出于精思力行之后，至论仁孝、神化、政教、礼乐，自孔孟后未有能如是切者也"④。除对张载及其著作给予高度评价之外，吕柟还吸收张载学说，在为学上主张"隆师取友，变化气质为本"⑤，并注重知识论的"德性"与"闻见"之辨。⑥除此之外，吕柟还针对张载著作散佚甚多、文集收录不全且散漫无统纪等问题，粹抄张载遗著并加以注释，撰成《张子抄释》一书由解梁书院刊刻。

---

① 吕柟：《泾野先生文集》，第643页。
② 吕柟：《泾野先生文集》，第918页。
③ 吕柟：《泾野先生文集》，第56页。
④ 吕柟：《泾野先生文集》，第131页。
⑤ 吕柟：《泾野子内篇》，第49页。
⑥ 吕柟：《泾野子内篇》，第65页。

值得注意的是，吕柟是在肯定程朱理学的前提下接受和认同张载的。他虽然推崇张载，但更推崇的是程颢，他对张载的评价介于程颢与朱熹之间："方伯淳则不足，方元晦则有余。伯淳已近乎化，元晦亦几于大。张子之化十三，其大十九。"①其对张载之学虽然有所吸收，但并非其整体思想的核心部分。至于著作方面，吕柟虽作《张子抄释》，但并非独崇张载，除抄释张载之文外，也抄释周敦颐、二程、朱熹之文，撰成《宋四子抄释》，同样由解梁书院印行。《张子抄释》的重点在于文献整理，其在每段原文下做出的简要解释，思想性并不突出。

刘玑（1457—1533），号近山，陕西咸宁（今属陕西西安）人。与吕柟一样，刘玑也出于河东学派，为河东学派关中学者李锦门人。②其所撰《正蒙会稿》是明代早中期关中地区第一部《正蒙》注。弘治十六年（1503）至弘治十七年（1504），刘玑应陕西按察司副使王云凤之请，在正学书院讲论《正蒙》，"三秦学士，翕然宗之"。此后，承任都察院御史督理陕西马政的杨一清之命，刘玑在讲学的基础上完成《正蒙会稿》一书。对于刘玑的《正蒙会稿》，时人给予了较高评价，如何景明说《正蒙会稿》"明正通达，不为曲说隐语，而事理无不得者"③，韩邦奇赞扬《正蒙会稿》"难易兼具，详而不遗"④并烧掉自己所著的《正蒙解结》。黄宗羲《宋元学案》卷一七《横渠学案上》于《正蒙》部分引用刘玑《正蒙会稿》四条，王植《正蒙初义》等明清《正蒙》注对《正蒙会稿》也多有引用，民国时期张骥《关学宗传》节录了《正蒙会稿》的刘玑自序、问答、韩邦奇序文和何景明序文，这些都体现了对刘玑《正蒙会稿》的肯定。刘玑《正蒙会稿》对张载《正蒙》采取逐条解说的方式进行诠释，重点解释了文段中的重点字词，并就贯通文句做了扩充和串讲。其重点在于诠释《正蒙》文句、字词的经典所出，其本意为何，在文中用意为何，在每篇之末就重点问题做出解答。但全书对张载学说没有评价，也没有和其他人相关的比较论述，故就思想阐发而言，其价值并不是很大。

---

① 吕柟：《泾野子内篇》，第 11 页。
② 《明史》无刘玑传，冯从吾《关学编》也未收入刘玑，黄宗羲《明儒学案》也没有提及刘玑，所以学界对刘玑的研究较少。但是，冯从吾《关学编》卷三《介庵李先生》亦即《李锦传》中提及刘玑为李锦的门人。刘玑在其《正蒙会稿序》中说："早岁得有所闻于我介庵李先生，及提学恭简戴先生之门。"可见其亦为关学学人。
③ 刘玑：《正蒙会稿》，见《续修四库全书》第 937 册，上海古籍出版社，2002 年，第 221 页。
④ 韩邦奇：《韩邦奇集》，第 1370 页。

相对而言，对于张载《正蒙》思想有更深体认的是韩邦奇。韩邦奇早年即究心张载之学，嘉靖十一年（1532），韩邦奇在其为刘玑《正蒙会稿》所作序言中提及自己研读《正蒙》的大略经过："初，弘治中，余尝为《正蒙解结》，大抵先其难者。继见兰江张子廷式《正蒙发微》，详尽及于易者。顾于予之《解》略焉，尝欲合二书而刻之，今见《会稿》则难易兼备矣，乃取《解结》焚之。使廷式见之，亦将焚其《发微》乎？"①可见，韩邦奇早年即完成《正蒙解结》一书，而后见到张廷式的《正蒙发微》，认为此书与己作《正蒙解结》可相互发明，故欲合刻之。正德年间（1506—1521），韩邦奇又见到刘玑所著《正蒙会稿》，认为此书"难易兼备"，兼取前二书之所长，故"取《解结》焚之"。这是韩邦奇早年对《正蒙》的研习过程。随着对《正蒙》研究的深入，到正德十三年（1518），韩邦奇看到"正德以来，世儒附注于《正蒙》者复数家，后先生乃以张子之大旨未白，一二策尚欠详明"②，遂完成了《正蒙拾遗》。这一著作是韩邦奇对张载《正蒙》思想集中阐发的代表作。此后，韩邦奇对该书又进行了多次修改完善，直到嘉靖二十一年（1542）才正式刊行面世。由此可知，韩邦奇对《正蒙》的研习历时四五十年，有着不断深入完善的过程。正因为韩邦奇从少年至老年一直坚持不断地反复解读《正蒙》，才能在《正蒙拾遗》中揭示张载《正蒙》之大旨，并阐发自己的哲学思想，认为"凡此皆《正蒙》之本旨，诸注之所遗也"③。在韩邦奇看来，他这本书，正是对宋明以来学者之《正蒙》注解未尽之处的补充，是自己的独到见解，是张载《正蒙》的正解。《正蒙拾遗》虽然篇幅不大，但思想意旨极为深刻，也是韩邦奇由"推阐朱蔡"转而"返归横渠"的重要代表作。

三

韩邦奇对张载学术思想的继承发扬，并不仅仅表现为对张载"以礼为教"学风的传承和对《正蒙》思想的长期体认，更为重要的是，他在《正蒙拾遗》中对张载及其学说给予了有史以来最高的评价，集中对张载"以气为本"的思想和"性与天道"等命题予以继承阐发，并在其有生之年继承发扬了张载"崇尚实

---

① 韩邦奇：《韩邦奇集》，第1370页。
② 韩邦奇：《韩邦奇集》，第142页。
③ 韩邦奇：《韩邦奇集》，第1358页。

践"的关学宗风。

在《正蒙拾遗》中，韩邦奇对张载及其著作、思想予以极高的评价。他说："自孔子而下，知'道'者，惟横渠一人。"① 又多次称赞曰："此横渠灼见道体之妙。""此横渠真见造化之实。""此横渠灼见性命之真。"② 对于《正蒙》一书，韩邦奇也评价极高，曰："横渠《正蒙》多先后互相发明，熟读详玩，其意自见，不烦解说。"③ 在思想上，韩邦奇高度评价了张载"气坱然太虚"的观点，说："'气坱然太虚。'非横渠真见道体之实，不敢以一'气'字贯之。"④ 又说："所谓'气坱然太虚'，自汉唐宋以来，儒者未有见到此者，是以不惟不能为此言，亦不敢为此言也。"⑤ 一个"不能"、两个"不敢"，不但道出韩邦奇对张载"造道"的识见之高的信服，亦道出其对张载"造道"之勇的钦佩。

在对张载高度认同的基础上，韩邦奇还自觉接过张载"天人合一"的思想主题，对《正蒙》的思想本旨予以阐发。在《正蒙拾遗序》开篇，韩邦奇即言："学不足以一天人、合万物，不足以言学。吾读《正蒙》，知天人万物本一体也。"⑥ 他对《正蒙》思想的阐发，也主要沿着"天人合一"这一思路展开。

首先，韩邦奇在张载"知太虚即气则无无"论的基础上，进一步明确提出了"天地万物，本同一气"⑦ "太虚无极，本非空寂"⑧ 以及"太极未尝无"⑨ 的观点，认为"太虚""无极""太极"都是"气"形成万物之前的统一的、潜在的、实有的存在，并批评了先儒及佛老"无生有"以及"死为归真，生为幻妄"的错误看法。

其次，韩邦奇自觉接过张载"性即天道"这一命题，明确提出"性道一物""形而上之谓道，气而上之谓性"等独创性命题。在此基础上，他还针对宋儒把"理""太极"等同于"道"的认识，提出"道非太极"的观点："太极是

---

① 韩邦奇：《韩邦奇集》，第144页。
② 韩邦奇：《韩邦奇集》，第146、147、149页。
③ 韩邦奇：《韩邦奇集》，第144页。
④ 韩邦奇：《韩邦奇集》，第148页。
⑤ 韩邦奇：《韩邦奇集》，第166页。
⑥ 韩邦奇：《韩邦奇集》，第1358页。
⑦ 韩邦奇：《韩邦奇集》，第145页。
⑧ 韩邦奇：《韩邦奇集》，第148页。
⑨ 韩邦奇：《韩邦奇集》，第171页。

寂然不动时物，道是动而生阳以后物，安得以道为太极哉！"①

最后，韩邦奇批评了朱熹独取《西铭》的错误方法，对《东铭》予以高度重视，提出先《东铭》后《西铭》、由人道而天道，即由人而天"推而大之"的观点，并以此为根基提出"贤人之学""大贤之学"和"圣人之学"的渐进修养层次和以"戒谨恐惧""无问动静""必合乎理"为主要特点的修养方法。

除对张载思想予以阐发之外，韩邦奇还自觉继承张载注重经学、关注自然、崇尚实践的关学宗风。

其一，韩邦奇极为重视对张载经学思想，特别是张载易学和礼学思想的传述。他在《正蒙拾遗·大易篇》中提出："看张子之《易》，当别着看一眼。若拘于平日之见闻，安能得其意。"②在该篇中，韩邦奇不仅对张载易学予以解释，而且多次点明张载易学和朱熹易学的不同。在《正蒙拾遗·王禘篇》中，他对张载的礼学思想给了诸多阐发，提出"安可泥古而不酌之今"③的观点。

其二，韩邦奇继承张载关注自然的学风，在《正蒙拾遗·参两篇》中明确提出不要"在册子中窥造化"而要注重"眼前造化之实"等观点，并摘录了王蕃《四道》、张衡《浑天仪》等内容，"以便读《正蒙》者之考验制作"。他在该篇绘制了《天体度数之图》《日与天会之图》《月与日会之图》《天日月运行总图》《成岁之图》，是对张载天文历法思想的继承和推阐。

其三，韩邦奇继承张载"笃于行谊，学务践实"的关学宗风，在《正蒙拾遗》之后，完成了《易占经纬》《卦爻图说》《易林推用》《苑洛志乐》等著作及相关诗文，落实于易、礼、乐的经学研究和修身、处事、经世、为政、作文等社会实践，这也是韩邦奇对张载实学之风的继承和弘扬。

正因为韩邦奇对张载学说的推阐和学风的继承，其门人白璧评价他"论道体乃独取张横渠"④，"独取"二字，正道出韩邦奇对张载思想的高度认同。而清人刁包更如是评价他："韩先生远祖横渠，近宗泾野，其学得关中嫡派。"⑤窃以为，吕柟状元及第，名扬海内，且为当时士子之望，故刁包说韩邦奇"近宗泾野"，并非以吕柟为宗师，而是以之同为关中之出类拔萃者，即《易》所谓"同

---

① 韩邦奇：《韩邦奇集》，第 145 页。
② 韩邦奇：《韩邦奇集》，第 171 页。
③ 韩邦奇：《韩邦奇集》，第 181 页。
④ 冯从吾：《关学编（附续编）》，第 50 页。
⑤ 刁包：《杨忠愍先生家训序》，见《畿辅通志》卷一〇〇。

人于宗"者是也。但若就对张载学说的继承推阐而言，韩邦奇的特色更为突出。故而对冯从吾所谓"若夫集诸儒之大成而直接横渠之传，则宗伯（指吕柟）尤为独步者也"①，不应理解为吕柟对张载思想学说的继承发扬，而应理解为其对明代中期关学复兴的学术影响和社会贡献。

与明代早中期关学学者相比，韩邦奇对张载学说的高度评价、对张载思想的继承阐发和对张载宗风的践履落实特色鲜明、突出。韩邦奇之后，因关学很快又融入阳明心学、程朱理学相互交织的主流思潮之中，直接对张载《正蒙》以及其他著作进行注疏诠释的成果付之阙如，韩邦奇《正蒙拾遗》并没有得到后人更多的重视，也没有产生多大的影响。但韩邦奇对张载之学的全面继承和高度阐扬，已经奠定了其在明代关学史上的重要地位，理应被视为明代关学阵营中继承发扬张载之学的最重要代表。

---

① 冯从吾：《关学编（附续编）》，《自序》第 1 页。

明代陕西提学使与关学的发展

作为明清时期关中地区的理学，关学或以程朱之学为宗，或以阳明心学为宗，但张载所开创的读经重礼、躬行实践、学贵有用的学风却被历代关学学者继承了下来。明清关学在长期的发展过程中，曾出现多次兴衰，而每一次的兴盛，除外部思想环境的影响和关学学者自身的努力之外，还与陕西提学使的大力提倡有关。这些提学使通过兴建书院、培养人才、重视理学教育、刊刻关学著述、表彰关学先贤乃至自身的学问倾向影响着关学的发展，从而深刻地反映了地方政治与区域理学之间的关系。

一

明代初期，关中地区的理学之风并不怎么盛行，当时在关中传播理学的主要是山西河东薛瑄的几位亲传弟子和私淑弟子，如张杰、段坚和周蕙等人，他们主要是在西安、凤翔、天水和兰州一带讲学。另外，还有一些陕西本地的学者，如三原的马贵、马江等人也都精研程朱之学。此时的关中尚无专门的讲学书院，这些学者大多是在各自所居之地讲学，如：张杰，"弟子从游者日众，乃拓家塾以五经教授"①；段坚，"结庐兰山之麓，扁曰'南村'，曰'东园'"②，以授徒讲学；周蕙则在其隐居之地秦州（今甘肃天水）之小泉讲学；王承裕在三原借僧

---

① 冯从吾：《关学编（附续编）》，第 29 页。
② 冯从吾：《关学编（附续编）》，第 27 页。

舍讲学；等等。总的来说，这些学者讲学的规模都不大，影响也较小。到了弘治八年（1495），随着三原弘道书院的建立，关中地区书院讲学之风开始兴起。①思想上的相互辩难、对经学与礼教的提倡、对理学教育的重视，以及大量理学人才的培养，这些都促进了明代中期关学的发展和兴盛，而推动这一切的因素中也有时任陕西提学使的努力。

尽管关中的书院讲学之风是从弘治八年（1495）才开始，但早在弘治元年（1488）时，陕西提学副使娄谦就曾命西安知府徐政重建三原的学古书院。王恕在《复学古书院记》中记载说：

> 三原故有学古书院，在城西北隅。元延祐间，义民李子敬暨其弟子懋创，为之延师儒以教乡人之子弟者……。至正十八年废，移其内所奉宣圣及颜曾思孟像于大成殿，学古书院碑于儒学。本朝永乐中，居民张秉等即其地建三官庙。……成化二十三年，余致仕归，适提学宪副广信娄君谦来临吾邑，课试之余，访予于西园精舍……以议复之，知县葛璋力不能为，且惑于浮议，不果复。是年冬，余被召至京师。明年，是为弘治元年。娄君擢宪长，复下其事于西安府。太守广平徐君政慨然以兴复为任，乃遣使至县，撤去三官神像，即其殿宇奉安宣圣及四配像如故，移学古书院碑于内，仍以旧额榜其门。於戏！百十年已废之书院一旦复之，非娄君、徐君见道分明，知所当务，畴克尔哉！②

学古书院在三原县城西北，始建于元代延祐七年（1320），由邑人李子敬与其弟李子懋共同创建，延请泾阳学者程瑁讲学其中，远近来学者众多。元至正十八年（1358）废。明永乐（1403—1424）中，其地成为三官庙。明成化二十三年（1487），南京兵部尚书三原王恕致仕回乡，陕西提学副使娄谦适来三原课试，并拜访王恕于其家，二人遂商议决定重建学古书院。但由于县令葛璋"力不能为"，复建书院一事被搁置。第二年即弘治元年（1488），在娄谦的再次努力

---

① 弘治八年（1495），三原人王承裕在三原建弘道书院（清乾隆时因避讳改名为"宏道书院"）讲学，标志着关中书院讲学之风的开始。在此之前，王承裕则是借僧舍讲学，后来由于从学者众多，僧舍容纳不下，遂有弘道书院的建设。

② 王恕：《王恕集》，西北大学出版社，2015年，第13—14页。

下，学古书院得以重建。这是明代关中地区有记载的较早的兴复书院的活动。不过，重建后的学古书院并没有什么大的讲学活动，甚至在整个明代，其地位和影响都有限，直至清代，学古书院才成为关中地区传播理学的著名场所之一。

在娄谦兴复学古书院之后，对关中讲学和关学的振兴起重要推动作用的提学使首推杨一清。杨一清于弘治四年（1491）至弘治十一年（1498）出任陕西提学使。在任内，他积极在关中建设书院，并讲学其中，弘治九年（1496）对西安府正学书院的重建更是意义重大、影响深远。

正学书院原是关学创始人张载讲学倡道之地，元代时大儒许衡（号鲁斋，1209—1281）亦曾在此讲学，后来元朝政府便在此地创建鲁斋书院，并赐给书籍、学田等。①明初时，书院已废弃，成为兵民所居之地。李东阳（号西涯，1447—1516）在《重建正学书院记》中说：

> 正学书院，为道学而作也。院在陕之西安，盖宋横渠张子倡道之地，门人吕大钧辈皆得其传。元鲁斋许公来主学事，亦多造就。后省臣建议为书院，合祀横渠、鲁斋及其乡贤杨元甫，而聚徒讲学其间，朝廷赐以经籍，给之学田，张文忠公养浩实记其事。入国朝百余年，遗址为兵民所据，而坊名尚存。弘治丙辰，杨君一清始倡之。……是虽复鲁斋之旧，而实崇祀先贤，表彰正道，以风励学者，非独为许设也，故易其名曰"正学书院"。②

从李东阳的记述中我们可以看到，杨一清重建正学书院，并非为了科举取士，而是"为道学而作也"，并通过崇祀先贤（书院合祀张载、许衡和杨恭懿③）、表彰正道来风励学者，故将书院改名为"正学书院"。正学书院重建之后，为关中培养了大量的人才，许多著名学者如康海、李梦阳、吕柟、韩邦奇、冯从吾等都曾在正学书院读书。西安正学书院成为此后八十余年间陕西最著名的

---

① 关于鲁斋书院的建立情况，参见许衡：《许衡集》，中华书局，2019年，第613—616页。
② 李东阳：《怀麓堂集》卷六五《重建正学书院记》，见《钦定四库全书荟要》影印本，吉林出版集团有限责任公司，2005年，第716页。
③ 杨恭懿（1225—1294），字元甫，号潜斋，奉元路高陵（今陕西西安高陵区）人，元代关中著名理学家，曾与许衡一起在奉元（今陕西西安）讲学。参见冯从吾：《关学编（附续编）》，第19—21页。

讲学书院,《正学书院进士举人题名记》曰:"三历取士之科,举于乡者八十一人,举进士者十人,乡举皆得解元,而进士得状元一人。……书院未十载,所得如此,亦盛矣!"①

除西安正学书院外,杨一清还于弘治九年(1496)在陕西武功创建了绿野书院。绿野书院原为绿野亭所在之地,张载亦曾在此讲学。弘治九年六月,杨一清责成武功知县宋学通在绿野亭原址上建立书院,中设张载祠,取名"绿野书院",以县学训导赵文杰为书院诸生之师。康海在《武功县志》中说:

> 绿野亭,今在县南郭东外,为宋儒张子子厚寓所。张子与武功簿张山甫厚,故武功弟子因从子厚游,亭此讲学焉。弘治八年冬,户部尚书沁水李翰时以御史巡按至。诸生以白御史,御史乃谋于提学副使今少傅、吏部尚书杨公一清。杨公以知县学通有良治,能用其民,一以责学通。逾年乃成,改曰绿野书院,择师授徒,文教彬彬然勃兴焉。书院前为堂,祠祭子厚,而后建讲堂学舍。……数月而功毕,名之曰绿野书院。择士子充于其中,而以县学训导赵文杰为之师,俾日讲性理之学。凡县学诸生,则三日一至听讲。其规约大率与白鹿、睢阳类。未几,若西安、凤翔诸生,闻风就学者踵至。君时坐堂上,躬督劝之,沨沨乎道学之流行也。……书院建于弘治九年六月,工毕于是年十二月。

从康海的记述中可以看到,绿野书院讲学的内容不只是科举制艺,同时也讲性理之学,而杨一清有时也亲自为诸生讲学,"躬督劝之,沨沨乎道学之流行也"。绿野书院的讲学还吸引了西安和凤翔的士子前来学习。

此外,杨一清还在凤翔府陇州(今陕西陇县)建有岍山书院等。乾隆《重修凤翔府志》曰:"院(指岍山书院)肇于弘治丙辰(1496)春三月,阁成于戊午(1498)秋七月。倡其事者,……按察司副使杨君一清。"②

由上可见,杨一清对陕西地区书院建设与理学教育的重视,不仅推动了关学

---

① 王云凤:《博趣斋稿》卷二《正学书院进士举人题名记》,见沈乃文主编:《明别集丛刊》第1辑第81册,黄山书社,2013年,第415页。
② 达灵阿修,周方炯等纂:《重修凤翔府志》卷一〇《崇经阁记》,清乾隆三十一年(1766)刊本。

的发展与传播，也为明代关中讲学的兴盛奠定了重要的物质基础。

二

杨一清之后，山西和顺人王云凤于弘治十一年（1498）冬提学陕西，弘治十四年（1501）升副使并奉敕整饬洮河、岷州边备，弘治十七年（1504）又改提学陕西，直至正德二年（1507）升山东按察使。王云凤在提学陕西的六年左右的时间里，在加强西安正学书院建设、提倡理学和培养理学人才等方面做出了重要贡献。

首先，在正学书院建设上，王云凤为书院新建了藏书楼，广收书籍以资诸生阅览。对正学书院藏书楼的修建及藏书情况，王云凤在《正学书院藏书记》一文中有较详细的记述：

> 正学书院，士之颖拔者皆萃焉。……巴陵杨公为提学副使，建书院，即搜辑各学遗书，得《仪礼》、陈氏礼乐书、真西山《读书记》、《通鉴记事本末》以示学者。未几，公迁去，云凤继至，益以石刻五经等书。兹八载矣，然蓄犹未广，士用固陋。时岁歉，乃鸠粟，且请公成初志，得白金，统易书若干卷。恐藏之无常所，岁久其逸，遂请于巡抚右副都御史肃宁张公，得材作楼四楹。……西安知府内江马君炳然又录《册府元龟》《文苑英华》诸书，泾阳御史李锦、于岱，参议赵鉴、孙绶，长安张钱各以家所有书来献，于是天下之书其大者略具矣。……书之名数剜于石背。①

王云凤告诫士子，读书必须反而约之身心，躬行实践，"动必以礼，以践其实，使所读者不为空言，而后尽读天下之书，一以贯之，以免于徇外夸多、玩物丧志之讥。不然，则书自书，我自我，儒衣儒冠而见识无以异于市人。私意横竖胸中，功利之说纷错目前，随物变迁，茫无所守，近之不足以修身，远之不足以治天下，虽多亦奚以为"②。

除修建藏书楼之外，王云凤还对正学书院的教学内容进行了革新。他在书

---

① 王云凤：《博趣斋稿》卷二《正学书院藏书记》，第416页。
② 王云凤：《博趣斋稿》卷二《正学书院藏书记》，第416页。

院中开设求道、读书、学文、治事四科,并以立志、主敬、穷理、慎行来要求诸生。关于王云凤的教士之法,时在书院读书的吕柟记述道:

> 阅月,乃升陕西按察司佥事,奉敕提督学校。……至则教人先德行,后文艺,锄刁恶,拔信善,崇正学,毁淫祠,学政肃清,三秦风动,豪杰之士,莫不兴起。先生教人读书,自《小学》《近思录》始,次及各经史,语学者以圣贤之道,曰:"立志以坚趋向之方,主敬以养清明之气,读书以究事物之理,慎行以致践履之实。勿妄意高远,惑于日用之常;勿过为诡习,出乎人情之外。"故以五要肃士心,以九容饬士身,以十有一行正士教,以九戒敦士礼,立四科以待众士,以二十一过禁士愆,立十政以收士。①

在王云凤的努力下,正学书院诸生汲汲向往于圣贤之道,"骎骎乎复周、汉之旧者矣"②。

其次,与杨一清一样,王云凤也积极提倡理学教育,"教人读书自《小学》《近思录》始,次及各经史"。此外,王云凤还在正学书院的正学祠中增祀关中学者李锦,并邀李锦门人刘玑主讲正学书院。③王云凤在《正学祠增祀李介庵先生告文》中说:

> 有宋横渠张子闻程氏之风而起,二吕及范、苏诸公望横渠之门而趋,关中之学遂有闻于世。……继前人之绝学,启后人之迷途,然则秦未尝无人也。大明敷教百有余年,忠贞直谅之士肩背相望,若至于圣贤之学而履行纯固、始终一节,则惟介庵李先生一人而已。某幼闻介庵之名,后一见于长安旅舍,时予骏未知所以问,介庵亦未有以告也。兹奉朝命为吏,大惧浅薄,不足以风动诸生,而是方实为介庵故里,父老士子所称述,日以有闻,遂晓然知介庵之贤,真可为诸先生之徒。后生小子欲求诸先生之道,舍介庵无以为行远升高之地。今特奉介庵

---

① 吕柟:《泾野先生文集》,第791—792页。
② 吕柟:《泾野先生文集》,第792页。
③ 据许宗鲁《刘公玑墓志》(见焦竑《国朝献征录》卷二九)所记,刘玑从弘治十四年至弘治十七年间(1501—1504),因丁母忧而留在陕西,也正是在此期间受王云凤邀请主讲于正学书院。刘玑有《正蒙会稿》一书存世。

合享兹堂，使诸生自今为学，知择于为己为人之间，而决义利取舍，以无负于诸先生之训。①

李锦是明代成化年间（1465—1487）一位重要的关学学者，师从秦州的周蕙，而周蕙之学则来自兰州的段坚和安邑（今山西夏县西北）的李昶，二人一为薛瑄的私淑弟子，一为亲传弟子，故李锦可谓河东之学在关中地区的传人。因此，王云凤增祀李锦入正学祠以及邀请其弟子主讲正学书院，可以说进一步加强了薛瑄之学对关学的影响。

再次，王云凤督学陕西时，还从各县选拔了不少英才进入正学书院学习，培养了诸多理学人才，其中就有日后被视为代表明代关学发展的第一个高峰的高陵学者吕柟。吕柟说："某年十七八时，先生提学陕西，深受其开喻奖拔之益。凡先生之言语动静，恒以为师模，而一时西土士风，亦骎骎乎复古矣！"②王云凤对河东之学的提倡，以及吕柟后来又师从周蕙的另一个弟子——渭南的薛敬之，都奠定了吕柟以程朱理学为宗的问学之路。另外，朝邑学者韩邦奇也曾在王云凤督学陕西时进入正学书院读书，其学问"原出王虎谷先生之门"③，与河东之学亦存在着一定关系。④

总之，继杨一清之后，王云凤持续性地加强正学书院的建设，重视程朱理学的教育以及理学人才的培养，无疑对日后关学的中兴起了重要的推动作用。

三

王云凤之后，又有明代倡导古文运动的"前七子"之一何景明（号大复山人，1483—1521）于正德十三年（1518）五月至正德十六年（1521）六月任陕西

---

① 王云凤：《博趣斋稿》卷四《正学祠增祀李介庵先生告文》，见《明别集丛刊》第1辑第81册，第435页。
② 吕柟：《泾野先生文集》，第393页。
③ 杨绍武：《理学备考序》，见范鄗鼎：《理学备考》，《四库全书存目丛书·史部》第121册，齐鲁书社，1997年，第714页。
④ 唐龙在《少司马涂水先生传》中对王云凤的学问渊源略有提及，其曰："夫自薛文清公倡道河汾，先生（寇天叙）与和顺王公云凤并宗其学。"（见寇天叙：《涂水先生集》卷六，《四库全书存目丛书·集部》第65册。）而吕柟与韩邦奇在一些著述中皆称王云凤为"师"，可见二人同王云凤的关系。（参见王云凤：《虎谷集》，见《明别集丛刊》第1辑第81册，第462、474页。）

提学副使。何景明提学陕西时，一方面继续重视正学书院的人才培养，"陕西属所试诸生，奇者悉取正学书院，亲自督教。间出俸钱，赡所不给。关中得人于时为盛"①；另一方面，则对关学重视经学和"学贵有用"学风的形成起到了一定的促进作用。何景明在为正学书院诸生所作《学约》中就以"五经"为学习和考察之首，次为性理和各种史书。②时为书院诸生的耀州（今陕西铜川耀州区）乔世宁（号三石山人，1503—1563）说："（何景明）迁提学副使来关中，而教关中士亦以经术世务，如其所自志。关中士气习文义，盖自是一大变云。是时世宁侍先生正学书院，先生说五经义与诸家多殊，私以为诸家训诂不及也。"③

正德十六年（1521），何景明因病辞官之后，由唐龙（号渔石，1477—1546）接任陕西提学副使，任职时间从嘉靖元年（1522）至嘉靖六年（1527）二月。唐龙在提学任上，继续选拔各县优秀学生入正学书院读书，同时对书院进行了修葺。唐龙在《正学书院续记》中说：

> 弘治初，石淙杨一清以佥事督学政于斯，深惟会城衣冠萃止，典刑式昭，乃议建置正学书院。……三十余年未之有改也。顷因谬妄，有司肆其曲说，遏兹令图，儒士扼腕而兴嗟，学官撤席而不讲。嘉靖纪元，龙不敏，谬典学政，延访故实，诸生趋而相告，故老举以为言。……龙牍而请焉，得复旧，由是物情畅悦，文教蔚兴，士横经而执业者炳焉有加也。④

他不仅记述了重修书院的缘由，还发明"正学"之义，勉励书院士子以"正"为学，其曰：

> 士峨然而冠也，秩然而衣也，存乎学焉尔；抑学也，存乎正焉尔。匪学不足以为士也，匪正不足以为学也。上之君子方以是倡之，二三子可自诡于斯道乎哉？其惟审夫取舍则正，博学强记则正，修明孝悌、敦尚廉耻则正，执德信道、力行不倦则正。夫遵下学之轨者宏上达之

---

① 何景明：《何大复集》，中州古籍出版社，1989年，第680页。
② 何景明：《何大复集》，第599页。
③ 何景明：《何大复集》，第668页。
④ 唐龙：《唐渔石集》卷一，见《明别集丛刊》第2辑第3册，第263—264页。

用，执养正之要者崇作圣之基，凿井及泉，为山终仞，士之为道若是乎，其可也。①

此外，唐龙还为正学书院编纂了第一部书院志。②他在《正学书院志序》中说：

> 《正学书院志》者，志夫正学书院也。自鲁斋许氏教授京兆，阐明横渠之学，后之人缅想遐风，遹追明德，乃立书院，以永厥传。岁月徂久，裂为民居，杂于市肆，君子悯之。弘治中，遽庵先生以提学至，爰究爰度，乃移置焉，以道设科，分经建局。于是乎彬彬弟子员复知有鲁斋之学矣，上之知有横渠与二程之学矣，又上之知有孔氏、孟氏之学矣。此志之不可以已也。志公檄，明始也；建造，考制也；先贤，纪统也；学约，崇要也；文若诗，载艺也。人才兴，明效显矣；官氏班，学职修矣。书以贯道，以纪事，以崇献，皆不可遗，故以书籍终焉。③

唐龙提学陕西时，正值三原学者马理自京城送母还乡后在三原武安王祠中设教讲学，但其地狭隘简陋，唐龙遂为马理建嵯峨精舍。《嵯峨精舍记》曰：

> 三原马子伯循诵先生之法，希圣贤之轨，典刑所昭，风声斯被。其诸弟子员振衣承响，喁喁以从，其集如云，其立如林。马子敝庐不葺，环堵萧然，而弟子多至，无所栖止，是故来远而居弗宁也，教勤而习弗专也。佥事周子宗化行县而知之，怆然用恻，乃议构精舍以尊其教。前令王成章曰："此实下吏之阙也。西有浮屠氏之宫，丛秽伏奸，大蠹世典，诚易置之，岂惟正之用昌，即邪亦于是乎黜矣，而况民俗罔不厘乎！"宗化曰："善。"乃亟命毁之，变地以为基，徙材以为宇，命之曰嵯峨精舍。④

---

① 唐龙：《唐渔石集》卷一，第264页。
② 吕柟《正学书院志序》曰："《正学书院志》，自'公檄志'至'书籍志'，凡九篇，今山西宪长渔石唐公提学关西时之所编也。"见吕柟：《泾野先生文集》，第150页。
③ 唐龙：《唐渔石集》卷二，第292页。
④ 唐龙：《唐渔石集》卷二，第270页。

嵯峨精舍建成之后，唐龙再次来此，看见精舍中"弟子进颙颙尔，立肃肃尔，退襜襜尔。志而确然，文而蔚然"①的场景，甚为赞叹。

最后需要提及的是，唐龙提学陕西时，王阳明心学已开始在大江南北流行。唐龙师从章懋（人称枫山先生，1437—1522），而章懋之学以程朱为宗，《明儒学案》称其"墨守宋儒，本之自得，非有传授，故表里洞澈"②，但唐龙对王阳明的学问和事功都极为称赞，认为王阳明"明于圣人之学，克遵先王之教"③。不过，尽管如此，唐龙似乎并没有在关中大力提倡阳明心学，而是仍以程朱之学来教育士子，直到渭南的南大吉和南逢吉兄弟于嘉靖五年（1526）七月从绍兴返回家乡，开始在渭南传播阳明学，关中地区才真正有了阳明学，故后来有学者说："阳明崛起东南，渭南南元善传其说以归，是为关中有王学之始。"④

四

明神宗万历十三年（1585），湛门后学浙江德清人许孚远出任陕西提学副使，至万历十六年（1588）离任。许孚远提学陕西之时，关学早已由正德、嘉靖年间（1506—1566）的兴盛走向衰落。自嘉靖三十四年（1555）马理和韩邦奇卒后至万历十三年这段时间，关中地区虽然还有南逢吉在渭南讲学，吕潜、郭郛和张节等人在泾阳讲学，但总的来说，无论是其规模还是影响，都远不如正德、嘉靖年间的关学。

许孚远来到陕西之后，首先恢复正学书院的讲学。他不仅在闲暇之余亲自为书院诸生讲学，而且还邀请蓝田学者王之士主讲其中。王之士学本吕柟，以程朱为宗。冯从吾在《秦关全书序》中说：

> 顷先生冢嗣伯敬持先生著作若干种，乞余订正，会余病，不能细读，乃留伯敬数日，令门人辈稍为编次以归之，而以文简公《粹言》及飞泉公《语录》列于前，见先生学问渊源所自。其曰："《先师遗训》

---

① 唐龙：《唐渔石集》卷二，第270页。
② 黄宗羲：《明儒学案》（修订本），第1074页。
③ 唐龙：《唐渔石集》卷二《送阳明先生还朝序》，第293页。
④ 《柏景伟小识》，见冯从吾：《关学编（附续编）》，第69页。

《先君遗训》云者,先生所自命也。"①

"文简公"即吕柟的谥号,冯从吾在编次《秦关全书》时,特意将吕柟的语录放在王之士的著述之前,即为了说明其学问渊源。可惜王之士的著作今已佚失,难以窥见其理学思想,但其学受吕柟影响较大无疑,冯序中称王之士"惓惓遗训是遵,死而后已"②。另外,冯从吾说所谓《先师遗训》是王之士"自命",这是因为吕柟去世时,王之士才十四岁,尚未及吕柟之门,只能称得上是私淑。

许孚远与王之士在正学书院的讲学对重振晚明关中讲学之风起了重要作用。当时尚为诸生的冯从吾亦参与了许、王二人的讲学,其曰:"岁乙酉,德清许敬庵先生督关中学,讲学正学书院。先生(指王之士)故许先生同志友也,礼征先生为多士式,先生亦乐就许先生,合志同方,相为切劘,时多士皆有所兴起。"③冯从吾在与王之士的论学中深受启发,他说:"始余晤先生于正学书院,相与论格物、论未发及《太极》《西铭》之旨,豁然有当于心。"④

许孚远的督学对晚明关学学者以及关学发展方向都有重要的影响。万历十七年(1589),在听闻许孚远谪归之后,王之士不顾年老多病,亦整装南游至德清见许孚远,许孚远以为"如从天而降,喜不能言"⑤,留住月余,朝夕相与讲学,许孚远的子弟朋友也参与其中。在王之士将回陕西之际,许孚远又以"执中安止之学"相勉。其曰:

> 余独念欲立之质与造,使在孔门,当在原宪、子夏之间尤不可及,然皇皇问学如渴如饥,其所未了者何在?吾闻执中安止之学传自

---

① 冯从吾:《冯从吾集》,第238页。
② 冯从吾:《冯从吾集》,第238页。
③ 冯从吾:《关学编(附续编)》,第60页。王之士作为许孚远的"故同志友",两人相识大约在万历七年(1579),地点是京城附近的佛寺。《关学编》中说:"会仲子守亦与偕计,己卯,遂复如京。是时先生已久谢公车,晷日与诸同志讲学都门之萧寺,崇正辟邪,力肩斯道。"(见第60页)许孚远也说:"余初识欲立于都门之萧寺。欲立尝病足,且病肺,体羸弱不胜衣,业已谢计偕,置功名于度外,而独以访道求友,轻千里,适四方,余是以有都门之会。"(见许孚远:《敬和堂集》卷一《送王孝廉序》,明万历间刻本。)从中可以看到许孚远与王之士的相识过程。
④ 冯从吾:《冯从吾集》,第238页。
⑤ 许孚远:《敬和堂集》卷一《送王孝廉序》。

> 虞廷,孔子揭之为止至善,子思衍之为喜怒哀乐未发之中,千古圣贤学脉端在于此。今试反之吾心,中耶?止耶?夫憧憧往来,无一息可以断绝,则所谓中与止者,将终不可得而见。若乃无思无为,常寂常感,惟至诚为然,吾党固未可以易及,然而不合体于此,非圣学也。以欲立之精诚,一旦豁然得其所止,更有何事愿交勖焉!欲立之归也,能终以圣学为秦人士宗法,而与横渠张子、吕与叔兄弟、泾野吕先生炳耀后先,则此行真为不孤,非特以慰答朝野之望而已也。①

许孚远的意思是说,王之士的学问还主要停留在工夫修养上,对于至善之本体、未发之中还没有体认透彻,也就是说工夫要合于本体,而不是离开本体做工夫,这就是许氏所说的"执中安止"之意。对于许孚远在学问上的规劝,王之士是否认同或者说其学是否因此而发生了一个大的转变,我们已不得而知,因为王之士回到陕西后的第二年(1590)八月便卒于家中。②尽管对王之士来说或许还来不及转向以本体为主,但许孚远对于本体的重视以及强调本体与工夫相合的为学方向却对晚明关学的两位主要代表——冯从吾与张舜典产生了重要影响。

冯从吾与张舜典都从学于许孚远。许孚远回乡后,张舜典还"裹粮南从敬庵学"③。尽管冯从吾在西安的宝庆寺和关中书院讲学,而张舜典在凤翔讲学,但两人不仅是莫逆之交,而且共同为关学在晚明的复兴做出了重要贡献。《关学续编》说:"时少墟先生尚居里第,学会益盛。而先生(张舜典)则主盟岐阳,而从游亦众,一时有'东冯西张'之称。"④清初关学学者李二曲也说:"凤翔张鸡山先生……与长安冯少墟先生同时倡道,同为远迩学者所宗,横渠、泾野而后,关学为之一振。"⑤从学术思想上看,两人都受到许孚远的很大影响。许孚远虽是湛甘泉后学,但他亦笃信王阳明的良知学,属于调和湛、王二学者,既重视对本体的体认,又强调"随处体认天理"的工夫。受许孚远思想的影响,冯从吾与张舜典之学

---

① 许孚远:《敬和堂集》卷一《送王孝廉序》。
② 冯从吾称王之士"笃信好学,见彻本原,非沾沾矜一节一善以成名者。世或止以'甘贫苦节'称先生,是岂足尽先生哉"。又说:"其学以尽性无欲为宗,近里著己,甘贫苦节,世共高之。"(见冯从吾:《冯从吾集》,第61、238页)在这里,仅从"见彻本原""尽性无欲""近里著己"数语很难断定王之士之学符合许孚远说的"执中安止"之意。
③ 冯从吾:《关学编(附续编)》,第75页。
④ 冯从吾:《关学编(附续编)》,第76页。
⑤ 李颙:《二曲集》,第222页。

也都体现出这一特点。如冯从吾既认为"致良知"说"直指圣学真脉,且大撤晚宋以来学术支离之障"①,又反对王学末流"空谈良知""脱略工夫"的风气,主张本体与工夫合一。他说:

> 近世学术多歧,议论不一,起于本体工夫辨之不甚清楚。……若论工夫不合本体,则泛然用功,必失之支离缠绕;论本体而不用工夫,则悬空谈体,必失之捷径猖狂,其于圣学终隔燕、越矣。②

> 后世学术庞杂,议论偏颇,不知学者无论,即知学者往往舍工夫而专谈赤子之心,则失之玄虚;舍赤子之心而专谈工夫,则失之支离,心学几为晦蚀。③

在这里,冯从吾即指出,本体不离工夫,工夫亦不离本体,否则不是失之玄虚、猖狂,就是失之支离,因而本体要与工夫合一,"识得本体,然后可做工夫;做得工夫,然后可复本体"④。对于冯从吾的这一为学特点,黄宗羲指出:"先生受学于许敬庵,故其为学,全要在本原处透彻,未发处得力,而于日用常行,却要事事点检,以求合其本体。"⑤

与冯从吾相近,张舜典也注重本体与工夫的相合。其著作以"明德"与"致曲"命名(即《明德集》和《致曲言》),含义不言而喻。《关学续编》说:"《明德集》发明'体用一源'之旨为悉,《致曲言》中间多发明'即工夫以全本体'之旨,而实发明即本体为工夫之旨。……故其论教人每即下学日用绳墨,而指示上达尽性至命之脉络。"⑥"即工夫以全本体"与"即本体以为工夫"即强调本体与工夫合一。

---

① 冯从吾:《冯从吾集》,第 304 页。
② 冯从吾:《冯从吾集》,第 288 页。
③ 冯从吾:《冯从吾集》,第 241 页。
④ 冯从吾:《冯从吾集》,第 252 页。
⑤ 黄宗羲:《明儒学案》(修订本),第 981—982 页。
⑥ 见冯从吾:《关学编(附续编)》,第 76 页。

尽管冯从吾与张舜典在具体学问上偏重不同,①但他们对本体的重视,以及对本体与工夫要相合的强调却是相同的,这无疑是受到许孚远的影响。许孚远的这种影响对明代关学的发展具有转折性的意义。在冯从吾之前,关学的主流是程朱之学,阳明心学在关中的传播主要局限于渭南一带,范围与影响都还很小,②主敬穷理与重视经学、礼教、躬行是这一时期关学的主要特点。但到了晚明,通过工夫去体认本体,强调在心性上做工夫,则成了关学的工夫重心,如冯从吾特别重视"一念未起"与"一念方动"时的工夫。他说:"一念未起,则涵养此心;一念方动,则点检此心。于此惟精,于此惟一,庶乎有不发,发皆中节;有不感,感皆尽道矣!"③"一念未起"时的工夫主要是戒慎恐惧和静中体验未发气象;"一念方动"时的工夫则主要是慎独。张舜典则以"慎独"作为其体认本体的最重要的工夫。总之,明代关学发展到万历时出现了一种心性化的转向,而这一转向便有来自时任陕西提学副使许孚远的影响。

由于地理位置偏远和经济发展较落后,以及相对保守的学术性格等因素的影响,明清关学在其漫长的发展过程中,有时不得不依靠外部的力量,特别是时任提学使的支持和努力,这些提学使对关学的提倡以及自身的学术倾向也会对关学的发展起到引领作用。不过,在不同时期关学受提学使的影响不尽相同。大体来说,明代的陕西提学使主要是通过建设书院、培养人才和重视理学教育、提倡讲学等来推动关学的发展。而到了清代,陕西提学使对关学的影响则主要体现在积极刊刻关学著述、对关学前贤和在世学者进行表彰等方面,而且不同于明代的关学学者多是在提学使主管的书院中读书或受学于提学使,从而呈现出一种上下而被动的关系,清代的关学学者与提学使之间更多是一种平行且积极主动参与其中的关系,如清初的李二曲与许孙荃、晚清的贺瑞麟与吴大澂等。总之,通过对陕西提学使与关学之间的关系的研究,我们可以更深刻地了解政治与关中学术之间的互动情况。

---

① 王心敬在《关学续编》中说:"少墟恪守伊川、晦庵矩矱,先生则学主明道,以为学圣人之学,而不知以本体为工夫,最易蹈义袭支离之弊,与冯先生意见微别。然先生心重冯先生之规严矩方,而非同执各意见,冯先生亦重先生之透体通彻,而不类剖藩决篱。"见冯从吾:《关学编(附续编)》,第75页。

② 参见米文科:《论明代关学与朱子学之关系》。

③ 冯从吾:《冯从吾集》,第272页。

晚明清初关中王学述论

"北方之为王氏学者独少"①，这是黄宗羲在《明儒学案》中对阳明学在北方传播情况的一个总的说明，而黄氏所说的"北方"，主要指山东、河南和陕西三省。在这三省之中，黄宗羲对陕西的阳明学者记述尤少，仅仅介绍了渭南的南大吉一人，且因其对南大吉的著作"所见而复失去"②，故并未摘录其讲学语录或论学书信等，以致后人从《明儒学案》去了解阳明学时，对关中的阳明学所知甚少，印象不深，这不能不说是一个遗憾。黄氏的记载虽或不完全③，但关中讲阳明学的学者确实比较少是一个不争的事实。一方面，南大吉与其弟南逢吉对良知学的传播仅限于关中渭南一带，影响不大；另一方面，当时关学的主流是以吕柟、马理、韩邦奇等人为代表的程朱之学，他们对阳明学或拒绝或批评，从而在很大程度上影响了关中学者的为学方向。而在南氏兄弟之后，其弟子中较著名者仅见于地方志的记载，④亦未见有大的讲学活动。阳明学虽然在

---

① 黄宗羲：《明儒学案》（修订本），第 635 页。
② 黄宗羲：《明儒学案》（修订本），《发凡》第 15 页。
③ 如南大吉之弟南逢吉亦为王阳明弟子。嘉靖二年（1523），南逢吉与其兄一起在浙江绍兴师从王阳明，后来则随其兄在家乡渭南传播良知学，晚年又建姜泉书院讲学，著有《姜泉集》《越中述传》（二书今已佚）等书。《王阳明全集》卷三二《传习录拾遗》中收有南逢吉向王阳明请教"尊德性"与"道问学"关系的问答之语。此外，陕西三原人张元相和同州（今陕西大荔）人尚班爵亦师从王阳明。参见王守仁：《王阳明全集》，第 309—310 页；冯从吾：《关学编（附续编）》，第 52 页。
④ 南氏门人中，较著名的有薛腾蛟、王麟、裴贞等。此外，南大吉有三子，也颇有声名，能得良知之旨，"鼎峙诸生间，时人目为三凤"，但因去世较早，影响不大。参见岳冠华：《渭南县志》卷一〇《人物志·儒林》。

关中一时沉寂下去却并未绝迹,到了晚明万历时期(1573—1620),又重新出现在关中学者的讲学之中,并对晚明与清初的关学产生了深远的影响。不过,此时的关中王学已非阳明后学,而只是阳明学在关中地区传播与发展的产物。

一、冯从吾:本体与工夫合一

晚明关学最重要的代表是长安的冯从吾,江右王门学者邹元标就说:"华岳萃崒造天,黄河鸿洞无涯。代有巨儒,横渠之后,明有仲木(吕柟),今有仲好(冯从吾),可称鼎足,可以张秦,亦可以张明。"①清初山西学者范鄗鼎(号彪西,1626—1705)也说:"前有横渠,后有泾野,今见先生,太华三峰,真关中大观哉!"②冯从吾童年时,其父就以王阳明"个个人心有仲尼"之诗教导他,令其习字并学王阳明之为人。成为诸生后,冯从吾进入西安正学书院从学于时任陕西提学使许孚远。许孚远为湛若水的再传弟子,虽曾与阳明后学周汝登就"无善无恶"说进行过激烈辩论,但他并不否定王阳明的"致良知"说。年少之时的庭训和成年之后的师教极大地影响了冯从吾日后的为学道路,而这种影响首先便体现在他对儒家之学的认识上。

> 窃谓圣贤之学,心学也,心之不养,而徒事于枝叶间,抑末矣。③

> 夫心学之传肇自虞廷,而孔子一生学问只在"从心所欲不逾矩",至孟子而发明心性,更无余蕴,此万世学者之准也。……心学不讲,而曰我能学,是后世枝叶之学,岂孔门根本之学哉?④

冯从吾强调,儒家圣人之学即是"心学"(心性之学),而非别的什么学问。冯从吾对儒家之学的这一认识对于明代关学来说意义重大。因为在其之前,关学大体上是以"主敬穷理""读经重礼"为学,继承与恪守着朱子之传与张载学风,如明代前期关学的重要代表三原学派就非常推崇程朱之学和以礼为教:王承裕

---

① 邹元标:《少墟冯先生集序》,见冯从吾:《冯从吾集》,第12页。
② 范鄗鼎:《冯先生集前识言》,见《广理学备考》,康熙二十三年(1684)重刻本。
③ 冯从吾:《冯从吾集》,第237—238页。
④ 冯从吾:《冯从吾集》,第233页。

教弘道书院诸生"以宗程、朱以为阶梯,祖孔、颜以为标准",并"教人以礼为先";其弟子马理则"执礼如横渠,其论学归准于程、朱"。①明代中期关学的主要代表高陵吕柟亦以"主敬穷理""知先行后"为学。但到了冯从吾这里,关学的发展方向发生了转变,开始转向心性之学,强调对良知、性善等价值本体的探讨。与此同时,工夫的重心也从强调经学的学习、礼教的践行及外在的格物穷理转向内在的心性涵养。正如冯从吾所说:"学问之道全要在本原处透彻,未发处得力。本原处一透,未发处得力,则发皆中节,取之左右自逢其原,诸凡事为自是停当。不然,纵事事点检,终有不凑泊处。"②而在冯从吾看来,要想在"本原处透彻,未发处得力",工夫就必须在"一念未起"和"一念方动"时做。他说:

> 夫喜怒哀乐中节固也,若必待已发而后求中节;子臣弟友尽道固也,若必待既感而后求尽道,则晚矣。故必当一念方动之时而慎之,而后能中节尽道也,此慎独之说也,故曰"其要只在谨独"。虽然,又必待念起而后慎之,则亦晚矣。故必当一念未起之时而慎之,而后能中节尽道也,此戒慎不睹、恐惧不闻之说也,故曰"静中看喜怒哀乐未发气象"。③

可见在冯从吾那里,"戒慎恐惧"(包括静坐)与"慎独"已经成为学习圣贤之学最重要的工夫了,因为它直接与良知心体的体认相关联。

阳明学对冯从吾的影响还体现在其为学方向上。冯从吾既非完全恪守朱子,也并非以王学为宗,而是融合会通二者,强调本体与工夫的统一。一方面,他认为王阳明的"致良知"说是"直指圣学真脉,且大撤晚宋以来学术支离之障"④,即肯定良知学在救正当时学术支离方面具有积极的作用;另一方面,他对王学末流"空谈良知""脱略工夫"的风气又极为清醒和警惕,并像其师许孚远一样对晚明流行的"无善无恶"论进行了严厉批评。⑤于是,"本体与工夫合一"就成了

---

① 冯从吾:《关学编(附续编)》,第 38、48 页。
② 冯从吾:《冯从吾集》,第 225—226 页。
③ 冯从吾:《冯从吾集》,第 272 页。
④ 冯从吾:《冯从吾集》,第 304 页。
⑤ 冯从吾认为,"无善无恶"的说法与释氏的"空寂"相同,不仅在理论上与孟子的"性善论"相悖,而且在实践中会导致猖狂无忌惮之风。参见刘学智、米文科:《关学大儒冯从吾哲学思想述论》,载《地方文化研究》2013 年第 6 期。

冯从吾在学术上的不二选择。其曰：

> 后世学术庞杂，议论偏陂，不知学者无论，即知学者往往舍工夫而专谈赤子之心，则失之玄虚；舍赤子之心而专谈工夫，则失之支离，心学几为晦蚀。①

冯从吾认为，晚明学术之所以多歧，争论不休，就在于学者对本体与工夫的关系认识不清楚，不是离开本体谈工夫，就是离开工夫谈本体，从而陷入闻见支离或玄虚猖狂之中。只有将本体与工夫统一起来，"识得本体，然后可做工夫；做得工夫，然后可复本体"②，才是孔门所说的"一贯"，才能够化解晚明学术上的分歧。这样，阳明学便通过"本体与工夫合一"的方式在冯从吾那里实现了与朱子学的结合。所以，如果说南大吉是第一个自觉地在关中地区传播阳明学的学者，那么冯从吾就是第一个将阳明学与朱子学融合起来的明代关学学者。这种融合对关学的发展至为重要，它不仅改变了过去关学以朱子学为宗的主流趋势，而且开启了晚明清初关学的"朱王会通"之路。

二、李二曲："朱王会通"与"明体适用"

冯从吾之后，关学开始逐渐走向衰落，五六十年间，无论是阳明学还是朱子学，在关中都没有出现具有较大影响力的学者，也没有大的讲学活动。清初关学学者李二曲说：

> 凤翔张鸡山先生……与长安冯少墟先生同时倡道，同为远迩学者所宗，横渠、泾野而后，关学为之一振。两先生没而讲会绝响，六十年来，提倡无人，士自辞章记诵之外，不复知理学为何事、两先生为何人。③

关学的这种衰微状况一直持续到康熙年间盩厔的李二曲出现。全祖望（号

---

① 冯从吾：《冯从吾集》，第 241 页。
② 冯从吾：《冯从吾集》，第 252 页。
③ 李颙：《二曲集》，第 222 页。

谢山，1705—1755）说："关学自横渠而后，三原、泾野、少墟，累作累替，至先生（李二曲）而复盛。""先生起自孤根，上接关学六百年之统，寒饿清苦之中，守道愈严，而耿光四出，无所凭借，拔地倚天，尤为莫及。"①而李二曲所复兴的关学便是以阳明学为主要内容，同时融合了朱子学的工夫理论。

首先，在思想上，李二曲极力强调融合程朱与陆王之学的必要性。他说：

> 孟子论学，言言痛切，而"良知"二字，尤为单传直指，作圣真脉。……后阳明先生以此明宗，当士习支离蔽锢之余，得此提唱，圣学真脉，复大明于世，人始知鞭辟著里，反之一念之隐，自识性灵，自见本面，日用之间，炯然焕然，无不快然自以为得。向也求之千万里之隔，至是反诸己而裕如矣。②

> 夫姚江之变，乃一变而至于道也。当士习支离蔽锢之余，得此一变，揭出天然固有之良，令人当下识心悟性，犹拨云雾而睹天日。否则，道在迩而求诸远，醉生梦死，不自知觉，可不为之大哀耶！③

在这里，李二曲肯定了王阳明讲的良知学本自孟子，也属于儒家正学，并强调阳明学在纠正朱子后学"支离蔽锢"方面的积极作用——能使学者从此知道鞭辟入里，反之于心性。因此，李二曲指出，对于朱王之学不可存有门户之见，既不能"是朱非陆"，也不能"是陆非朱"，特别是那种不能实学朱子之学却以语言文字来"尊朱辟王"的风气对学问尤为有害。当然，李二曲也看到了晚明王学末流往往略工夫而谈本体、舍下学而务上达的现象。他认为只有将程朱之学与陆王之学融会贯通起来，补偏救弊，舍短取长，"'先立其大''致良知'以明本体，'居敬穷理''涵养省察'以做工夫，既不失之支离，又不堕于空寂，内外兼诣，下学上达，一以贯之矣"④。所以李二曲说："学术之有程朱，有陆王，犹车之有左轮，有右轮，缺一不可，尊一辟一皆偏也。"⑤

---

① 李颙：《二曲集》，第 612、614 页。
② 李颙：《二曲集》，第 529 页。
③ 李颙：《二曲集》，第 199 页。
④ 李颙：《二曲集》，第 532 页。
⑤ 李颙：《二曲集》，第 532 页。

其次，在主张融合会通程朱、陆王的同时，李二曲看到当时士子"所习惟在于词章，所志惟在于名利"①，除辞章记诵之外，茫然不知学问为何事。他认为这种士风士习造成了现在儒学的晦暗，而儒学晦明不只关系到正人君子的盛衰，更关系到生民休戚、世运否泰。因此，在李二曲看来，当今之急务既不是辨别儒佛，也不是朱王之争，而是要讲明学术、提醒人心。他说：

> 世道隆污，由正人盛衰；而正人盛衰，由学术明晦。故学术明则正人盛，正人盛则世道隆，此明学术所以为匡时救世第一务也。②

> 治乱生于人心，人心不正，则天下不治；学术不明，则人心不正。故今日急务，莫先于讲明学术，以提醒天下之人心。③

相较于程朱之学，李二曲更看重阳明学对提醒人心、唤醒此心的作用。换言之，相对于工夫，本体更具有优先性，何况工夫本是为了全其本体、复其本体，故李二曲反复强调学者要先识本体，"先立乎其大"，把良知看作水之源、树之根。他说：

> 时时唤醒此心，务要虚明寂定，湛然莹然，内不著一物，外不随物转，方是敦大原、立大本。"先立乎其大者"，能先立乎其大，学问方有血脉，方是大本领。若舍本趋末，靠耳目外索，支离葛藤，惟训诂是耽，学无所本，便是无本领。即自谓学尚实践，非托空言，然实践而不"先立乎其大者"，则其践为践迹，为义袭，譬诸土木被文绣，血脉安在？④

在工夫上，李二曲非常重视默坐澄心、静中体认等体证本体的工夫，而较少谈及主敬穷理、省察慎独和读经习礼等理学传统工夫。他说："夫天良之为天良，非他，即各人心中一念独知之微；天之所以与我者，与之以此也。……而体

---

① 李颙：《二曲集》，第105页。
② 李颙：《二曲集》，第172页。
③ 李颙：《二曲集》，第456页。
④ 李颙：《二曲集》，第527页。

认下手之实，惟在默坐澄心。盖心一澄，而虚明洞彻，无复尘情客气、意见识神为之障蔽，固有之良，自时时呈露而不昧矣。"①

最后，李二曲还特别强调理学的入世性，试图将理学内在的心性修养与外在的经世致用重新统一起来，以发挥理学经世的作用。他说："儒者之学，明体适用之学也。""明体而不适于用，便是腐儒；适用而不本于明体，便是霸儒；既不明体，又不适用，徒泪没于辞章记诵之末，便是俗儒。"②可以说，"明体适用"是关中王学发展到清初最显著的一个变化，是李二曲良知心学的总的特征，也成为李二曲思想上的一个总的特征。不过，李二曲更关心的是如何使士子从辞章、名利中振拔，因此，相对于"适用"，他更偏重心体的涵养、本原的洞彻，亦即"明体"方面。

在清初的关中，除李二曲之外，还有学宗程朱的朝邑（今属陕西大荔）王建常（号复斋，1615—1701）和泾阳王承烈（字逊功，1666—1729）、蒲城刘鸣珂（字伯容，1666—1727）等人，但清初关学的主流无疑是以李二曲及其弟子王心敬为代表的以王学为主、会通程朱的思想。③晚清学者唐鉴（字镜海，1778—1861）就说："关中之学，二曲倡之，丰川继起而振之，与东南学者相应相求，俱不失切近笃实之旨焉。"④

三、王心敬：回归孔孟，《大学》为宗

王心敬是李二曲的弟子，也是继李二曲之后关中又一以王学为宗的重要学者。乾隆时的理学名臣陈宏谋（号榕门，1696—1771）说："余维关中学者，近推李二曲先生。丰川为二曲高弟，得其蕴奥，扩而大之，修身淑世，更为切实。"⑤但与其师以"讲明学术，提醒人心"，救士子于辞章训诂、举业名利之中

---

① 李颙：《二曲集》，第144页。
② 李颙：《二曲集》，第120、401页。
③ 除李二曲、王心敬之外，当时武功的康吕赐（自称南阿山人，1644—1731）与李二曲的另一弟子邠州（今陕西彬州）王吉相（字天如，1645—1689）亦以"致良知"为宗，并重视工夫实践。不过，当时二人在关中的影响不大，特别是康吕赐一生绝意仕途，里居数十年，很少与关中其他学者交往，其著作也已佚失。参见王钟翰点校：《清史列传》卷六六，中华书局，1987年，第5302页。
④ 唐鉴：《唐鉴集》，岳麓书社，2010年，第611页。
⑤ 陈宏谋：《王丰川先生续集序》，见《陈榕门先生遗书·培远堂文集》卷一，民国三十三年（1944）铅印本。

为匡时救世第一要务不同，王心敬更关注的是如何解决朱王门户之争。

王心敬认为，如果学者把全部精力都放在朱王之争或只以"尊朱辟王"为事，不但会忽略自己的身心道德修养，而且会使儒学缺少发展的动力，难以发挥其本有的作用。因此，王心敬一方面继承其师李二曲"会通朱王"的为学道路，另一方面则自觉地把解决朱王之争当作自己一生的学术使命。他说：

> 心敬窃不自量，尝以为学术至近世，门户分淆，每欲从家师究探异同离合之根，折衷同归一致之旨，冀随当世大儒先生后稍助廓清之力，使一切纷纷门户之争悉会归皇极，则亦我辈于宇宙千万世内生世一番之职分也。奈识力暗浅，未能穷探宗传，居恒每与家师言至于此，未尝不慨然太息，而家师亦以幼无名师良友之依，徒从前圣贤经书中以己见为抉择。故今虽既老之年，尚思得大儒先生质疑请正，以折衷于一是。①

在王心敬看来，要解决朱王之争，首先要对朱子之学与陆王之学有一个全面、清楚的认识，真正把握两家之学的精神，否则就只是泥形逐迹，陷入一偏之中。

首先，对于朱子之学，王心敬说：

> 朱子生平之学，日进日邃，亦屡变益精。其初鉴程门末流之弊也，故其言道问学处居多，其后鉴学者多牵于文句训诂也，故又时时为之指示本体。然要之，言学问非偏废存心养性之功，而言本体亦即在日用伦常之间，细观大全集并朱子本传自见。我辈尊朱子，要知其生平救弊之苦心，更要知其晚年矫偏之本意，乃不至以尊朱子者病朱子耳。②

王心敬强调，朱子平日之所以讲"道问学"处比较多，其实是想通过工夫修养来纠正程门末流的空疏之弊，但他晚年也看到学者往往陷于文句训诂之中，故又时时强调本体，因而不能把"道问学"看作朱子唯一的学问工夫，认为朱子只讲"道问学"。王心敬认为，只有了解了朱子的这种救弊苦心和矫偏之意，才能

---

① 王心敬：《丰川全集（续编）》卷一〇《答友人求印正所著书》，清康熙五十五年（1716）额伦特刻本。

② 王心敬：《丰川全集（续编）》卷二《姑苏论学》。

真得朱子之学的精神命脉，才是真学、真尊朱子。

其次，对于陆王之学，王心敬则从其学之根源、与禅学的区别以及对儒学的作用三个方面进行了说明。王心敬先是强调陆王的"立大本"和"致良知"本自孟子，与朱子的"主敬穷理"同为儒家正学。他说：

> 象山之立大本本于孟子，阳明之致良知亦本孟子。今观孟子曰先立其大则小者不能夺，是立大本初非遗末也；阳明之致良知，其为说本曰实致良知于日用伦物之间，是致良知初非遗行也。但二公当日欲矫支离闻见之弊，不免意有偏重，而从之学者每不能善守其原说，读其书者复不能会通其本旨，遂致有于内偏重之疑，由是禅学之疑因之起，而争门户者遂聚讼盈庭矣。①

王心敬指出，陆象山的"先立乎其大"与王阳明的"致良知"都源自孟子，对象山和阳明来说，他们并非重本遗末或重知遗行，只不过为了矫正朱子后学的闻见支离之弊，不免意有偏重，对"尊德性"讲得较多。至于脱略工夫而空谈本体，则是其后学末流之过，非象山、阳明之本意。可见，与朱子重"道问学"一样，陆王强调"尊德性"也主要是为了补偏救弊，而非其学原本就是如此。

接着，王心敬对陆王之学为禅学的说法进行了辩驳。他指出，以陆王为禅，不仅是对陆王的救弊之心不了解，更是将其后学末流之失加之于陆王本人。更何况，是否重视心性不是儒家与佛老的本质区别，吾儒之学原本就是以心性为学。王心敬说：

> 吾儒之学，原本心性。故朱子曰"千圣相传，只此一心"，而生平孜孜者，以心性之存养为要归，全集所载可考而知也。今以陆王之重心性而昧者禅之，势必至割吾儒性命精微之旨尽归二氏，又必至舍朱子性命精微之蕴而徒求诸著述立说，致令二帝三王以来一中相传之心法沦弃于世儒口耳意见之私而后已。②

---

① 王心敬：《丰川全集（续编）》卷三《姑苏纪略》。
② 王心敬：《丰川全集（正编）》卷一《存省稿》，清康熙五十五年（1716）额伦特刻本。

王心敬认为，儒家之学与佛老之学的根本区别不在心性，而在于经世与出世。他说："吾儒之道原是经世之道，故一切虚者归实；二氏之道原是出世之道，故往往实者归虚。不实不足以经世，故吾儒所尚者，仁义礼智忠孝节烈；不虚不足以出世，故二氏所尚者，虚无空寂清净超脱。"①陆王之学虽然重视心性，强调体认本体，却不离人伦事物，仍以仁义礼智、忠孝节烈为本，与佛老的虚无空寂、清净超脱决然不同，因而不可以把陆王当作禅。

再次，王心敬强调了陆王之学对儒学所起的重要作用。他指出，如果以陆王为禅，否定"立大本"和"致良知"，那就等于把儒家的心性之学割让给佛老，而认为儒学只是辞章训诂、博闻多识等，这样势必会使学者逐末迷本、任情冥行。王心敬说："以立大本为禅，不善学者将必至于情识口耳，逐末迷本；以致良知为禅，不善学者将必至于支离扰扰，任情冥行，其不至举吾道尽性至命之宗流于见闻标榜、格套假借之途不止也。"②

程朱、陆王都以孔孟为宗，并且都属于儒家正学，只不过为救学问之弊而在本体、工夫、内外上有所偏重，因此今日之学者应该将二家之学结合起来，兼采其说，取长补短，而非党同伐异，所谓"陆王正宜资朱子之实功，而心体始得平实圆满；朱子惟其兼陆王之心体，而学问乃为切近精明"③，"为学不知尊德性，则流为俗儒之支离闻见；然徒知尊德性而不知道问学，亦类于二氏之溺空滞寂"④。

当然，廓清迷雾，厘清朱王之学的源头、有所偏重的原因，以及与佛老之学的区别等，只是王心敬为解决清初朱王之争所做的诸多工夫的一个方面。此外，他还试图从孔孟这个源头上为其会合朱王之学找到一个合理的依据。王心敬认为，孔孟之学原本就是"全体大用""真体实功"一以贯之的，《大学》的"明新止善"就体现了这一点。他说：

> 千古道脉学脉只以全体大用、真体实功一贯不偏为正宗，故举千圣百王之道、六经四子之言，无一不会归于此，而惟《大学》一书则合下包括，更无渗漏。……故学术必衷于孔子，教宗必准乎《大学》，

---

① 王心敬：《丰川全集（正编）》卷九《侍侧纪闻》。
② 王心敬：《丰川全集（续编）》卷一《姑苏论学》。
③ 王心敬：《丰川全集（正编）》卷一三《传道诸儒评》。
④ 王心敬：《丰川全集（续编）》卷二《姑苏论学》。

然后范围天地，曲成万物，无门户意见之流弊得以湔之。①

王心敬认为，居今论道，当以《大学》为归、孔孟为宗，唯有如此，才能做到"全体大用"、本体工夫一贯不偏，也不会有朱王门户意见之弊。这样，通过向先秦孔孟之学的回归，王心敬就为晚明清初以来关中王学的"会通朱王"之路找到了合理依据。

最后，在"会通朱王"之外，王心敬还继承了李二曲所提出的"明体适用"中的"适用"之学。在《丰川续集》中，他对礼制、选举、积储、备荒、水利、筹边、军事等众多现实问题进行了大量的讨论，这也是其"全体大用、真体实工"学问宗旨在"大用"上的体现。

透过王学在晚明清初关中地区的发展与演变，我们可以看到，这一时期的关中王学具有如下几个特点：一是与王门学者无师承关系，并非阳明后学，只是阳明学在明清之际关中地区的传播与发展。冯从吾与李二曲、王心敬等人或学有所宗，或靠读书自得，对阳明学的传播是出于一种自觉的选择。二是反对分立门户，主张"会通朱王"。三是学问重心不在对阳明学各种概念和命题的发挥上，而是有着强烈的问题意识。如冯从吾试图通过"本体工夫合一"来化解晚明的学术分歧，特别是王学的"空谈良知"之风；李二曲以"明学术，醒人心"为当务之急，力图纠正士子以辞章、名利为学的风气；王心敬则号召学者回归孔孟，以《大学》"明新止善"为宗，以解决清初流行的"尊朱辟王"之风。四是清初关中王学在强调体认本体的同时，又主张经世致用，并先后提出"明体适用"和"全体大用"的观念，以矫正晚明王学的空疏，为清初王学的发展开辟新的道路。

不过，在王心敬之后，关中王学却因后继乏人，开始逐渐走向衰落，从乾嘉时期（1736—1820）直到清末，朱子学重新成为关学的主流。②

---

① 王心敬：《丰川全集（正编）》卷一《存省稿》。
② 乾嘉时期，关中的考据训诂之风并不盛行，当时关中地区流行的还主要是程朱理学。这一时期，著名的关中学者有张秉直（号萝谷，1695—1761）、史调（号复斋，1697—1747）、孙景烈（号酉峰，1706—1782）、王巡泰（号零川，1722—1793）和刘绍攽（号九畹，1707—1778）等，而以王学为宗的学者很少。到了晚清，又有李元春（人称桐阁先生，1769—1854）、郑士范（字冶亭，1795—1873）和稍后的贺瑞麟、杨树椿（号损斋，1819—1874）等人提倡程朱学。不过，此时王学在关中也有一定程度的复兴，影响较大的有柏景伟和刘光蕡（号古愚，1843—1903），但他们的王学不仅融合了朱子学的工夫，注重经世致用，而且强调学习西方的"新学"，从而推动了王学与近代西学的结合，并使关学在清末逐渐走出传统理学的范围。

王心敬的"朱王会通"思想

随着阳明学的兴起,朱王之争成了明代思想界的一件大事,而在自北宋张载以来理学传统绵延不绝的关中地区,如何看待和认识阳明学,也成了关学学者不得不面对的一个重要问题。从明代关学的发展来看,关学与阳明学的关系大体上经历了一个从批评与接受并存到融合为主的过程。[①]然而,尽管在晚明时期,冯从吾与张舜典等关中学者从"本体与工夫合一"的角度对朱子学与阳明学进行了融合会通,但由于明清鼎革所引发的思想界对王学的反思,以及从理学名臣到民间理学名儒如张履祥、吕留良、陆世仪、陆陇其、熊赐履、李光地、张伯行等人对朱子学的提倡和对王学的批评,清初朱王之争愈演愈烈,"尊朱辟王"之风流行。正是在这一思想背景下,以李二曲和王心敬为代表的关学学者自觉地承担起晚明关学的未竟之业,走上了融合朱王的学术发展道路。

一

王心敬(1656—1738),字尔缉,号丰川,陕西鄠县(今陕西西安市鄠邑区)人,清初关中大儒李二曲的弟子。李二曲虽以王学为宗,但并不排斥程朱

[①] 关于明代关学与阳明学的关系,可参见米文科:《明代关学与阳明学之关系略论》,载《孔子研究》2011年第6期;刘宗镐:《论关学的心学化及其价值》,载《人文杂志》2018年第12期;李敬峰:《关学的心性化转向——以冯从吾的〈孟子〉诠释为中心》,载《江淮论坛》2016年第5期。

学，在他看来，"学术之有程朱，有陆王，犹车之有左轮，有右轮，缺一不可，尊一辟一皆偏也"①。不过，相较如何去"会通朱王"，李二曲更关注的是"明学术，醒人心"②，亦即纠正当时士子"所习惟在于词章，所志惟在于名利"③的风气。然而，到了王心敬那里，"会通朱王"则成了其主要问题意识甚至是一生的学术使命。

在王心敬看来，清初的朱王之争纯粹是一种门户之争、口舌之争，而绝非学术之争、是非之争。他说：

> 自晚村（即吕留良）之说行天下，制举者无不读其选，故十九见言及陆王者极口诋斥，但有一人不然者，即移排陆王之力以排是人，曰是愿学陆王者也，并举其生平而弃之。④

> 前之诸儒虽不免各从性之所近为从入，亦尚无门户之深争，即争亦只在意见之不符，期同归于一是，盖虽争而不涉门户之私也。近世则迥异是矣，但讲程朱即视陆王为门外人，而必诋陆王；但讲陆王即视程朱为门外人，而必讥程朱。……近则主程朱者并不深究程朱是何蕴奥，仍不涉猎陆王，但见陆王立大本、致良知之说，则直诋曰是禅学之虚寂云尔也。……近则主陆王者并不深究陆王之旨是何底里，亦并不看程朱全书，但见程朱居敬穷理之说，则曰时艺之支离云尔也。⑤

简言之，王心敬认为，当时的朱王之争已达到这样一种地步：宗程朱者但见陆王"立大本""致良知"之说，便认为是禅学，甚至只要看到有人谈及陆王之学，就极力排斥诋毁，并以此为"尊朱"；宗陆王者但见"居敬穷理"之说，便认为支离烦琐。其实二者对程朱、陆王之学都不甚了解。对此，王心敬说：

> 心敬窃不自量，尝以为学术至近世，门户分渚，每欲从家师究探异同离合之根，折中同归一致之旨，冀随当世大儒先生后稍助廓清

---

① 李颙：《二曲集》，第532页。
② 李颙：《二曲集》，第104页。
③ 李颙：《二曲集》，第105页。
④ 王心敬：《丰川全集（正编）》卷一一《又与逊功弟》。
⑤ 王心敬：《丰川续集》卷一四《复逊功弟》，清乾隆十五年（1750）刻本。

之力，使一切纷纷门户之争悉会归皇极，则亦我辈于宇宙千万世内生世一番之职分也。奈识力暗浅，未能穷探宗传，居恒每与家师言至于此，未尝不慨然太息，而家师亦以幼无名师良友之依，徒从前圣贤经书中以己见为抉择。故今虽既老之年，尚思得大儒先生质疑请正，以折衷于一是。①

从上述文字可以看出，如何"会通朱王"、消除门户之争是王心敬一生所思考的重要问题，也是他认为自己生于此世的"职分"。

首先，对于朱子学，王心敬强调学者要对其有一个比较全面的认识，特别是要知道朱子重视"道问学"是为了纠正程门末流的禅学倾向，而其晚年则是合"尊德性"与"道问学"为一的。他说：

> 学朱子自平正稳确，但朱子生平之学，日进日邃，亦屡变益精。其初鉴程门末流之弊也，故其言道问学处居多，其后鉴学者多牵于文句训诂也，故又时时为之指示本体。然要之，言学问非偏废存心养性之功，而言本体亦即在日用伦常之间，细观大全集并朱子本传自见。我辈尊朱子，要知其生平救弊之苦心，更要知其晚年矫偏之本意，乃不至以尊朱子者病朱子耳。②

> 原以学紫阳，必深明紫阳学术之大全，然后能备得。由其生平而知，其鉴程门末流之失也，故立意特重躬行实践，以见其救弊之苦心；又知其晚见学者之牵于文句训诂也，故颇时时指示本体，令其深思自得之至意。庶几学紫阳者，实得其精神命脉之所注，而不至有泥形逐迹之嫌，紫阳终身之学术乃大明于中天，而千百世下亦不至冒昧从事，以贻紫阳之心憾。③

王心敬指出：朱子起初有鉴于程门末流失之静虚而类禅，故特重"道问学"；晚年又见学者陷溺于辞章训诂，故又时时指示本体。因此，王心敬强调，

---

① 王心敬：《丰川全集（续编）》卷一〇《答友人求印正所著书》。
② 王心敬：《丰川全集（续编）》卷二《姑苏论学》。
③ 王心敬：《丰川全集（正编）》卷二三《苏州府紫阳书院碑记》。

我辈尊崇朱子,既要懂得朱子为学之用心,也要看到朱子之学有前后不同的变化,不能只看到其早年重视"道问学",而看不到他晚年已转向"尊德性"与"道问学"合一的道路,而这才是朱子学问的精神命脉所在。如果不了解这一点,就是泥形逐迹,尊朱子反而是"病朱子"。从这里可以看出,王心敬其实是在说明当下的"尊朱"实际上并未真正把握朱子之学的精神。

其次,关于陆王之学。学术界对陆王的批评由来已久,不过,在王心敬看来,过去学者对陆王的批评尚属学术是非之争,而现在却是以"辟王"为"尊朱",成为口舌之争了。因此,王心敬从思想渊源、与禅学异同和积极意义三个方面为陆王之学进行了辩护。

第一,从思想渊源来说,王心敬强调陆王之"立大本""致良知"说出自孟子。他说:

> 陆王之立本良知,非陆王之私创,乃孟子之本旨。陆王可排,孟子亦可排耶?孟子之立本良知不为禅,陆王之立本良知遂禅耶?陆王语言意见之时有偏着自其病,然此属贤者过之之弊耳。力诋为禅,不惟于陆王为失人,亦且于自己为失言。①

> 象山之立大本本于孟子,阳明之致良知亦本孟子。今观孟子曰先立其大则小者不能夺,是立大本初非遗末也;阳明之致良知,其为说本曰实致良知于日用伦物之间,是致良知初非遗行也。但二公当日欲矫支离闻见之弊,不免意有偏重,而从之学者每不能善守其原说,读其书者复不能会通其本旨,遂致有于内偏重之疑,由是禅学之疑因之起,而争门户者遂聚讼盈庭矣。②

孟子曰:"先立乎其大者,则其小者不能夺也。"(《孟子·告子上》)又曰:"人之所不学而能者,其良能也;所不虑而知者,其良知也。孩提之童无不知爱其亲者,及其长也,无不知敬其兄也。"(《孟子·尽心上》)可见,陆王之说本于孟子,其学并非重本轻末、重内轻外,如王阳明之"致良知"就是要将良知扩充出去,落实于人伦日用之中,只是因为当时二人为了矫正学者闻见支离

---

① 王心敬:《丰川全集(续编)》卷一《姑苏论学》。
② 王心敬:《丰川全集(续编)》卷三《姑苏纪略》。

之弊,故在本体方面有所偏重,不如孟子之中正圆满,于是后人就疑其为禅学,实际上这种怀疑是对陆王之学的误解而导致的。换言之,陆王并非专以"尊德性"为学,而不讲"道问学"。

第二,陆王之学与禅学的异同。针对学者以陆王为禅的观点,王心敬指出,儒学与禅学的根本区别不在于是否以心性为学。他说:

> 吾儒之学,原本心性。故朱子曰'千圣相传,只此一心',而生平孜孜者,以心性之存养为要归,全集所载可考而知也。今以陆王之重心性而昧者禅之,势必至割吾儒性命精微之旨尽归二氏,又必至舍朱子性命精微之蕴而徒求诸著述立说,致令二帝三王以来一中相传之心法沦弃于世儒口耳意见之私而后已。①

因此,如果因陆王重心性就认为其学是禅学,那就是认为儒家只有辞章训诂、闻见记诵之学,而将性命精微之旨归之于佛老。那么,儒家与佛老之间的区别是什么?对此,王心敬说:

> 吾儒之道原是经世之道,故一切虚者归实;二氏之道原是出世之道,故往往实者归虚。不实不足以经世,故吾儒所尚者,仁义礼智忠孝节烈;不虚不足以出世,故二氏所尚者,虚无空寂清净超脱。②

可见,在王心敬看来,经世与出世就是儒学与佛老之学的本质区别。因此,尽管阳明学有师心自用之处,但与佛老不同,绝非出世之学,并非教人遗弃人伦日用而超然出世,若指其为禅,视其为异端之学,则属批评过当、诋毁过甚。王心敬说:"究之,陆王教人存心尽性于人伦日用之中,禅学是教人明心见性于三界万象之外,血脉宗旨,天渊分异,直举陆王而禅之,陆王不且笑人耶?又其谓穷理知言何故。"③

总之,王心敬认为,程朱、陆王都是以孔孟为宗,以孔孟为学,虽然由于气质、性格等不同,以及为救当时学者之弊,其学偏重不同,但绝非像吾儒与佛老

---

① 王心敬:《丰川全集(正编)》卷一《存省稿》。
② 王心敬:《丰川全集(正编)》卷九《侍侧纪闻》。
③ 王心敬:《丰川全集(续编)》卷三《姑苏纪略》。

那样判然为二。

第三，对于陆王之学的积极意义，王心敬说：

> 不佞更虑以立大本为禅，不善学者将必至于情识口耳，逐末迷本；以致良知为禅，不善学者将必至于支离扰扰，任情冥行，其不至举吾道尽性至命之宗流于见闻标榜、格套假借之途不止也。①

这就是说，如果把"立大本"和"致良知"视为禅学，那势必会导致学者逐末迷本、任情冥行，流于情识口耳、闻见支离，而忘记心性修养这一根本之学。从这方面来看，陆王之学具有积极意义。

二

王心敬根据自己的认识和理解，对朱子之学与陆王之学的本旨、源流等都进行了说明，同时批评了以"辟王"为"尊朱"者既不真懂朱子又不了解陆王。他强调"尊朱"并不是口头上去尊，不是以驳斥陆王为尊朱，而应该实实在在地去学朱子，实实在在地去主敬、穷理、力行，这才是真正的尊朱。王心敬说：

> 尊朱子，须实学朱子之穷理，实学朱子之主敬，实学朱子之力行。读其书，务明其旨，通其理，务践其行，使朱子冥冥中喜得孝子贤孙，以光昭其令绪，然后谓之善继善述，而称善尊耳。若不明其旨，不践其行，而徒以口排陆王为功在尊朱，果可谓之能继志述事、光昭令绪耶？②

> 尊朱子自有尊之之道，如朱子学主主敬，即便实实主敬；朱子学主穷理，即便实实穷理；朱子学主力行，即便实实力行；且如朱子教人实学孔孟，即便实实学宗孔孟。此乃尊之之正道，亦尊之之实事，岂以诟厉阳明为尊乎？③

---

① 王心敬：《丰川全集（续编）》卷一《姑苏论学》。
② 王心敬：《丰川全集（续编）》卷一《姑苏论学》。
③ 王心敬：《丰川全集（续编）》卷四《侍侧纪闻》。

简言之，王心敬强调，尊朱子在于真明其旨而实践其行，对陆王之学要深入探究，不能只停留在口头上，一看到陆王重心性便认为陆王是禅，这便是党同伐异。

不过，相对于陆王，王心敬也肯定朱子之学总体上流弊较少。他说："学紫阳者，上之固可望于充实光辉，下之亦不失笃学好修之士；学姚江，则得之固可望于明善知性，失且流于专内遗外，甚且流于师心自用。论千古道统，以践履笃实为上；论千古教宗，以流弊轻少为醇；则垂教范世，紫阳固为独优矣。"①

此外，王心敬对陆王之学的得失也进行了深入分析，曰：

> 此道本于天命，岂不现成？陆王原看见这现成一着，故本此主教，但说得太现成耳，其病在未能深思。……二公却说得此心本善，但存即是，此知本良，但致即是，却不道存之致之中间有多少学问思辨行之功，有多少学利困勉之等。……其见解之粗疏不尽学量固无可讳，然谓之为禅，则不知言矣。②

> 人性本善，不假人力而善，然亦岂能不假人力而使不失其善者？陆王立论，意在张皇本体之本善，未免于尽性复性实工夫容有脱疏，殊与六经四子本旨有异。苟不善学，虚见不实之弊所不能免。然鉴此而不知工夫所以全本体，而又舍本体而言工夫，支离缠绕又岂能免。③

王心敬指出，陆王为学者揭示出此心本善，强调良知现成，并以此来立教，却很少讲存此心、复此性的工夫，故而容易使学者脱略工夫，流于良知虚见。不过，王心敬也强调，尽管陆王之学有各种疏略，但绝非禅学，况且若离开本体而做工夫，必然会陷入支离烦琐之中。因而他认为，对于程朱、陆王，应该各取所长、融会贯通。王心敬说："无紫阳，此道空疏师心之弊无以救；无姚江，则此道闻见支离之弊无以救也。"④"陆王正宜资朱子之实功，而心体始得平实圆满；朱子惟其兼陆王之心体，而学问乃为切近精明。"⑤具体来说，就是要本体与工夫、"尊德性"与"道问学"一以贯之。王心敬说：

---

① 王心敬：《丰川全集（续编）》卷一《姑苏论学》。
② 王心敬：《丰川全集（正编）》卷一《存省稿》。
③ 王心敬：《丰川全集（续编）》卷二《姑苏论学》。
④ 王心敬：《丰川全集（续编）》卷一《姑苏论学》。
⑤ 王心敬：《丰川全集（正编）》卷一三《传道诸儒评》。

> 专尊陆王而轻排程朱,是不知工夫外原无本体,不惟不知程朱,并不知陆王;若专尊程朱而轻排陆王,是不知本体外无有工夫,不惟不知陆王,并不知程朱。①

> 为学不知尊德性,则流为俗儒之支离闻见;然徒知尊德性而不知道问学,亦类于二氏之溺空滞寂。故朱子有去两短集两长之说。然却要知尊德性之功原在于道问学,而所以道问学之意亦原是为尊德性。②

最后,王心敬认为,不仅可以从本体与工夫、德性与问学方面来融合朱王,而且朱王之学本身也是相通的。他说:

> 阳明以致良知为学宗,此即《大学》"明明德"、《中庸》"致中和"之旨,亦正与朱子立宗之旨血脉相通。盖致良知正是实致此良知于主敬穷理力行,不然,则算不得致良知;而穷理主敬力行亦即属穷此致良知之理、主此致良知之敬、力此致良知之行,不然,则亦算不得穷理主敬力行。阳明致良知之旨不与"明德"背,岂与朱子穷理主敬力行之旨背,即朱子立宗之旨,亦岂与致良知背,而可是此非彼耶?③

在王心敬看来,"致良知"即是在主敬、穷理、力行之中去致良知,而主敬、穷理、力行也是主此致良知之敬、穷此致良知之理和力此致良知之行,因此,朱子与阳明的学术宗旨本是一致的,并非互相矛盾、冲突。故王心敬说自己在朱王之间,并非倾向或专学哪一个,而是对其融会贯通,更不敢像世人那样以口排陆王为尊朱。他说:"故我于朱子不敢徒读其书而不体其心,徒尊所闻而不行所知;于陆王未尝不取其重本之得,亦未尝不救其偏内之失;殊不敢为世儒之口辟陆王,便为功在尊朱也。故生平于朱陆学术之辨,自己取舍之间,皆平心质理,不敢昧心作一字含糊模棱之言,欺天罔人。"④

---

① 王心敬:《丰川续集》卷一四《寄无锡顾杨诸君》。
② 王心敬:《丰川全集(续编)》卷二《姑苏论学》。
③ 王心敬:《丰川全集(续编)》卷四《侍侧纪闻》。
④ 王心敬:《丰川全集(续编)》卷三《姑苏纪略》。

三

尽管从思想源头、与佛老异同和学问偏重等方面对朱王之学进行了正本清源式的说明，又从学术宗旨、本体与工夫来融会朱王之学，但王心敬认为，仅仅如此是不够的，还需要找到一个更为根本的依据来说明"会通朱王"的合理性。在他看来，这个终极依据就是孔孟之学以及《大学》讲的"明新止至善"。他说：

> 孔孟之学术本全体大用、本体工夫一以贯之，而后之学术或且详于本体而略工夫作用，或且独重作用工夫而略本体。……故今之学术欲合诸先生为一家，非漫然调停之也。①

> 识得孔孟学术之大全，是何渊源，是何规模，是何分量，乃不至以性之所近为适从，成一门户偏党之学。②

王心敬指出，融会朱王并不只是一种调停之说，孔孟之学原本就是全体大用、本体工夫一贯不偏的，重本体而略工夫作用或者重工夫作用而略本体，都是不符合孔孟精神的，《大学》的"明新止至善"即说明了这一点。王心敬说：

> 千古道脉学脉只以全体大用、真体实功一贯不偏为正宗，故举千圣百王之道、六经四子之言，无一不会归于此，而惟《大学》一书则合下包括，更无渗漏。盖孔子生千圣百王之后，折中千圣百王之道术学术，而融会贯通以示万世也，故学术必衷于孔子，教宗必准乎《大学》，然后范围天地，曲成万物，无门户意见之流弊得以淆之。③

> 《大学》一书，吾夫子统会天德王道、真体实功以立宗，尽古今学术至此乃范围莫外。吾辈既奉孔孟为师表，须是依《大学》规模学去，乃不至迷入小户旁门。④

---

① 王心敬：《丰川全集（正编）》卷一八《答友人论折中学术书》。
② 王心敬：《丰川全集（正编）》卷九《侍侧纪闻上》。
③ 王心敬：《丰川全集（正编）》卷一《存省稿》。
④ 王心敬：《丰川全集（续编）》卷四《侍侧纪闻》。

王心敬指出，《大学》讲的"明德"与"新民"包含了人我、内外、体用工夫、道德事业，也就是"全体大用、真体实功一贯不偏"。因此，学术必宗乎孔孟，教法必准乎《大学》，然后范围天地、曲成万物，而无门户意见之流弊，故王心敬说：

> 后世乱圣学者，第一门户之为害，则救门户者，岂能外直奉先师孔子以为准，直遵《大学》全体大用、真体实功一贯不偏之宗传以为会归。①

> 《大学》一书，乃吾夫子折中千圣学术以定宗传也，而括其大旨，只明德新民二义可该。……且学术至今日，门户偏倚之见几于坐裂圣道之大全矣。居今论道，惟应言人以孔孟为师，言学以《大学》为归，庶几全体大用同条共贯，本体工夫一贯相因，天德王道至此殊途而同归，内圣外王至此百虑而一致，然后返本还源，会极归极，上之可接孔曾思孟，更上之可接二帝三王一中之传，此又宇宙之正理，道统之宗传。②

至此，王心敬就为晚明冯从吾以来关学的"会通朱王"思想找到了一个终极依据，而且就像后来的乾嘉学派为解决理学内部的义理之争而转向考据训诂一样，王心敬也为清初的朱王之争找到了一个最终的解决办法，那就是回到儒学的源头——孔孟之学，以《大学》"明新止善"为会归。

四

王心敬曾多次对他人谈及自己"愿学孟子"或"学尊孟子"，这是因为：

首先，在王心敬看来，孟子并不是只重视心性而不讲工夫作用，事实上，孟子之学是内圣外王、天德王道一以贯之的。正因如此，王心敬说：

> 程朱、陆王不惟相病，正相资也，然终不如以孟子之通通程朱，

---

① 王心敬：《丰川续集》卷一四《复逊功弟》。
② 王心敬：《丰川续集》卷一五《答淮安周翼皇庶常》。

> 以孟子之实实陆王，为骨髓通融，元气饱满，不留余毒耳。①

> 孟子之言立大本、致良知，是统论学术，故立大本为吾道首重之条理，而致良知亦吾道应有之脉络。而陆子之言立大本、王子之言致良知，乃是单提宗旨，单提为宗，即未免偏重之流弊生矣。故重在本，则未免语末或轻；宗在知，则为言于行似略。②

可见，与其兼采程朱、陆王，不如直接以孟子为学。虽然孟子也说"立大本""致良知"，但他是从为学的角度来说的，强调的是本体对工夫作用的优先性，并不是要否定工夫作用，而陆王却以"立大本""致良知"为宗旨，如果单提本体作为宗旨，则不免有所偏重，因而王心敬认为自己的学问是从孟子一路过来的，而不是直接来自陆王之学，更不像陆王那样偏重本体。

另外，从王心敬"学尊孟子"也可以看到他对心性问题的重视，而这也是清初关学的一个重要特点。李二曲即强调学要"洞本彻源，直透性灵"③，主张默坐澄心，体认本体。王心敬也说："吾儒之学，原本心性。""学以尽心知性为大本。"④故他认为："盖我愿学孟子者，心心之相印。"⑤

其次，王心敬之"愿学孟子"，还指愿学孟子的知言论世。他说：

> 如我不没陆王之长，而仍补救其偏，自信此心可以质诸天地，质诸孔曾思孟，并可质之朱陆二先生于百世之上。彼尊陆王者，谓我补偏之说尚不满于陆王，至有面规之者，我不恤也；辟陆王者，谓我取长之言附会陆王，即有背毁之者，我何恤乎！且我生平过不自量，愿学孟子，故于知言论世颇费心力，四十年来于诸儒先学术原委微细穷索，始知由分悟合，继且由合析分，乃始有此平心质剂之微明。⑥

王心敬强调自己之所以对程朱、陆王兼采其长、融通二者，是秉承了孟子的

---

① 王心敬：《丰川续集》卷一五《答济宁门人赵仲鲁》。
② 王心敬：《丰川全集（续编）》卷三《姑苏纪略》。
③ 李颙：《二曲集》，第159页。
④ 王心敬：《丰川全集（续编）》卷二《姑苏论学》。
⑤ 王心敬：《丰川全集（续编）》卷三《姑苏纪略》。
⑥ 王心敬：《丰川全集（续编）》卷三《姑苏纪略》。

"知言论世"之旨，故四十年来穷索诸儒学术之原委异同，对朱王之学"始知由分悟合，继且由合析分"。

最后，王心敬说的"愿学孟子"，也是指愿学孟子之为人。他说：

> 我于孔子后反复推勘，惟孟子见明力定，卓然为吾道长城，其书明快的确，无一非孔子信印，故生平不自量其力之不逮，而矢愿学之志。然孟子生异端与吾道争衡之日，而我则生吾道中门户自相党伐之时，重本体者略工夫，重工夫者遗本体，重真体者寡实用，重实用者轻真体。一门之中，互有是非，一家之内，至相异同，斯道几成口舌议论之场矣。故我论学，宗《大学》"明新止善"一贯之宗……。然要之，"明新止善"岂有加于仁义之旨者，第其为旨，体用工夫，浑然圆成，得善学者学之，固天德王道之一贯，即不善学者亦不至于偏歧贻弊。故我愿学孟子之为人，而学宗《大学》之宗传耳。①

这里称孟子"见明力定""为吾道长城"，称其书"无一非孔子信印"，显是强调自己不排陆王、不独尊朱子、融合二家之说的坚定的学术态度。他说："不佞敬平日所学，无宋明之分，惟知孔孟为宗而已；与知交论学术，既不敢立宗旨，亦不敢徇门户，亦惟本乎孔孟之大全，兼采诸儒之所长而已。……不佞敬亦深信今日宣明学术，救正人心，其极必归于此而后当。"②

总之，在儒学是"全体大用、真体实功"的认识下，主张回归孔孟，以《大学》"明新止至善"为宗，是王心敬的思想学术宗旨，也是他为消除清初朱王门户之争而提出的一个解决办法。然而，王心敬之后，朱子学又逐渐成为关学的主流思想，王学则走向衰落，"会通朱王"的声音越来越弱。到清末，关学开始走上融合传统理学、经史之学以及西方科学技术的新的发展道路。

---

① 王心敬：《丰川全集（续编）》卷三《姑苏纪略》。
② 王心敬：《丰川全集（正编）》卷一五《答友人论学脉书》。

吴大澂与晚清关学

吴大澂（号恒轩，又号愙斋，1835—1902），江苏吴县（今江苏苏州）人，晚清著名的金石学家，师从湖北程朱学者万斛泉（1808—1904）。同治七年（1868）进士，一生宦迹遍及西北、东南、东北各地，政声卓著，特别是所著《说文古籀补》《字说》《愙斋集古录》等书，为学界所推重，对后世学者影响深远。近代以来有关吴大澂的研究成果比较丰富，主要集中在三个方面：一是对其政绩的考察，如创设吉林机器局、中俄勘界和治理黄河等；二是关于吴氏的古文字学和篆书的研究；三是对吴氏信札的整理、考释等。然而，对吴大澂早年在西北任陕甘学政时与晚清关学的关系却没有提及，《吴愙斋年谱》在记录此段经历时也多集中在金石瓦当古物方面，以及与左宗棠的书信往来等，这不能不说是一个遗憾。幸运的是，通过晚清关学学者贺瑞麟和杨树椿等人文集中所载吴大澂的资料与事迹，我们可以看到他在任陕甘学政期间对关学在晚清的复兴起到了重要的推动作用，从而对吴大澂的生平有了更多的认识和了解。

一

吴大澂于同治十二年（1873）八月出任陕甘学政，至光绪二年（1876）十月离任，在陕时间三年多。在这三年间，吴大澂与关中以提倡程朱理学、振兴关学为己任的贺瑞麟往来密切，二人一起为晚清关学的复兴做出了重要贡献。

吴大澂初识贺瑞麟是在同治十二年（1873）十二月，也就是在抵达陕西三原履学政任后不久就前往拜访贺瑞麟。对于吴氏的此次来访，贺瑞麟《清麓年谱》中记载道：

> 十二月，督学吴公来见，论学谈心甚相契合。去后赠以联曰："以身教从，以言教讼；得经师易，得人师难。"又书林少穆"海纳百川，有容乃大；壁立千仞，无欲则刚"联语以赠，并为篆书《大学》经文及张子《西铭》两横幅，以悬堂壁。①

贺瑞麟，字角生，号复斋，学者称清麓先生，陕西三原人。其师为朝邑（今属陕西大荔）李元春，为嘉庆、道光年间（1796—1850）的关中理学名儒。贺瑞麟痛恶科举之学，在二十八岁时就绝意科举，也从不以举业教人。不仅如此，贺瑞麟还对陆王、佛老和考据学等持批评态度，而唯独提倡程朱理学。贺瑞麟的这种为学倾向正好与来访的吴大澂相近。吴大澂在金石学、书画等方面建树颇多，在思想上则服膺程朱之学，其《读书偶见录》和《愙斋自省录》中所记即多为存心、养性、居敬、静坐、未发气象等程朱理学之内容。如："夜气之清明，以心体言也；喜怒哀乐未发气象，以形体言之。""吾儒静坐存心，即所以养性；禅宗静坐明心，而不能见性。"②贺、吴两人为学旨趣相近，相见之下，自然"论学谈心甚相契合"。后来，吴大澂在一篇序文中也说道："大澂以同治癸酉奉使视学秦中，始交角生，心器之。"③吴大澂回去后又为贺瑞麟书写了两副对联，并篆书《大学》经文和张载《西铭》赠之，从中可见他对贺瑞麟的器重。总之，此次的论学谈心为日后两人的交往和共同为振兴关学而努力奠定了基础。

第二年即同治十三年（1874）初，贺瑞麟写信给吴大澂，请其在省内各学校提倡张载之学并在三原讲行乡约。贺瑞麟在信中说：

> 惟横渠为关学之祖，今学者率不能举其名字，况知其学乎！若以之提倡，则承学之士庶识途辙之正，于以会归程朱而不惑于他歧，

---

① 贺瑞麟：《贺瑞麟集》，西北大学出版社，2015年，第1106页。
② 吴大澂：《愙斋自省录》，见《续修四库全书》第953册，第3页。
③ 吴大澂：《损斋文钞序》，见杨树椿：《损斋文钞》，光绪十九年（1893）柏经正堂刻本。

尤麟之私愿也。此在大人固不待言，然犹言之者，念辱与之厚，亦所以尽其诚耳！乡约盖欲各相勉励与人为善之意，今一举行，人知学宪亦且留心，信从必众，愿早示期。或令斋长召集同志，似不须通知地方，官师一有掣肘，或非其心之所欲，必不能长，恐无益也。①

作为理学思潮之一的关学是由北宋张载所创立，从贺瑞麟的信中可以看到，关学传衍至晚清，关中士子竟然连张载的名字都感觉很陌生，更不用说其思想学说了。在贺瑞麟看来，这主要是由于当时士子只以辞章记诵为学，汲汲于科举功名，此外概不讲求，所以他认为应该在各级学校和书院中提倡张载之学，这样既可以振兴关学，也可以使学者知道正确的为学方向，而不被俗学、陆王、佛老和考据之学所迷惑。对于张载之学，贺瑞麟特别推崇的是张载的礼教。他说："昔横渠先生以礼教关中学者，当时士大夫习礼成风，秦俗之化先自和叔有力，即吕氏此书是也。诸君果设诚致行，人心风俗且趋于善，庶几不负乡先贤儒之教。"②因此，贺瑞麟打算通过推行《吕氏乡约》来恢复关学的礼教传统，并借此化民成俗。

对于贺瑞麟之请，亦即在三原讲行乡约一事，吴大澂表示赞成。同治十三年（1874）春，贺瑞麟在三原学古书院讲行乡约，吴大澂不仅亲自前来观礼，而且在礼成之后，还为书院诸生宣讲人子事亲之道。贺瑞麟在为吴大澂之母所作的《吴母韩太宜人寿序》中对此有较为详细的记述：

> 同治癸酉，吴县吴公清卿先生视学秦中。首届咸重，辱访瑞麟于清麓山斋。明年春，瑞麟率同志讲行乡约于邑之学古书院，先生亲临观礼，众请讲书。先生辄为发明人子所以事亲之道，并引辛复元"子为贤圣，父母即为贤圣之父母；子为庸众小人，父母即为庸众小人之父母"，肫切恳挚，听者竦然，无不感叹。③

在学古书院讲行乡约之后，贺瑞麟又专门写了《学宪举行吕氏乡约序》一文，并在序中告诫参加乡约的士子要身体力行，而不是"只作一场话说"④。光绪元年

---

① 贺瑞麟：《贺瑞麟集》，第281页。
② 贺瑞麟：《贺瑞麟集》，第93页。
③ 贺瑞麟：《贺瑞麟集》，第122页。
④ 贺瑞麟：《贺瑞麟集》，第93页。

（1875）二月，贺瑞麟又在三原的宏道书院行乡约礼，吴大澂与三原县令赵孚民一起参加以表支持。《清麓年谱》"乙亥光绪元年"条云："二月，行乡约礼于宏道书院，学宪吴公、邑令赵公偕至。礼毕，先生讲书，一时环而听者，堂舍几不能容。"①

通过吴大澂两次参加贺瑞麟举行的乡约活动，我们可以看到，他并不认为贺瑞麟的行为是一种迂腐之举，而是予以肯定和支持，而且他作为督学也不以贺瑞麟批评科举和只以程朱理学教授生徒为错，这从一个侧面反映了吴大澂以理学经世的思想。正如当时陕甘总督左宗棠在同治十三年（1874）正月和五月两次给吴大澂的回信中说的："所示关中乱后，旧学旋荒，执事鼓舞振新，期至于古，不取其华而遗其实，正得古人兴教劝学之意，所为与凡俗异矣。佩悦何言。""来书于教士之道，用心恳恻而有条理，意在关学嗣音，不取文艺之末，与古昔兴教劝学大指，实有合焉。由文艺而几于道，异时当有兴者。"②从左宗棠的信中我们可以看出吴大澂以理学兴教劝学和振兴关学的想法。

二

同治十三年（1874）二月，吴大澂前往同州（今陕西大荔）查考诸生学业，朝邑学者杨树椿以诸生身份参加岁考，两人因此而相识。杨树椿，字仁甫，号损斋，与贺瑞麟同师从李元春，尊崇程朱之学，绝意科举，淡泊名利，曾主讲于朝邑的友仁书院。贺瑞麟称："关中之学，国朝自朝邑王仲复先生恪守程朱，躬行实践，为不愧大儒。百余年而桐阁先生继之，又数十年而君（杨树椿）继之。"③后人亦曰："（杨树椿）事亲至孝，雅志山林，不求闻达。前后读书太华几十年，其为学坚实刻苦，默契精思，养之深以醇，守之严以固，虽在草野，无一念不在天下国家。"④

---

① 贺瑞麟：《贺瑞麟集》，第1107页。
② 顾廷龙：《吴愙斋年谱》，见《顾廷龙全集》，上海辞书出版社，2016年，第89页。
③ 贺瑞麟：《贺瑞麟集》，第737页。
④ 贺瑞麟：《贺瑞麟集》，第1089页。

吴大澂在读了杨树椿的文章后,又与之交谈,对杨的学问和品行甚为敬佩。此年秋,他即以贺瑞麟和杨树椿二人之名上奏朝廷,请求表彰其学其行。其疏略云:

> 贺瑞麟隐居教授,实践躬行,臣屏驱从,轻骑造庐。所居峪口距城十里,陶室数间,拥书自乐,学以《近思录》《小学》为宗,辑宋元诸儒《养蒙书九种》教授生徒,循循善诱,恬于荣利,确守程朱。①

> 朝邑杨树椿隐居华山,潜心理学,除岁考外,不入官府,有古君子风。臣按临同州,适来应试,询其所读性理诸书,融会贯通,实有心得。平日涵养之功,一本程、朱主敬之学,所谓笃行谨守,不求闻达,亦足为世风矣。②

吴大澂的奏疏很快得到了朝廷的回应,贺瑞麟与杨树椿被授予国子监学正衔。随后,吴大澂又手抄清初程朱理学名儒陆世仪(晚号桴亭,1611—1672)的《志学录》一书向贺瑞麟请正。③而贺瑞麟则作《书陆桴亭〈志学录〉后》,对陆世仪思想中与朱子不一致和赞同陆王的地方进行了批评。④

除贺、杨二人之外,吴大澂还对当时其他一些关学学者的学行进行了表彰。如大荔诸生赵凤昌(字仲丹,号宏斋),其与杨树椿一起学于李元春,又一同在华山读书,先后近二十年,"斤斤有守,温恭笃实。家庭之间,怡怡如也"⑤。赵凤昌殁后,吴大澂题其门曰"笃学勤修"⑥,进行表彰,以激励士风。

此外,吴大澂还多次将一些理学书籍赠予关中学者和士子,以提倡理学和鼓励士子积极向学。如:他曾赠给贺瑞麟《朱子全书》和张伯行(字孝先,1652—1725)正谊堂所刻的八十余种理学书,以及张履祥(学者称杨园先生,1611—

---

① 贺瑞麟:《贺瑞麟集》,第1106—1107页。
② 冯从吾:《关学编(附续编)》,第119页。
③ 参见《清麓年谱》"甲戌同治十三年"条,见贺瑞麟:《贺瑞麟集》,第1107页。
④ 贺瑞麟在《书陆桴亭〈志学录〉后》中说:"右书二册,为明太仓陆桴亭先生崇祯十四年辛巳日记,名《志学录》,而今学使吴县吴公清卿先生手录本也。"书末曰:"蓄疑既久,辄复有感,又不敢隐于有道之前,敬书册后而并就正于清卿先生,以为有当否?同治甲戌孟秋朔日,三原贺瑞麟谨识。"见贺瑞麟:《贺瑞麟集》,第19—20页。
⑤ 冯从吾:《关学编(附续编)》,第119页。
⑥ 冯从吾:《关学编(附续编)》,第119页。

1674）的《杨园先生全集》等①；赠予杨树椿《杨园先生全集》。杨树椿在《与学宪吴清卿》中说："《杨园全书》已拜受，不啻拱璧。前所求《弟子箴言》，尚希后惠。"②在这里，杨树椿提到的另一本书——《弟子箴言》，为晚清湖南理学家胡达源（号云阁，1778—1841）所著，全书共十六卷，分为奋志气、勤学问、正身心、慎言语、笃伦纪、睦族邻、亲君子、远小人、明礼教、辨义利、崇谦让、尚节俭、儆骄惰、戒奢侈、扩才识和裕经济等篇目，融会孔孟与宋明理学诸儒之说，发明心得。仅从该书各卷标题来看，就可知非常符合吴大澂的学问宗旨和教育理念，故他对该书非常重视，后来还写有二万余字的批语。今存光绪二十一年（1895）重刻本《弟子箴言》中收有吴大澂为该书所作之序。他在序中说："余于同治壬戌入都应北京兆试，得见此书于彭文敬公家，访诸厂肆，竟少传本，乃约同人集资覆刻于吴门。视学关中，时曾以给诸生之好学者。"③除时常将《弟子箴言》赠予关中士子之好学者之外，吴大澂"又印发《小学》书数百部，散给生童"④。对此，贺瑞麟说道："虽诸生溺于科举之学也，久未尽知先生之意，为之探讨服行，然亦有闻风兴起者，其造于秦士何如也！"⑤

同治十三年（1874）九月，杨树椿去世。第二年，即光绪元年（1875）三月，贺瑞麟前往朝邑会葬杨树椿，返回后又请吴大澂为杨氏的遗稿《损斋文钞》作序，并题其墓碑文。吴大澂之序作于是年九月，现保存于光绪十九年（1893）刻本《损斋文钞》中，其中言："余谓士子读孔孟之书，操觚为文，而不知身体力行者，比比皆是。即有志之士，知从事于《小学》《近思录》，识阴阳之原，辨理气之分，明穷理居敬之功，而或不能实有诸己，又恐有所知非真知，有所得非心得，宣诸口、笔诸书，与制艺等耳，于身心何与？观仁甫与角生及他友书，时时以真实心地相策勉，不欲以言语文字为长，仁甫可谓笃信好学之君子矣。……光绪元年九月，陕甘督学使者吴县吴大澂序。"

---

① 贺瑞麟在《吴母韩太宜人寿序》中记述道："先生（指吴大澂）之来也，尝辇致《朱子大全》、《文集》、正谊堂所刻诸儒书八十余种、《张杨园先生集》及近世讲学诸公书。"见贺瑞麟：《贺瑞麟集》，第123页。
② 杨树椿：《损斋文钞》卷二，见《清代诗文集汇编》第676册，上海古籍出版社，2010年，第49页。
③ 转引自寻霖：《吴大澂手批〈弟子箴言〉》，载《文献》1995年第1期，第274页。
④ 贺瑞麟：《贺瑞麟集》，第123页。
⑤ 贺瑞麟：《贺瑞麟集》，第123页。

三

在弘扬关学、激励士风方面，吴大澂所做的贡献还包括以下几个方面。

一是上疏朝廷，请求将朝邑学者李元春的学行宣付史馆，列入《儒林传》。

李元春是嘉庆、道光年间（1796—1850）的关学名儒，其学以程朱理学为宗，学者称其为桐阁先生。李元春通过阅读明初程朱理学大儒河东薛瑄的《读书录》而有志于理学的学习，进而研读二程、朱子的著作及其他各种理学书籍，博学多识。嘉庆三年（1798），李元春考中举人，但随后却九上春官不第。道光十六年（1836），李元春以举人身份被授予大理寺评事一职，后因母亲年老，辞官回家奉养，讲学乡里，曾先后主讲于潼关的潼川书院和朝邑的华原书院。李元春著述丰富，有《桐阁先生文钞》《桐阁先生性理十三论》《四礼辨俗》《桐阁杂著》《关中道脉四种书》等书，并对明代冯从吾的《关学编》进行增补，以延续关学之"道统""道脉"。其弟子著名者有贺瑞麟、杨树椿等人。吴大澂在奏疏（今附于《桐阁先生文钞》卷首）中说：

> 臣窃维关中素称理学之邦，宋时横渠张子倡明斯道，继往开来。同时有蓝田吕大忠、吕大钧、吕大临兄弟及华阴侯仲良、武功苏昞、游师雄等闻风兴起，一时称盛。明儒冯从吾纂《关学编》，自宋迄明，渊源相授三十余人。国初讲学诸儒自王建常、李中孚后落落如晨星，数十年来，几成绝学。朝邑举人李元春独慨然有志于圣贤，绍述绪闻，恪守程朱格致诚正之功，教授生徒数十年，多所成就。臣所访举三原贡生贺瑞麟、朝邑生员杨树椿皆其晚年入室弟子。迹其生平，践履笃实，持论明通，卓然为关中儒者。……其论学必主程朱，于心学良知之说辟之甚力。其所纂述，无非扶世教，正学术，为世道人心计，而不务空言。……如李元春之读书明理，实践躬行，洵属近今所罕见，不愧纯儒之目。合行仰肯圣慈将已故大理寺评事举人李元春生平事实宣付国史馆，列入《儒林传》以备采择。①

另外，《吴愙斋年谱》"光绪二年丙子"条也记述道："正月二十三日，具

---

① 李元春：《李元春集》，西北大学出版社，2015年，第3—4页。

折奏请已故大理寺评事李元春明理笃行,请宣付史馆立传。"①朝廷很快同意了吴大澂的奏请,将李元春的学行宣付史馆,纂入《儒林传》。

二是上奏朝廷请将清初关学学者王建常从祀孔庙。

王建常也是陕西朝邑人,清初关中著名的朱子学者,与"海内三大儒"(全祖望语)之一的周至李二曲同时,其学恪守程朱,但因一生隐居不仕,也不外出讲学,故很少有人知其名。但顾炎武居住关中时,常与王建常书信往来论学。王建常虽然在世时名声不显,但他对清代关学的影响很大,特别是深受后世以程朱为宗的关中学者的推崇。如乾隆初期的关中学者华阴人史调就是因为中举后得王建常《复斋录》读之,然后知"读书非为科名已也,将以求其在我者"②,遂一意于程朱理学的学习,曾先后主讲于西安的关中书院和临潼的横渠书院,成为当时的关中名儒。李元春也说:"复斋不如二曲之高才博学,然醇正精密当在二曲之上。"③贺瑞麟更是称王建常为"国朝关中第一大儒"④,认为王氏之学"规模稍逊桴亭,然纯正则稼书、二张之亚也"⑤。不仅如此,他还于光绪元年(1875)致书吴大澂,请其上奏朝廷将王建常从祀孔庙。⑥

对于贺瑞麟的请求,吴大澂欣然同意。贺瑞麟在光绪二年(1876)所作的《书〈复斋录〉卷目后》中说:"于服膺先生久,谓先生之功尤在尊程朱以斥陆王,间启告今学使吴县清卿吴公,宜以先生奏请从祀如稼书、杨园例,极蒙嘉诺。"⑦另外,在《送学使清卿吴公序》一文中,贺瑞麟也说:"朝邑王仲复先生,讲程朱之学者也,公既奏请从祀,旨虽未下而天下已读其疏,必谓能奏请讲程朱之学之人,则亦能讲程朱之学。"⑧吴大澂奏请王建常从祀孔庙的奏疏的一部分内容,后来被贺瑞麟附在其光绪十七年(1891)所作的《书〈关学续编〉王复斋先生传后》一文中。⑨吴大澂在疏中说:

---

① 顾廷龙:《吴愙斋年谱》,第102页。
② 冯从吾:《关学编(附续编)》,第116页。
③ 李元春:《李元春集》,第831页。
④ 贺瑞麟:《贺瑞麟集》,第679页。
⑤ 贺瑞麟:《贺瑞麟集》,第842页。
⑥ 贺瑞麟:《贺瑞麟集》,第287页。
⑦ 贺瑞麟:《贺瑞麟集》,第25页。
⑧ 贺瑞麟:《贺瑞麟集》,第94页。
⑨ 今《关学续编·王建常传》之后亦附有贺瑞麟此文,参见冯从吾:《关学编(附续编)》,第105—106页。

> 王建常恪守程朱,躬行实践,与周至李中孚同时,而学问之纯粹过之,精切严整直接明儒胡居仁。又当阳明学盛之时,力排异说,笃信洛闽,其功不在本朝陆陇其之下。特因僻处一隅,不求名誉,名亦不显于世。然二百年来秦士大夫知有程、朱、薛、胡之学,皆建常笃守之功。……一生得力,实与胡居仁《居业录》一脉贯通,渊源无异。而斥邪卫道,与陆陇其《学术辨》不谋而合,实为宋以后关中第一大儒。……其所著书皆足阐明圣学,羽翼经传。①

吴大澂高度称赞了王建常的学行,认为其学问纯粹强于李二曲,精切严整直接明儒胡居仁(号敬斋,1434—1484),而其尊朱辟王之功则不在清初陆陇其(字稼书,1630—1692)之下;并指出王建常对于清代关中理学的重要影响,认为清代关中朱子学一脉实为王建常所开创,推崇王建常为张载之后的关中第一大儒,而其所著之书也都足以"阐明圣学,羽翼经传"。虽然吴大澂的奏议最后没有得到朝廷的许可,但从中亦可看到吴大澂对阐扬关学所做的努力。

三是为清代关学前贤王建常和张秉直题写墓碑文。

除上奏朝廷将王建常从祀孔庙之外,吴大澂还为王建常和张秉直的墓碑题文。张秉直是陕西澄城人,其学亦以程朱为宗,是乾隆时期(1736—1795)关中著名的学者。贺瑞麟在《复吴清卿学使书》中说道:

> 王复斋、张萝谷二先生墓碑纸裁就呈上。昔雷翠亭先生铉督学浙右,特题巨碑表张杨园墓曰"理学真儒杨园张先生之墓"。窃谓复斋先生遁迹高蹈,力守程朱,深醇精密不亚杨园,而阐明经学似又过之。萝谷生复斋之后,闻风兴起,奋然特立,真知实践,识力高卓,议论精纯,复斋俦也,亦可谓振古之豪杰矣,故敢援杨园先生之例而以是请。②

当时,王建常的墓地已经被其后人抵押给了别人,贺瑞麟的弟子三原人刘质慧(1842—1888)不仅出钱将其赎回,交给王建常的后代管理,而且请人凿石重

---

① 贺瑞麟:《贺瑞麟集》,第173页。
② 贺瑞麟:《贺瑞麟集》,第286页。

新竖立墓碑，墓碑之文即为吴大澂所题。①至于张秉直之墓重新立碑的情况未见贺瑞麟有记载，具体情况不得而知，想必吴大澂亦有题字。

四

光绪二年（1876）十月，吴大澂任满而离开了陕西，但与贺瑞麟依然保持着一定的书信往来。根据目前所见，如光绪三年（1877），吴大澂曾寄给贺瑞麟四幅画及为贺父所作的墓表，这是其离任之前应贺瑞麟之请所作。②贺瑞麟在《上吴清卿太仆书》中说："先君家传已拜领，大德之赐，存殁均感不朽矣！画四幅亦收到，尚有所恳书画及社仓记，并冀不弃而终惠之。"③另外，光绪十四年（1888），贺瑞麟弟子、宏道和清麓书院学生三原人刘昇之（字东初，1842—1888）病殁，因吴大澂在陕西时很赏识刘昇之，故数年后，刘昇之的妻子请贺瑞麟致书吴大澂请其为刘昇之撰写墓表。今《愙斋文稿》中保存有《刘君墓表》一文，即为刘昇之所作。其曰：

> 贺先生买山清凉之麓，与刘君东初居相近。东初笃信好学，终其身以贺先生为师法。凡四方有志之士负笈来游者，修膳之资皆东初优给之。其最有益于多士者，广求濂洛关闽遗书及先儒绝学孤本，锓版行世，几及二十年，孳孳不倦，搜辑既富，校勘尤精，秦土之得窥正学，而不惑于世俗功利之见，微东初不及此，于世道人心大有裨助，岂一乡一邑之善士可与同日语哉！……余因东初出贤者之门，心窃器之，不可谓"富而好礼"与？今东初之殁五年矣，其夫人瞿氏介贺先生作书，乞余一言以表其墓。……余故乐得而表彰之。……兵部尚书都察院右副都御史湖南巡抚吴县吴大澂撰并书，光绪十有九年岁在癸巳夏四月。④

吴大澂之文作于光绪十九年（1893）四月，可他未想到的是，就在此年九月初五，贺瑞麟因病去世，我们无从得知吴大澂此后是否得知这一消息。

---

① 贺瑞麟：《贺瑞麟集》，第142页。
② 贺瑞麟请吴大澂为其父撰写墓表，事在光绪二年（1876）七月，参见《清麓年谱》"光绪二年丙子"条与《上吴清卿学使书》，见贺瑞麟：《贺瑞麟集》，第1108、288页。
③ 贺瑞麟：《贺瑞麟集》，第294页。
④ 吴大澂：《愙斋文稿》，见《清代诗文集汇编》第730册，第204—205页。

至此，我们可以看到一名普通学者与主管一省教育的学政之间的真切友情及共同为振兴理学、弘扬关学而做的不懈努力。尽管从今天的视角来看，吴大澂与贺瑞麟、杨树椿等人在当时仍然坚持"理学经世"的观点显得不合时宜，但却真实反映了晚清思想将变未变的转型时期儒家士大夫与普通士人的思想观念。从中我们也可以看到，1840—1842年的鸦片战争似乎并没有从根本上撼动整个中国社会的思想，至少对陕西关中地区来说是这样的，一直到1894—1895年中日甲午战争之后这一局面才得以改变。此后在咸阳刘古愚和陕西学使柯逢时、赵维熙等人的努力与提倡下，关学开始由重视程朱理学、强调"理学经世"转向注重对西方科学技术的学习，传统理学形态的关学从此发生转变。

清初陕西学政与关学的复兴

晚明冯从吾之后，关学逐渐走向衰微，至清初已凋零至极，正如当时关中学者李二曲所说："凤翔张鸡山先生，明季理学真儒也。……与长安冯少墟先生同时倡道，同为远迩学者所宗，横渠、泾野而后，关学为之一振。两先生没而讲会绝响，六十年来提倡无人，士自辞章记诵之外，不复知理学为何事、两先生为何人。"① 又说："关学不振久矣。……若夫留意理学，稍知敛华就实，志存经济，务为有用之学者，犹龟毛兔角，不但目未之见，耳亦绝不之闻。"② 正是在这种情况下，李二曲与其弟子王心敬等人开始了振兴关学的努力。而在清初关学复兴的这一过程中，时任陕西学政许孙荃等人的积极参与亦功不可没，从而反映了在关学的发展历程中外部力量对关学的影响和推动作用。

一

除讲学与书院建设之外，学术思想的传播与发展还离不开学者的个人著述。从明清两代来看，有不少关学学者的著作已佚失不存或部分散佚，如明代的段坚、张鼎、薛敬之、王承裕、郭郛、王之士，清代的康吕赐、蔡启允、王巡泰等人，从而导致我们今天无法更多地去了解这些学者的思想，这不能不说是关学研究中的一大遗憾。因此，在关学的发展过程中，关学著述的刊刻和传播就显得尤

---

① 李颙：《二曲集》，第222页。
② 李颙：《二曲集》，第177页。

其重要，在这一方面，清初陕西诸学政做出了突出的贡献。

康熙十二年（1673），安徽歙县人洪琮出任陕西学政，到任后不久他就前往重新修复的关中书院拜访主持书院讲学的李二曲。当时李二曲刚完成《冯从吾全集》的汇辑与整理，于是请洪琮刊刻。冯从吾是晚明关中大儒，其主讲的关中书院与顾宪成（号泾阳，1550—1612）、高攀龙主讲的东林书院并称。如此重要的学者，其著作在清初却连关中士子也很难见到，而原来保存于关中书院的刻版也在明清鼎革之际因兵燹而遗失。冯从吾的后人曾花费十年左右的时间才搜购到一部著作，但因经济困穷，无力刊刻，其书也就无法得到广泛传播。冯从吾之孙冯澄若在《冯恭定公全书跋》中说：

> 先祖《恭定公文集》传世已久，其版藏关中书院。兵燹后，遗失弗存。澄若等鬻田购搜，十年始获一集，而力之刊不果，遂无以应求者，夙夜怀戚焉。今上龙飞十有二年，值总督鄂大宗师首倡道学，上接周、程，延中孚李先生率多士讲学关中书院，复立先祖木主于中天阁下，慨然垂问前集，而邑父母郭遂以实对。蒙愍全书湮没，传之不永，因谋之督学洪宗师捐俸，重付剞劂，阅二载乃竣。……康熙乙卯桐月，嫡孙澄若、溥若，曾孙续先、绳先同识。①

在李二曲的建议下，洪琮慨然拿出自己的俸禄，于当年秋让人重新刊刻《冯从吾集》，两年后完工，从而不仅为后世保存下来这一部重要的关学著作，而且也让更多的关中士子得以了解冯从吾之学，进而为振兴关学、延续关学学脉做出贡献。②

洪琮之后，安徽合肥人许孙荃于康熙二十三年（1684）至康熙二十七年（1688）督学陕西。许孙荃为康熙九年（1670）进士，非常重视理学教育，强调德行先于文艺，反对士子只以辞章记诵、举业功名为学。在任陕西学政时，他常与李二曲、王弘撰（号山史，1622—1702）、李因笃（号天生，1631—1692）、李柏（字雪木，1630—1700）等关中学者相往来，其中尤其推崇李二曲的学问。许孙荃说："中孚李先生崛起盩厔，其言以'躬行实践'为基，'反本穷源'为

---

① 冯从吾：《冯从吾集》，第574页。
② 洪琮撰有《重刻冯恭定先生全书序》一文，文末题："康熙癸丑嘉平冬月，新安后学洪琮拜题。"见冯从吾：《冯从吾集》，第3—4页。

要，嘉惠后学，开导迷津，阐往圣之心源于浸昌浸炽之会，斯真可与拿山鸣鸟，同昭盛世之光华。"①而李二曲对许孙荃的督学理念和教育方法等也深感敬佩，称其"政崇风教，加意理学。行部所至，癏瘵名贤，存者式庐，没者阐扬，表前修，风后进，启佑关学之意甚盛"②。因此，他不仅积极配合许孙荃表彰、弘扬关学，而且多次建议许氏以"明学术"为匡时救世第一要务，以"明体适用"为诸生导向，使之躬行实践，学期有用。③后来，许孙荃得到李二曲的《四书反身录》，认真阅读之后，认为该书能使学者"反身循理，致知力行"④，属于明体达用之学，遂在康熙二十四年（1685）冬捐俸刊刻此书，并为之作序。⑤

除李二曲的《四书反身录》外，许孙荃还捐俸刊刻了当时流传甚少的晚明重要关学学者张舜典的《明德集》和《致曲言》，是这两本书在清代唯一的刻本。张舜典，号鸡山，陕西凤翔人，与冯从吾同时倡道关中。许孙荃说："有明关学继文简公而起者，长安则有冯少墟先生，岐阳则有张鸡山先生。二公生同时，东西相望，相与往复辩论，倡明斯道，学者景从，一时称极盛焉。"⑥但到了清初，张舜典的著作大多毁于战乱，流传极少，"无有过而问者，后起士子及不知何许人矣"⑦。许孙荃从李二曲那里听说了张舜典其人其学之后，在一次前往岐山考察诸生学业时寻访到张舜典的后人，并从其后人于里得到张舜典的《致曲言》和《明德集》二书。回来后，许孙荃将二书交给李二曲校正编订，摘出其中确而粹者，合为一编，题为《张鸡山先生语要》。之后，许孙荃又拿出自己的俸禄对其进行刊刻，并为之作序，时在康熙二十七年（1688）。在序中，许孙荃说：

> 学人之病大抵有二：上焉者高谈性命，虚无惝恍，不肯实用其力；下焉者仰视圣贤，以为神灵天纵，非下学所可庶几，遂甘于逊谢而不能强致其功。由前言之，其失也妄；由后言之，其失也愚。二者交作，异学争鸣，而圣贤大中至正之道驯至芜没不彰矣。夫知敬知爱，孩提皆能，尧舜可为，言岂欺我！学者诚由事编而究心焉，因其固有之良

---

① 李颙：《二曲集》，第393页。
② 李颙：《二曲集》，第222页。
③ 李颙：《二曲集》，第172、177页。
④ 李颙：《二曲集》，第394页。
⑤ 李颙：《二曲集》，第393—394页。
⑥ 薛敬之、张舜典：《薛敬之张舜典集》，西北大学出版社，2015年，第109页。
⑦ 薛敬之、张舜典：《薛敬之张舜典集》，第109页。

而扩其所拘，祛其所蔽，优游渐渍，涵濡而长养之。由一端以至全体，由偶发以至常存，则大圣大贤不难积累成也。先生之有功于天下万世，岂其微哉？①

在序中，许孙荃从提撕后学的角度对张舜典之学做了高度评价。可以说，无论是洪琮对《冯恭定公全书》的刊刻，还是许孙荃对李二曲《四书反身录》和张舜典《张鸡山先生语要》的刊刻，都对关学复兴贡献巨大，使得这些关学学者的著述得以保存和流传，《张鸡山先生语要》的刊刻尤显重要，否则该书很可能失传。②事实上，许多关学学者的著述到了清代都已经失传或很难看到了，如与冯从吾同时而稍早的蓝田学者王之士的著作，在晚明万历年间（1573—1620）其长子曾请冯从吾编订成《秦关全书》一书，但现在已佚失不存；又如王阳明的二位关中弟子南大吉与南逢吉在浙江绍兴时曾记录了王阳明的许多讲学之语，并带回关中藏于家塾，后来南逢吉之孙将这些讲学语录编成《越中述传》，并请冯从吾作序，但是该书现也不存。③据此可以看到清初陕西学政对关学著作的及时刊刻功不可没。

许孙荃之后，江苏常州人高尔公于康熙三十年（1691）任陕西学政。高尔公曾在康熙九年（1670）十二月至康熙十年（1671）三月李二曲讲学江南时，与其师郑重（时为靖江县令）一起听过李二曲讲学，对李二曲极为推重，故到任之后就前往盩厔拜访李二曲。李二曲将门人王心敬刚汇集成的《二曲集》赠给高尔公，高尔公一读之下，认为该书"贯彻本原，折衷同异，一洗支离蔽锢之习，邃然归于至正，益信先生之书，盖以身言，而不徒以言言者也"，使学者"若昏梦之方醒，若沉疴之骤起"，④遂在康熙十年十一月与其师郑重一起捐俸刊刻《二曲集》，以"风励后进。庶几关中之士知所景从，且使海内之有志斯道者，尊所

---

① 薛敬之、张舜典：《薛敬之张舜典集》，第109页。
② 民国二十四年（1935），陕西通志馆重刊《鸡山语要》（收入《关中丛书》），该书即是根据李二曲、许孙荃的校刻本的抄本而进行重刊的（见宋联奎等《鸡山语要跋》）。另外，清初山西学者范鄗鼎在其《广理学备考》中收录的《张鸡山先生集》，也是据李二曲所赠的《张鸡山先生语要》编入的。
③ 冯从吾所作《秦关全书序》与《越中述传序》二文，见冯从吾：《冯从吾集》，第238、251—252页。
④ 李颙：《二曲集》，第709页。

闻，行所知；由此而进德修业，富有日新，上接诸儒之传，远窥千圣之奥"①。《二曲集》的刊刻于康熙三十二年（1693）九月完成，郑重、高尔公分别为之作序。②

二

除刊刻关学著述之外，清初陕西学政如许孙荃等还积极表彰明代关学前贤，或为其修葺祠堂，或为其建立牌坊，以激励士子的向学之志。康熙二十五年（1686）正月，许孙荃前往陕西各地考察诸生学业，临行前向李二曲请教，李二曲告知以"所至表先哲，崇实行"③，希望许孙荃此行能够对各地的关学前贤以及能躬行实践的学者士子加以表彰，以激励诸生理学学习之风和弘扬关学。李二曲还将明代关学史上几位主要的关学学者如段坚、周蕙、张杰、韩邦奇、吕柟、冯从吾、张舜典等一一列出，望许孙荃次第表彰，或修葺其祠堂，或为其创设祠堂等。在《答许学宪三》中，李二曲向许孙荃提出了三个方面的建议：一是"一以理学为多士倡"，二是"表彰先哲，风厉后进"，三是表扬当世"造诣不凡、道德著闻"的关学学人。其中，在表彰关学前贤方面，李二曲说：

> 兰州先哲段容思先生讳坚，以理学开先；秦州先哲周小泉先生讳蕙，奋迹戍卒。凤翔先哲在成、宏间，则有张默斋先生讳杰；昌、启间，则有张鸡山先生讳舜典，并倡学明道，为世真儒，流风余韵，于今为烈。其祠宇不知尚存与否？伏愿移檄查访，存则令地方以时修葺，无则礼以义起，不妨勉其设处创举。如力有未逮，不能三楹，即一楹亦可以栖神，稍存眉目，以成地方胜迹。④

而在表扬当世关中学人方面，李二曲建议"大则式庐，小则行奖"⑤，并以甘肃秦安县蔡启胤一家为例，望其予以表彰。

---

① 李颙：《二曲集》，第710页。
② 郑重与高尔公所作《二曲集序》，见李颙：《二曲集》，第705—707、708—710页。
③ 吴怀清：《关中三李年谱》，陕西师范大学出版社，1992年，第87页。
④ 李颙：《二曲集》，第175页。
⑤ 李颙：《二曲集》，第175页。

在李二曲列举的这些关学学者中，段容思即段坚，字可久，甘肃兰州人。其学主要得益于明初河东薛瑄的三位弟子——陕西凤翔的张杰、河南洛阳的阎禹锡和白良辅。对于段坚，时人赞曰"文清之统，惟公是廓"①，其可谓明初薛瑄之学在关中地区的一位重要的传人。

周小泉即周蕙，字廷芳，甘肃天水人。他原是兰州的一名戍卒，因听段坚讲学而有得，后来又师从时任清水县教谕的薛瑄弟子李昶，从而"得薛文清公之传"②。刘宗周称，当时关学都从河东之学而来，而到了周蕙那里，则"一变至道"③。刘宗周之意，大概是说周蕙之学已由河东的"主敬穷理"和"学贵践履"转向对心性之理的探求。④后来长安的李锦和渭南的薛敬之都随周蕙学习程朱理学，而薛敬之又将河东之学传给吕柟，在吕柟这里，关学开始走向鼎盛。虽然由于著作佚失等原因，我们今天已无法了解段坚与周蕙的具体思想，但他们在明代关学史上所具有的重要地位是毋庸置疑的，正是通过他们，明初关中理学之风蔚然兴起。

张立夫即张杰，他是薛瑄在关中的亲传弟子。张杰除了曾在山西赵城短暂担任儒学训导，其余大多时间都在家乡读书和教授子弟，有时也与段坚、周蕙、李昶等人相互讲学，名重一时。

韩邦奇字汝节，陕西朝邑人，是明代中期一位著名的关学学者，其学"原出王虎谷先生之门"⑤。王虎谷即王云凤，其学以河东薛瑄之学为宗。韩邦奇与高陵的吕柟、三原的马理、渭南的南大吉等人共同推动了明代中期关学的中兴。明代嘉靖时期（1522—1566）著名的陕西御史杨爵便是韩邦奇的弟子。

吕柟是明代中期关学最主要的代表，他与晚明的冯从吾分别代表了明代关学发展的两座高峰，清初山西学者范鄗鼎（号彪西，1626—1705）说："前有横

---

① 冯从吾：《关学编（附续编）》，第28页。
② 冯从吾：《关学编（附续编）》，第31页。
③ 冯从吾：《关学编（附续编）》，第5页。
④ 刘宗周论薛瑄之学曰："然先生于道，于古人全体大用，尽多缺陷，……阅先生《读书录》，多兢兢检点言行间，所谓'学贵践履'，意盖如此。或曰：'七十六年无一事，此心惟觉性天通。'先生晚年闻道，未可量也。"而在评论周蕙之学时说："夫圣人之道，反身而具足焉，不假外求，学之即是。"（见黄宗羲：《明儒学案》（修订本），第2—3、4页。）可见，刘宗周所说的"一变至道"的"道"即是指对心性的体认和把握。
⑤ 杨绍武：《理学备考序》，见范鄗鼎：《理学备考》，《四库全书存目丛书·史部》第121册。

渠，后有泾野，今见先生（冯从吾），太华三峰，真关中大观哉！"①吕柟生活的时代，正值阳明学初兴之时，但吕柟力守程朱之学，提倡躬行实践，强调下学而上达。对此，刘宗周说："异时阳明先生讲良知之学，本以重躬行，而学者误之，反遗行而言知。得先生尚行之旨以救之，可谓一发千钧。"②吕柟"尚行"的为学主张在当时吸引了不少士子学人，他在南京讲学时，"风动江南，环向而听者前后几千余人"③，"几与阳明氏中分其盛，一时笃行自好之士，多出先生之门"④。

李二曲认为，明末以来关学衰微日久，许多关学学者的学行和著述都已不为士子所知，因此急需加以表彰，以重振关学。另外，当时士子"自词章声利之外，不复知学问为何事。日趋日下，而孔孟身心性命之学扫地矣"⑤，通过表彰关学前贤，可以提倡"正学"，风励后进，激发士子学习理学之志。许孙荃对李二曲提出的"表先哲，崇实行"等建议都积极采纳并予以实行。关于这方面的具体情况今已不得而知，不过从李二曲后来写给许孙荃的信中可窥见一二，如李二曲说："接翰示，知慨纳鄙言。皋兰、天水诸儒先，咸经表章，此百年以来学政之仅见也，执事于是乎加人一等矣。"⑥

三

除刊刻关学著作和表彰关学学者之外，在振兴和弘扬关学方面，许孙荃还曾向朝廷进呈吕柟的《泾野子内篇》和冯从吾的《冯少墟集》等。李二曲在《答许学宪四》中说：

> 承询关中理学书可以进呈者，将以进呈，味众人之所弗味，阐众人之所弗阐，使理学一脉不至落寞。大君子之作为，超于寻常万万矣！横渠书无未刻秘本。……横渠之后，诸儒著述，惟吕泾野、冯少墟足

---

① 范鄗鼎：《冯先生集前识言》，见《广理学备考》。
② 黄宗羲：《明儒学案》（修订本），第11页。
③ 冯从吾：《关学编（附续编）》，第44页。
④ 黄宗羲：《明儒学案》（修订本），第11页。
⑤ 李颙：《二曲集》，第174页。
⑥ 李颙：《二曲集》，第176页。

以继响；虽未洞本彻源，上达性天，而下学绳墨，确有发挥。吕之遗书，如《四书因问》、《史约》、文集，未免散漫，惟语录议论笃朴，切于日用。冯之全集，与薛文清《读书录》相表里。冯与东林顾泾阳、高景逸同时鼎足倡道，领袖斯文。顾高学固醇正，然其遗集中间散作，犹未脱文字气习，兼多闲议论、闲应酬，往往越俎而谈，旁及世故，识者不无遗憾。冯则词无枝叶，语不旁涉，精确痛快，豁人心目。如欲进呈，无过是书及泾野语录，抑区区尤有商焉。①

在这里，李二曲首先肯定了许孙荃此举对于弘扬关学的意义，"使理学一脉不至落寞"，进呈关学著作可以使更多的士人、学者知道和认识关学。接着，李二曲指出，张载之后关中理学之书无过于吕柟与冯从吾，并对二人的学问及著作的优缺点进行了说明，认为吕柟的《泾野子内篇》"议论笃朴，切于日用"，冯从吾的《冯恭定公全书》"与薛文清《读书录》相表里"，"精确痛快，豁人心目"，因此，如果要向朝廷进呈关中理学书，则莫过于此二书。

许孙荃原本还打算向朝廷进呈李二曲的《四书反身录》，但因李二曲的极力反对而止。李二曲说："此书止期私下同病相怜，对证投剂，以'反身'二字，与同人相切砥；若一经进呈，适滋多事，不触嫌招忌，则搜山薰穴，仆将不知其所终矣！不知使君将何以为我谋耶？幸寝斯念，曲垂保全，俾仆永坚末路，庶不贻羞知己。"②

此外，在李二曲的建议下，许孙荃还捐俸重新修葺了郿县横渠镇上的横渠书院与张载祠。此前，李二曲曾与李因笃一起拜谒了郿县的横渠书院与张载祠，看见祠院因年久失修而破败不堪的景象，于是兴起修复之志。李因笃说：

> 经横渠镇，同家处士兄就展西铭夫子之祠，摧圮拉攞。实生平所未见。无论壁倾楹朽，旦夕莫支，即肖像已露处风日中。徘徊流涕。③

> 过横渠镇，拜西铭夫子祠。见其朽栋颓垣，垂将尽圮。即先生肖貌，求瓦片覆之。不禁流涕沾襟，徘徊竟日。……而云岩首倡关学，醇修

---

① 李颙：《二曲集》，第176页。
② 李颙：《二曲集》，第172—173页。
③ 李因笃：《李因笃集》，西安：西北大学出版社，2015年，第219页。

峻节，为敝乡三代之后一人。俎豆空悬，尘霜莫蔽。①

康熙二十六年（1687）二月，李二曲致书许孙荃，劝其重修横渠书院和张载祠。他说：

> 关中之学，横渠先生开先。郿县横渠镇乃其故里也，先生生于斯，长于斯，老于斯，葬于斯，则横渠之为横渠，亦犹曲阜之阙里，英灵精爽，必洋洋于斯。宋明以来，建有横渠书院，春秋俎豆，以酬功德。万历、天启间，当事之政崇风教者，尝加葺修。今年久倾圮，仆窃叹息！按二程、朱子书院之在洛阳、建阳者，地方以时葺修；此院之废，独无人过而问焉，好尚不同故也。幸遇执事，加意关学，敢以为请，伏愿量捐冰俸，亟图修复，明振风猷，默维道脉，所关岂浅鲜哉！②

后来，许孙荃亦曾前往郿县拜谒张载祠，"临部凤翔，过郿县，拜谒张诚公祠。见其倾圮，捐五百金，重葺衣冠，俎豆顿复旧观"③。另外，许孙荃在生活上对关中学者也是照顾有加，如他曾拿出自己的一部分俸禄为常年处于贫困中的李二曲在鳌屋购买田地等。④

康熙二十七年（1688）正月，许孙荃任满告归，临行前"徘徊缱绻"，与前来送行的李二曲等关中学者和关中士子"赋诗惜别"。⑤不幸的是，当年夏天，许孙荃回到家乡没过多久就因劳累过度而患病，并于是年九月去世。许孙荃去世后，其子专门派人前往关中请李因笃为其父撰写墓志铭。⑥许孙荃可以说是清初陕西学政中对关学影响最大的一位，他通过刊刻关学著述、表彰关学学人、进呈关中理学书，以及修葺张载祠、横渠书院等举措，与其他几位陕西学政共同推动了清初关学的复兴。

---

① 李因笃：《李因笃集》，第218页。
② 李颙：《二曲集》，第178页。
③ 李因笃：《李因笃集》，第272页。
④ 参见李因笃《许使君捐俸置鳌屋养贤田记》，见李因笃：《李因笃集》，第88—89页。
⑤ 参见李二曲《历年纪略》，见李颙：《二曲集》，第593页。
⑥ 许孙荃墓志铭今收入李因笃《续刻受祺堂文集》卷四中，见李因笃：《李因笃集》，第271—274页。

许孙荃之后，又有陕西学政朱轼（号可亭，1665—1736）重刻《张子全书》等，为关学在清代的传播和发展做出了贡献。雍正、乾隆、嘉庆时代（1723—1820）有关陕西学政在提倡、弘扬关学方面的记载较少。乾隆时（1736—1795）曾四任陕西巡抚的陈宏谋在关中提倡程朱理学和经世实学，并聘请当时的关学名儒孙景烈三次主讲关中书院，从而使关中在乾嘉时期仍继续保持着以理学为主的特色而较少考据训诂之学。

到了晚清时期，陕西学政再一次在关学的复兴和近代转型上发挥了重要作用。如同治十二年（1873）至光绪二年（1876）任陕甘学政的苏州吴县人吴大澂就积极表彰关学，他奏请朝廷将嘉庆、道光年间（1796—1850）的关学名儒李元春列入《儒林传》，并请朝廷表彰关中学者贺瑞麟与杨树椿在弘扬程朱理学方面的贡献等。吴大澂还为清初的王建常和乾隆时的张秉直等关学学者的墓碑题文，[①]从而为同治、光绪年间（1862—1908）程朱理学在关中的复兴做出了贡献。

此后，时局剧烈变化，后任陕西学政的学术倾向也发生转变，如柯逢时、赵维熙等人都非常重视实学与西方科学技术，并在泾阳的味经书院中设立刊书处刊行当时的时务新书和西方科技之书，又在味经书院旁边创建崇实书院专门讲习西学，还筹办陕西机器织布局等，这些举措对清末关学由传统理学向近代学术的转变起了重要的促进作用。

---

① 参见刘莹：《贺瑞麟与晚清关学的复兴》，载《宝鸡文理学院学报》（社会科学版）2018年第4期。

关学近现代转型研究

关学近代重构的主体之维
——基于党晴梵《关学学案》等文本的观念解读

英国哲学家、历史学家科林伍德指出："一切历史都是思想史。"意大利哲学家、美学家克罗齐说："一切真历史都是当代史。"两者所言虽有偏颇之处，却也道出历史建构过程中主体维度的重要性。历史上的事件固然都是客观的存在，但就我们所看到的书写的历史而言，却无一不是特定时代下的建构者基于其对当下现实的感受和需要，而将自身观念投向历史，从中选择出特定人物或事件的主体性重构。就此而言，文本中呈现的历史，并不简单的就是对以往历史客观的摹写，而是特定时代下建构者自我观念的历史性体现和表达。在不同的历史境遇下，历史建构者对现实社会的感受、审视历史的视域，以及现实中接受、形成的历史观念、学术架构、价值取向都存在差别，如此混合交织而形成的主体视域，自然对历史建构者视域下所呈现出来的历史建构效果有着重要的影响。

基于主体视域的维度去考量关学——在关中已经延续了八百余年且有三百多年自我谱系建构史的理学传统——历史建构范式在社会危机加深、中西文化激荡、各种思潮迭起的近代社会转型中发生的变化，无疑对提升人们对关学历史变迁的认知极为必要。但长期以来，由于民国时期关学谱系建构文献本身数量稀少且流失严重，学界一直对这一问题缺乏应有的关注。而笔者近年在对民国关学文献的搜集中发现了党晴梵的《关学学案》等一系列关学研究著作，这为集中考量关学历史建构的近代转型提供了基本的文本参照。基于此，本文对关学近代建构的主体性特征予以分析解读。

一、建构范式的差异：从理学谱系到典型重构

党晴梵的《关学学案》由四个相对独立的学案组成，分别是他在1933年8月完成的《康乃心先生的著作及其故宅》、1935年4月完成的《溉堂、悔翁两诗人之诗》、1935年5月完成的《王丰川先生学术述要》和1935年6月完成的《十八世纪中国之个人主义（individualism）者——杨双山先生》。根据现存的文本考证，党晴梵最晚在20世纪40年代又将这四篇文章分别题名为《莘野学案》《溉堂晦翁学案》《丰川学案》和《双山学案》，并总题为《关学学案》。①在此前后，尚未发现有类似的关学研究著作出现，由此可以判断，《关学学案》在关学历史建构近代转型中具有一定的代表性。

从《关学学案》的文本构成和题名来看，党晴梵无疑是把以上四个学案中的案主即郃阳（今陕西合阳）康乃心（莘野）、三原孙枝蔚（溉堂）、蒲城屈复（悔翁）、鄠县（今西安鄠邑区）王心敬（丰川）、兴平杨屾（双山）五位清代的关中学人当作关学人物来看待。需要注意的是这一文本建构与以往理学学术史著作的差异。

其一，就写作体裁来看，《关学学案》虽然题名为"学案"，却与传统的"学案体"学术史著作存在较大差异。如《宋元学案》《明儒学案》都是用文言体写就，而《关学学案》却采取了现代学术论文的方式，这明显不同于古代学案体著作的写法。

其二，就建构范式来看，《关学学案》的主题虽然是关学，但和历史上的关学谱系文献存在着差别。关学虽然创始于北宋时的张载，但其谱系的自我构建则始于明代冯从吾的《关学编》。此后关中理学学人王心敬、李元春、贺瑞麟、柏景伟、刘古愚等人先后对《关学编》进行补续整合，从而形成了关学史上长达二百余年的谱系建构现象。需要注意的是，关学的谱系建构类似"续家谱"，是力求全面地将关学学人按照历史先后和师承渊源关系贯穿起来，然而《关学学案》却没有采取这种方式，而是特意从整个关学谱系建构中选择出具有代表性的个别人物。如果说传统的关学谱系建构是"家谱式"的，《关学学案》的建构则

---

① 关于四篇文章撰述时间的考证，参见魏冬：《党晴梵先生〈关学学案〉藁本考述——兼论党晴梵先生早期思想历程》，载《唐都学刊》2019年第2期。

是"典型性"的。这是《关学学案》在构建范式上的一个重要特点。

更值得注意的是《关学学案》四个学案中五位案主的身份。以往关学谱系建构文献的基本特征是"专为理学辑"①，非理学人物不得列入关学谱系，即使后来在关学文献的续补、重构中出现了将气节、事功、文学人物等纳入关学的现象，但以理学为传统关学谱系建构的学理内核的基本原则没有动摇。可是在《关学学案》中，这种以理学为中心的观念却被彻底颠覆了：在《关学学案》的五位案主中，只有王心敬是传统关学谱系中的典型理学学人，杨屾则是具有鲜明西方宗教背景的关中学者，康乃心、孙枝蔚和屈复是以文学名世的关中诗人，他们在以理学为主脉的关学谱系中并不具有突出地位。在清代的关学谱系文献——王心敬、李元春、贺瑞麟等人续补的《关学编》中，均没有将以上四人收入，而民国初年张骥的《关学宗传》虽基于康乃心、杨屾与李二曲的学承关系将二人收入，但亦没有将孙枝蔚和屈复作为关学学人看待。进入民国中期，党晴梵则将此四人与王心敬一起收入《关学学案》，这无疑是对以理学为学理基础的传统关学观念的巨大挑战，这不能不引起世人的质疑：深受西方宗教影响的理学异端和以诗文起家的文学之士，何以能侪列于关学阵营？显然，这并不是党晴梵的疏忽之作。

从《关学学案》中党晴梵对五人的表述来看，他并非无视以上五人在学术和在社会影响上的角色差异。在他的视域下，王心敬"为中孚嫡派弟子，既大发挥'居敬穷理'之旨，又创为'性敬同归'之义，于关学为一大转手"②，杨屾"少出李中孚之门，中孚许为命世才，遂潜心圣学，自性命之原，以逮农桑礼乐，靡不洞究"③，二人都与清初关学大儒李二曲有深厚的渊源。然而杨屾却接受天主教思想，是当时关学学人中唯一"有宗教色彩者"。对于另外三位，党晴梵看得更清楚：康乃心是清初"渔洋派遂风靡一世"时"最当行出色"的诗人，④而孙枝蔚、屈复则是关中文学中"尤其能自振拔者"⑤，三人也不是举世公认的正统的理学家。这种将宗教学者、诗人纳入关学的做法，十分明确地表明了党晴梵的关学观念不同于传统的理学家。

那么，党晴梵的关学观念是怎样的呢？在近代社会转型的背景下，他何以形

---

① 王美凤整理编校：《关学史文献辑校》，第4页。
② 党晴梵：《关学学案》，党晟所藏缮写稿本，1942年，第5—6页。
③ 党晴梵：《关学学案》，第33页。
④ 党晴梵：《关学学案》，第49页。
⑤ 党晴梵：《关学学案》，第29页。

成如此与传统背离的关学观念？他的此种关学观念意欲表达什么？这正是本文准备重点探究的问题。

二、个体精神的凸现：从救国情怀到文化观念

毫无疑问，任何历史建构都是历史建构者基于特定时代的建构。然而需要注意的是，历史建构者"基源意识"的不同，往往会对其所建构出来的历史有极大的影响。在传统理学背景下，理学家建构学术史，并非全然出于对真实历史的还原，而更多的是体现理学道统传承的现实危机和未来期盼。这种意义下的历史建构，本质并不是对历史的客观反映，而是对道统观念的史学表达。在近代社会转型的背景下，随着理学逐渐退出主流意识形态，道统观念在近代学人心目中的地位不断下降，他们对历史的建构不再出于道统，而是出于对历史本真的寻求，以及对现实社会的关注。就党晴梵而言，他对关学的近代重构也并非出于对道统的维护，而是基于他对自己所处时代的真切感受。近代社会转型中的家国危机、对家国命运的真切关怀，构成了以党晴梵为代表的近代关中学者构建关学的现实动力。

党晴梵（1885—1966）出身于陕西合阳一个带有儒家文化色彩的旧式商人家庭。他的少年时代，正是中华民族遭受列强凌辱的危难时期。由于近代中国的衰弱、列强的侵略，他的家庭也逐渐破败了。党晴梵曾在《我们怎样救国？》中回忆说，在他二十岁之前，中国经历了中法战争、中日甲午战争、八国联军侵华战争、日俄在东三省战争等一系列国难，由于中国战争、外交的屡次失败，他家的企业也从此衰落下去，赔累不堪，到后来就倒闭了。加上赔款加剧带来的苛捐杂税日益增多，生活愈益艰难，他的父亲在忧愁愤懑中去世，他也因为债务关系被关押到咸宁县衙受了三年多讼累，由此他感受到"这都是'国难'的所赐予"，"深感觉着'覆巢之下无完卵'的至理名言"。[①]国破家亡的现实命运，使党晴梵"受得刺激颇深，不但精神上时常感觉痛苦，而且身家实受莫大祸患"[②]。基于此，党晴梵的思想也发生了剧烈的变化。他回忆自己当时思想认识的变化时说，他开始是"愤恨外国人对中国的侵略"，然后"才知道中国一切不及人、中国真正的危机，于是不恨外国人而转恨自己没出息"，后来"以为中国的祸患，完全

---

① 党晴梵：《我们怎样救国？》，载《秦风周报》1935年第21期，第9页。
② 党晴梵：《我们怎样救国？》，第8页。

是清廷所招致，于是大痛恨满洲"。①

破产以后，他避债到上海，考入中国公学，"才立了革命信念，以为革命就是救国"，同时"以为要救国，非有这样现代知识不可。因此对旧日那些咬文嚼字、训诂考据的学问，颇生厌倦"。参加辛亥革命后，他大失所望，于是"想到要救国，须要从教育入手"。②大约在20世纪20年代后期，党晴梵在陕西靖国军瓦解以后，开始全身心投入学术，并接受了"文化救国"的思想，认为要救国非要有好的文化不可。以身救国是党晴梵一生最重要的情怀，也是他构建关学的动力基源。

基于传统文化，批判地吸收西方文化以构建新文化来救国，是党晴梵的基本文化观念。他认为，"诚以一国自有历史，自有国风，自有特殊情形，其好处绝不能一笔勾销"③，但他又并非封建文化的保守者或虚无主义者。党晴梵说：

> 吾人今日固不必悾悾以保守国粹，死守固有文化；必须开拓眼界，建筑现代新文化，如此才能不为天演淘汰，才能合于现代生活；然而对于固有文化之遗产，倘一但敝屣视之，直等于无历史之民族，新文化又何由建筑？一出大门，不识一人，固属不可，自身不知自身高低，亦属愚骀。④

> 对于西方新文化，要主张合理的接受，不是马马虎虎，给予甚么，便要甚么。⑤

对于文化的复兴，党晴梵主张："一面要发挥我们所固有的文化；再一面积极的，要接受西方新文化，以应时势的需要，然后再造成一种新的中国文化。对于分别拣择一层，尤要注意。"⑥他认为，"所谓今日之'学术综合'，亦即此意"⑦。

---

① 党晴梵：《我们怎样救国？》，第9页。
② 党晴梵：《我们怎样救国？》，第9页。
③ 党晴梵：《陕西文化的过去和未来》，载《西北研究（北平）》1931年第2期，第63页。
④ 党晴梵：《明儒学案表补》，党晟所藏党晴梵手稿本，1929年，第9页。
⑤ 党晴梵：《陕西文化的过去和未来》，第63页。
⑥ 党晴梵：《陕西文化的过去和未来》，第63页。
⑦ 党晴梵：《明儒学案表补》，第74页。

那么如何建构新的中国文化呢？党晴梵认为，新文化的建设一方面要有热爱国家、注重气节的道德和立足实践、经世致用的知识，另一方面还要有能激发人类精神、提升精神情操的艺术。1931年，西京金石书画学会在西安成立，党晴梵作为发起人之一在《西京金石书画学会缘起》一文中以救国意识为基础，正式建构起以道德、知识和艺术为本位的文化观念，他提出："发扬国光，振兴民族，必须有艺术之熏陶，始堪收文化之效果。"①何以如此？他说："诚以吾人之生活，如其专恃知识与道德，则生活不免有凝滞之象。再进而涵泳之于艺术，则生活顿呈活泼向上之观。然而不以知识和道德为其基础，又不得回翔于艺术之林。"②进而主张国人以艺术"增高道德修养，移易社会风尚"③。关于道德、知识、艺术与生活关系的这一论述，构成了党晴梵重构关学的基础观念。

三、历史视域的彰显：从理学到文化

历史的建构，是历史建构者以自己特有的视域投向实在的历史，从中选择特定的历史人物并对其予以当代的重构。因此，历史建构的效果并不完全取决于历史的客观存在，还取决于建构者审视历史的视域。建构者视域的不同影响着其历史建构的效果。一般而言，历史建构者审视历史的视域越广阔，他看到的历史现象越贴近真实。党晴梵之所以能构建出与以往不同的关学谱系，首先在于他对关学的历史审视完全突破了以往史学家的理学界限，而采取了更为广阔的历史文化视域。

理学是传统关学谱系建构者的主导型视域观念。通过考察文献可以发现，在以往的关学谱系建构中，儒家理学之外的文化现象都在历史建构者的视域之外，好像中华文化的传承只有理学一脉，而释道文化乃至于异域文化都与理学的产生没有任何关系，这就是儒家道统观念支配下关学谱系建构的基本特点。受到近代史学观念影响的党晴梵则不同，他已经清醒地认识到理学文化的产生与释道文化有密切的关系，并认为历史文化与当下文化之间的转承相因，因此主张研究某一时代的文化必须了解前代的文化。1929年，党晴梵即在对明代理学的考察中分析了佛教自晋唐以来在中国的传播情况，从儒释道三教文化的关系特别是禅宗论及

---

① 党晴梵：《党晴梵诗文集》，陕西人民教育出版社，2007年，第120页。
② 党晴梵：《党晴梵诗文集》，第119页。
③ 党晴梵：《党晴梵诗文集》，第120页。

其对宋代理学形成的影响，并提出：

> 宋明人之性理学说，自是当时中印文化接触以后，产生出新文化之结果。亦即当时中华民族实际生活之所反映。如果吾人以现世之眼光观察，对宋明学说，未有不觉其已成过去。但一时代，一民族，自有此时代，此民族之社会生活，而后乃能建筑一种哲学体系。此体系之完成，尤不能不视其历史背景与社会背景，所以欲明白现世文化，更不能不明白前代文化也。①

基于对文化在历史发展过程中前后相因关系的认识，党晴梵在陕西文化的整体视域下展开了对关学文化的探讨。1931年，党晴梵在《陕西文化的过去和未来》一文中，从中华民族文化演进的角度提出"陕西是中国文化的策源地"的观点，他说："中国从前的文化，因为吾族由西方东渐，在陕西树立文化基础，才遍布于东南西北各地。所以要谈中国的固有文化，就不能不承认陕西是文化策源地。"②在该文中，他讲了"黄帝的发明""仓颉的创造文字""周代的教农、演易、制礼作乐、西征""秦汉的统一、建筑、交通、作史、拓边""唐代沟通中、印文化与建立中国的佛教基址"，最后落脚于"宋、明、清的关学"。对于关学，党晴梵不仅点明关学主要人物的学术特点及关学发展变化的基本脉络，还特别概括了整个关学的特点，在他看来：

> 自宋之横渠，到了晚近学者，所谓"关学"的一脉，莫有一个不是磊磊落落有气节的。他们成千年来的学者，实在是立品处，皆能表率社会，为社会的模范，时时可以转移社会。他们的讲学，是处处讲实用，处处以身作则，决不是与社会不相干的。所以成为支配文化的中心人物。黄梨洲先生（宗羲），在他所著的《明儒学案》上，大书特书曰："风土之厚，而又加之以学问者。"便是颂扬陕西的学者，实在就是充分的认识了陕西的文化。③

"有气节""讲实用"是传统关学的主要特点和基本精神，由此可见党晴梵

---

① 党晴梵：《明儒学案表补》，第9页。
② 党晴梵：《陕西文化的过去和未来》，第62页。
③ 党晴梵：《陕西文化的过去和未来》，第58—59页。

对关学认同和接受的维度。在《关学学案》中，党晴梵进一步对清代关中文化做出了总体评价：

> 三百年来，关中学者：中孚（李颙）既建立"反身"哲学的体系，丰川（王心敬）增以"性敬同归"，益光大之。天生（李因笃）与丰川尤能致力于"事功之学"（农田水利等），泾阳王氏（徵）又早启迪"力艺之学"（即近代物理学）。在这样氛围之中，于是有杨双山的学术思想产生。后来一脉相承者，则有李时斋（元春）、柏子俊（景伟）、刘古愚（光蕡），此实为清代关学之正宗。其仍蹈袭宋明性理学之糟粕者，则有王仲复（建常）、孙酉峰（景烈）以及于杨仁甫（树椿）、贺复斋（瑞麟）。若其专攻文史，则又有王山史（宏撰）、郭胤伯（宗昌）、孙豹人（枝蔚）、李叔则（楷）、康太乙（乃心）、屈见心（复）、路闰生（德）、张乾伯（佑）、岳一山（震川），亦自成为风气。①

在党晴梵看来，清代近三百年的关中文化中，以王徵、李二曲、李因笃、王心敬、杨屾、李元春、柏景伟、刘古愚为代表的一系不但能建立"性理学的反动"、提出新的学说，而且能致力于"事功之学""力艺之学"，具有紧贴现实、不断开拓、敢于疑古、开放兼容、经世致用的特点，因此"实为清代关学之正宗"；以王宏撰、郭宗昌、孙枝蔚、李楷、康乃心、屈复、路德、张佑、岳震川为代表的一系，"专攻文史"，"亦自成为风气"。这两系自然也成为他选择关中文化人物构建符合其文化观念的关学谱系的基本界域。

四、研究方法的更新：社会分析与借西诠中

基于特定的视域选择出能代表自我主体精神需要的历史典型是历史建构的必要条件。然而历史的建构并不仅仅是将历史人物从过去"拿到"现在，还需要历史建构者对历史人物进行重塑。而对历史人物的重塑不应局限于单纯的描述，还需包含必要的分析和评价。而作为分析和评价基本手段的研究方法，无疑对历史人物的重塑起着重要的作用。

---

① 党晴梵：《关学学案》，第31—32页。

就传统的关学谱系文献来看，以往的关学史家都是基于道统观念，仅仅从儒学的学术继承上构建关学，虽承认宋明理学诸学派同属于理学，却不敢直接承认关学与释道思想及其他学术思想的渊源关系，更忽视了关学与陕西地域文化，与不同时期包括政治、经济等在内的社会存在之间的关系，好像关学史只是基于儒家道统的"单独的、孤立的自我精神运动"。

党晴梵在撰写《关学学案》时则不同，他虽然仍采取人物评传的方式建构关学，却舍弃了传统理学家的道统观念，而是在对案主生平、著作严谨考证的基础上，充分运用社会学的原理，从思想渊源、政治、经济、地域、阶级等角度，多维度地分析其思想成因，并能基于思想发展的历史性和中西文化的互通性，对关学人物展开比较性的评价定位。

党晴梵在分析杨屾的思想渊源时说，杨屾思想的产生，"此实晚明西洋学术输入的影响，亦由明人'心学'过于空疏之弊生出来的反动，更是当时的时代所要求"①。他明确肯定杨屾对李二曲思想的继承，认为"杨氏'为己'之说，即是中孚'反身'之说的发展"②；但同时亦明确指出，杨屾生在西方宗教学术传入中国的明清时期，他的思想"当然易受影响"③。接着，党晴梵更从政治、经济角度探讨了杨屾思想形成的社会原因，曰：

> 封建制度的经济基础，是建筑在农业的自给自足。究以生产不足，分配不公，西北方面，又有天灾人祸的重重压迫。多数人的生活皆不安定。杨氏好学深思，感觉敏捷，是以其学即从经济方面出发。发展经济的方式，杨氏以为先要"分职、互济"，技术即可进步，以增加"生产力"。如此人人的生活，皆可臻于安定。这又是社会状况使然，此层更为主要因素。④

由此可以看到，党晴梵已经采用社会历史综合分析的方法来研究思想史。此外，他还运用古今比较的方法，将杨屾与李因笃、王心敬进行比较：

---

① 党晴梵：《关学学案》，第32页。
② 党晴梵：《关学学案》，第42页。
③ 党晴梵：《关学学案》，第39页。
④ 党晴梵：《关学学案》，第41—42页。

> 天生（李因笃）《受祺堂集》，多言漕运、田赋、兵政，……丰川（王心敬）《续集》，亦详言农田、水利，要不外中国传统的"通经致用"之说。但李、王二氏，所致力于实用，则着眼于国家社会全体，殊忽略了个人。杨氏学说，纯从个人生产与生活着眼，由个人而及于家庭、社会、国家。此在哲学上的观点不同，实亦杨氏对于当时社会状况，更能认识清楚的原故。从上层着眼，仍不脱离儒家"致君泽民"的传统学说。如果没有机会，本身没有地位，仍不免等于空谈。从下层着眼，则毫不凭借他人，可以步步做去。所以同为致用之学，价值殊有不同，效果亦自各异。①

在力学（物理学）方面，党晴梵肯定"杨氏对于力学，确有研究，所绘的图，能透视而有焦点，非吾国古籍中所能见到。与天生、丰川各家书中只论及致用之原理者，精粗确有不同"②。由此可见历史比较法在党晴梵关学研究中的运用，亦可见西学东渐之后个人主义观点和科学技术观念对党晴梵的影响。

当然，其中最为突出的是党晴梵从中西比较的角度对杨屾的评价定位。他提出，杨屾是"十八世纪中国之个人主义（individualism）者"③，"此种学说的发生，仿佛是资本主义社会，将要临到的前驱"④。在党晴梵看来，杨屾的经济学说，"深同于亚丹斯密（Adam Smith）、里嘉图（Ricardo）'分工'之说。其哲学，亦多合于斯宾诺莎（Spinoza）诸氏。所言五行为天、火、地、水、气，为'生人生物之材'，是客观的'纯体'（即实质），其说合于亚里士多德（Aristotle），而非中国的五行'生克制化'旧说。其言天体经纬度，则又是牛顿（Newton）以后的学说"⑤。除此之外，党晴梵还将杨屾与培根、笛卡尔、斯宾诺莎进行了比较，这实际上是将杨屾放到整个世界文化发展的视域进行评价。应该说，党晴梵从中西文化比较的角度研究关学思想的特征和贡献，对现在的关学研究仍有启发意义。

---

① 党晴梵：《关学学案》，第42—43页。
② 党晴梵：《关学学案》，第44页。
③ 党晴梵：《关学学案》，第31页。
④ 党晴梵：《关学学案》，第33页。
⑤ 党晴梵：《关学学案》，第36—37页。

五、自我观念的表达：宗国、疑古、事功与文学

在历史建构者的视域下，历史人物并不仅仅是历史中的存在，通过新的视域审视和借助新的研究方法，自然能重塑历史人物在当下的时代生命，历史建构者也能借历史人物"说话"，以表达自我的基本观念。通过文化的视域和社会分析、中西比较的方法，党晴梵从关中文化的历史源流中特意拣择出王心敬等五位学人来重构关学，这充分表明了其时代意识和自我意识的觉醒。在他的视域下，《关学学案》所选定的五位案主不仅是三百年来关中文化的卓越代表，更是其文化观念下宗国意识、求知精神和艺术情趣的"历史代言人"。

莘野、涚堂、悔翁、丰川在道德上代表着党晴梵所持守的宗国情怀。他将丰川、涚堂、悔翁、莘野纳入关学，所看重的不仅是其在学术或者文学上的地位和影响，更是其处身国变而保持节操、独立于世而不媚权贵的高尚气节。面对朝廷的征召和达官贵人的延聘，康乃心"毫无所动于中……辞不获已，入华山避之"①，孙枝蔚"一莅都城，翩然而返"②，屈复则"闭户不纳，赋《贞女吟》以见志"③，王心敬更"以全力拒绝"④，故"其心之苦、志之洁、行之芳"，"其不愿侧身于下首阳之夷齐队中可知"。⑤党晴梵更看到了四位学人的宗国情怀："此中殆有故国之隐痛，而不肯辱身虏廷者？"⑥其根源则"实亦不能外'思乡土而怀宗国'"⑦。"思乡土而怀宗国""眷怀宗国"的爱国情怀，是党晴梵和以上诸人道德节操的意识根源。

丰川、双山在学术上代表着党晴梵所说的求知的学术精神。党晴梵极为看重王心敬和杨屾特有的事功倾向、疑古精神和实践作风。他评价王心敬说，"先生之学，固然以性理学为主干，然对经史，异常湛深，所持议论，平允透达，尤明晰当世形势，所以事功之学，实为特出"⑧，认为王心敬"每用综合比较方

---

① 党晴梵：《关学学案》，第49页。
② 党晴梵：《关学学案》，第16页。
③ 党晴梵：《关学学案》，第28页。
④ 党晴梵：《关学学案》，第4页。
⑤ 党晴梵：《关学学案》，第16页。
⑥ 党晴梵：《关学学案》，第4页。
⑦ 党晴梵：《关学学案》，第17页。
⑧ 党晴梵：《关学学案》，第4页。

法研究，多有心得，尤以富于'疑古'之精神，而断不为古人成说所囿，为所难能"①，其"由史学演绎而出者，即愚所谓事功之学也"②。他认为杨屾"理论与实践一致，这是杨氏学术的真精神"，"吾人所服膺杨氏的，尤在于杨氏的'实验'与'反对复古'的精神"。③注重事功、敢于疑古、反对复古、注重实践的精神，是党晴梵和王心敬、杨屾经世致用、关注现实的价值取向的共同之处。

莘野、溉堂、悔翁在文学上代表着党晴梵所倡导的艺术精神。党晴梵对康乃心、孙枝蔚和屈复的诗歌成就给予很高评价，在关中卓然成家的诗人中，他"独心仪乎溉堂与悔翁"④。他评价孙枝蔚的诗曰："眷怀庐墓，系念田园，不忘故旧季昆，情至言切，语重心长，境地光明，音韵郁苍，尤能干之以风骨，铸之以经史，故予于'朴'字之外，而又益之以'洁'与'真'。知此，庶可以读溉堂之诗。"⑤又言"悔翁论诗，于赋比兴之外，专以寄托为主"⑥，谓屈复"五言古诗，简静明洁，一本汉魏，……七言古诗，用笔婉转，夭娇生姿……。古乐府，嬉笑怒骂，无非文章。其含蓄蕴藉，寄托遥远，为生平独到者，则七言律诗。……表面似乎为咏物怀古，然而内涵者皆当时史实"⑦。

在党晴梵看来，王心敬、杨屾、康乃心、孙枝蔚和屈复作为关学中人，正是艺术与道德、知识统一的象征，对艺术精神与人的精神的培育具有重要作用，这也是他将康乃心、孙枝蔚和屈复纳入《关学学案》的用心所在。党晴梵之所以将王丰川、杨屾、康乃心、孙枝蔚和屈复作为关学的代表，乃是基于从文化上对关学的观念重构。因此，党晴梵所建构的关学并不是传统的关中理学的代称，而是关中文化的代称。关学内涵从关中理学到关中文化的转变，是关学认知观念在近代转型中的重大变化，也是关学在近代走出理学的一种新的趋势。

六、重构中的寄托：情感世界

基于自我的理念选择并重塑历史人物来表达自我的观念，是历史建构者主体

---

① 党晴梵：《关学学案》，第12页。
② 党晴梵：《关学学案》，第10页。
③ 党晴梵：《关学学案》，第46页。
④ 党晴梵：《关学学案》，第16页。
⑤ 党晴梵：《关学学案》，第17页。
⑥ 党晴梵：《关学学案》，第27页。
⑦ 党晴梵：《关学学案》，第29—30页。

精神的理性维度。但历史建构者本身并不仅仅是理性的存在，同时也是情感和意志的生命存在。在对历史的重构中，历史构建者不仅可以借助历史人物及其作品来表达自己的理性观念、价值取向，还可以表达自己的情感世界，这就是历史建构中的情感维度，同时也是"庄周梦蝶"中"栩栩然蝴蝶也，自喻适志与""与物同化"的艺术境界。然而只有高超的艺术家才能在对历史的重构中达到这种境界。党晴梵不仅是一位史学家，还是一位诗人、一位革命者，与此前关学谱系的建构者不同，他在对近代关学的建构中时不时流露出诗人气质，并能借古抒怀，用诸位诗人的经历和作品来寄托自己的情感。这种特有的艺术气质，是党晴梵重构关学作品中个人气质的独特表现。

党晴梵常将自己的学术和生命历程倾注于对康乃心、孙枝蔚和屈复的艺术抒写中。他论康乃心曰："综太乙先生一生学问，少年泛滥词章，与迦陵、玉樵诸词人相驰逐。中年考覆金石文字，精研经史志乘，致力于训诂考据之学，间亦傍及诸子百家，与亭林、山史多切磨。晚年才皈依宋明性理学，对于二曲，忽自侪于弟子之列。"①而党晴梵本人也经历过与康乃心类似的心路历程，曹冷泉《陕西近代人物小志》言：

> （党晴梵）先生少富才华，慕稼轩、同甫之为人，关山戎马，历佐军幕，盾鼻磨墨，气吐风云，可谓先生之诗歌时期也。既而悔之，深自抑敛，读尽宋明性理之书，著有《宋明儒学案补编》，以补梨州之遗。近年专攻社会科学，并以其原理著有《文字学》一书，以生产关系剖析文字发生之由，实为淡长梦想所不及，汇史学、字学于一编，诚不朽之著述也。近日更以科学之成果，铸金石甲骨之材料，著为《中国古代社会意识大纲》，此先生史学之时期也。②

党晴梵与康乃心都在早年泛滥词章，中年转入对金石文字的考求，又从考据训诂之学转入对宋明理学的探讨，如此相近的心路历程，自然能引起二人的共鸣，在康乃心身上，又何尝不体现着党晴梵对学术和人生真理的曲折追求？

然而更让人感受深切的，是孙枝蔚和党晴梵的生命历程。党晴梵论溉堂：

---

① 党晴梵：《关学学案》，第52页。
② 曹冷泉：《陕西近代人物小志》，樊川出版社，1945年，第18页。

"生平忽而杀贼,忽而经商,忽而读书,忽而却聘。"①又说溉堂"身历国变,干戈偷生,杀贼未遂,匿迹盐荚,其志大可悲矣"②,这不正是党晴梵先生革命生涯的真实写照吗?这不正是党晴梵先生内心痛苦的真诚流露吗?而溉堂"诗似李太白,而骨力尤胜,人似刘越石,而处身更坚苦","其心之苦、志之洁、行之芳","其诗亦断非当时流辈所可企及",亦正是党晴梵先生人格和诗风的真实写照。③

党晴梵还借对溉堂之诗的"考证",寄托了他对故人郭坚的思念和对混乱时局的不满。郭坚是陕西靖国军著名将领,曾参加辛亥革命。党晴梵对郭坚认同甚深,早年他在郭坚军中任秘书长时,即为之写下"我来便挟如椽笔,为尔据鞍草檄文"的豪迈诗句。然而,1921年郭坚被军阀以"流贼"之名诱杀于西安。对此,党晴梵自然不能释怀。借对孙枝蔚《与客二十人夜发三原赴张果老崖》一诗的考证,党晴梵极力为郭坚辩护,进而通过"昨慕郭君义,勉强效周旋""豪杰起草泽,不复择愚贤""郭君建义旗,尽室离泾阳。……哀哉无王命,布衣念封疆"等诗句,④再现了郭坚当初擎举义旗、奔赴疆场的情形,表达了自己对与故人一起投身护法运动那一段历史的怀念,而其中"与国雪大耻,何用恤杀伤"⑤的诗句,更表达了他对设计杀害郭坚之人的强烈不满和愤怒指责。这种表达手法,正是党晴梵所赞赏的屈复诗作的所谓"寄托"的笔意。

如上分析,在《关学学案》中,党晴梵突破了传统的理学观念和道统意识,利用以道德、知识和艺术为架构的文化观念重新建构了关学。他基于中国近代社会的现实危机,以深厚的宗国情怀和文化意识为基源,从历史文化的广阔视域审视了关中文化的发展历程,从中选择出王心敬、杨屾、康乃心、孙枝蔚、屈复五位关中学人,运用社会分析、中西比较等研究方法对其予以重塑,从而建构起了融合气节、疑古、实践、事功、文学等多元素,以道德、知识、艺术为架构的近代关学观念。党晴梵对关学的近代重构,具有强烈的时代意识、个人气质和情感色彩,也标志着关学在走出理学之后紧贴时代的一种建构意向。《关学学案》是近代社会转型背景下关中学人对传统关学进行重构的代表性作品,学界对此应给予足够的关注和重视。

---

① 党晴梵:《关学学案》,第24页。
② 党晴梵:《关学学案》,第16页。
③ 党晴梵:《关学学案》,第24页。
④ 党晴梵:《关学学案》,第20—21页。
⑤ 党晴梵:《关学学案》,第21页。

曹冷泉先生关学研究述评
——兼论现代关学研究之基本认识与方法

引 言

  对前人研究成果的借鉴，是推进学术研究的必要前提。21世纪以来，关学研究者在不断拓展、深化、推进关学认识和研究的同时，也着力于对20世纪关学研究重要成果的回顾整理。但由于民国关学研究文献或散存于各种旧时报刊难以搜求，或尚为手稿未曾出版，故诸学人对20世纪关学研究成果的述评多侧重于中华人民共和国成立之后，而对民国一段，除集中于以张载为主题的研究成果外，对关学整体及张载之外其他关学人物之研究成果少有论述评析，诚为遗珠之憾。基于此，学界往往以为关学整体研究和张载之外关学人物的研究始于中华人民共和国成立之后，但如是判断与实际并不符合。

  经笔者广泛搜求，发现民国时期对关学整体之研究及其他学人之研究成果已经出现，且与传统相比呈现出新的特点，即：不但已经开始运用社会学、历史学等现代学术方法对关学学派的成立、渊源、沿革等问题进行分析，而且在研究中注意借鉴域外学者关学研究之成果，并注意关学人物思想特点与西方哲学观点之比较。这说明，在民国时期，国内学人特别是关中学者已经开始用现代学术方法来研究关学，关学的现代研究史应该始于民国时期而非中华人民共和国成立之后。民国时期的关学研究，对当今关学研究的深入开展仍具有启发意义和参考价值。曹冷泉先生就是早在民国时期便已开始研究关学的重要学者之一。

  曹冷泉（1901—1980），原名曹赞卿，安徽颍上人。1925年参加中国共产党,曾任东南大学党组织领导人、南京市委委员。1928年从南京中央大学毕业后,因参加皖北四九起义、江苏茅山起义被国民党通缉,遂易名冷泉,出走陕西,任《中山日报》社社长及西安各界讨蒋委员会主任委员等职。1931年接办《西北文化日报》并兼《西北画报》经理。1945年由民盟中央常委、西北支委主任杜斌丞发展为民盟盟员,曾任西安师专、北京华北学院、安徽学院教授。中华人民共和国成立后,曾任安徽大学校委委员,安徽省文联常委,陕西师范学院、陕西师范大学教授,民盟陕西省委委员,陕西省政府第三、四届委员,西安市雁塔区第二、三、四届人大代表等。曹冷泉一生主要在陕西活动,对陕西怀有深厚的感情。曹冷泉好友武伯纶先生说:"冷泉尝言,西安为伊之第二故乡,愿终老于斯,葬于斯。"[1]1980年12月曹冷泉病故后,即被安葬于西安翠华山天湖之畔,并立碑纪念。

作为我国现代著名学者、教育家、诗人和无产阶级革命家,曹冷泉一生勤于笔耕,著述颇多,今所知者有:《关学概论》《陕西近代人物小志》《清初具有民族气节的诗人屈复传评》《刘古愚哲学体系》《康有为思想之评述》《康有为与公羊学派》《孙子兵法注释》《楚辞研究》《文心雕龙浅释》《诗品通释》《文学教学法》《语文教学法》《翠华集》《落英集》《黄花集》《雨花集》等。曹冷泉去世后,其子曹春芷搜集其部分作品,编成《曹冷泉诗文集》,由当代中国出版社于2012年出版。

曹冷泉的关学研究成果,主要见于其所著《关学概论》《刘古愚哲学体系》以及《陕西近代人物小志》的部分论述。《关学概论》发表于《西北文化月刊》1941年第1卷第3期,《曹冷泉诗文集》未收录。《刘古愚哲学体系》从1945年3月15日起在《经世月刊》连载,后作为《陕西近代人物小志》附录,于1945年8月由樊川出版社出版。曹冷泉的这些著作对关学研究意义重大,但遗憾的是至今还没有受到应有的关注。据笔者所知,其《关学概论》一文是目前所能见到的第一篇用现代学术方法对宋元明清至民国关学进行概括论述的文章,不但论述了关学的意义、发源、沿革、特色,而且对张载、吕大临、吕大钧、吕柟、杨爵、冯从吾、李二曲等关学大儒的学说予以分析论述,并提出刘古愚、朱佛光二人为"关学别子"的说法,全文洋洋洒洒一万四千余字,堪称研究关学的一篇大文章。而《陕西近代人物小志》一书,虽并非专为关学人物作传,但却是继1921年张骥完

---

[1] 曹冷泉:《曹冷泉诗文集》,当代中国出版社,2012年,第1页。

成《关学宗传》之后，对和刘古愚同时及其后的关学人物予以关注的重要文献之一。在该书中，曹冷泉先生除了在"理学"部分为当时关学中清麓、烟霞两学派九人撰写小志之外，还在"文学""事功"等部分为《关学宗传》序言所提及而未入编的萧筱梅，出自刘古愚门下的陈伯澜、李孟符、张扶万、郭希仁、张季鸾，朱佛光及其门下弟子于右任，以及贺瑞麟再传弟子刘允丞等人撰写小志，这对后理学时代关学的研究亦不无参考价值。书后附录《刘古愚哲学体系》一文，除对刘古愚的生平、学术地位及特质进行论述之外，还专设"古愚学髓"一章，从"元、气、理""物之生成""形与性""气质之性非恶说""格物""天人之迷网"六个角度完整地论述了刘古愚的哲学思想，进而肯定刘古愚是"横渠之正宗，关学之真传"，由是确定刘古愚在关学史上之地位。

由以上著述可知，曹冷泉先生不仅对关学之整体有所探讨，对关学之传授亦有所推进，且其已经摆脱古人成见而采用现代学术方法、借鉴国外学术成果研究关学，对关学认识之真知灼见，真可谓俯身可拾、琳琅满目。此种关学研究风格置于民国时代，尤为先识卓见，故其对关学之研究，不仅对现代学术视野下开展关学研究有开山之功，亦具有积极之借鉴价值。对其关学研究之方法、观点做一叙述评介，甚有必要。

一、关学意义及学派成立

学术研究之基点，在于对研究之对象予以廓清，关学研究亦须如此。曹冷泉在《关学概论》首节"关学的意义"中，对关学的属性、范围、内涵、特征等问题做了探讨。他在开篇就提出："自宋，张载讲学于关中后，后世学者遂以张载所代表之学说，称之为关学，故所谓关学具有学派的意义。"[①]此即扼要点明：关学不仅是后世对张载所代表之学说的概称，而且具有学派之意义。对于关学之属性，曹冷泉在文章中亦明确点出："关学为中国理学之一部。"[②]此即点明了关学的理学属性，将之与世俗所误解的关中学术或关中文化区别开来。那么，关学之历史范围为何？对此，曹冷泉在该文的第三部分"关学沿革"中，按照关学发展的历史轨迹叙述了关学从张载开始历经宋金元明清的流变，其下限则至于清末民

---

① 曹冷泉：《关学概论》，载《西北文化月刊》1941年第1卷第3期，第17页。
② 曹冷泉：《关学概论》，第17页。

初被称为"关学别子"的刘古愚和朱佛光。这足以表明,他所认定的关学的时间范围,是始于北宋而至于民国的。以上观点,构成曹冷泉对关学的基本认识。

如此,则曹冷泉所谓之"关学",当以横渠为代表,始于北宋而延至民国,且具有学派之意义。然而,众所周知,张载学派成立于北宋时期,其门户虽微有殊于伊洛,但在张载殁后,其门下弟子之三吕、苏昞、范育等皆东学于二程,游师雄、种师道、李复相继投身于边事,嗣后关中沦陷,门户零落,金初已告中绝,此后金末元明清,关中理学之传均出自朱王之学,与张载学派并没有直接的师承关系。正如曹冷泉在该书中所说:

> 关中自张载讲学后,研究性理之学者闻风而起,代有大师,历千年而弗息,可谓盛矣。明冯从吾将关陇历代关学之传受师承与学说要旨,汇为一编,颜曰《关学编》。厥后清初王心敬(丰川),清末李元春(桐阁)贺瑞麟(复斋)于此书各有增续,题曰关学续编。于是凡关陇心性学者之言行事功皆萃于此书矣。惟此书于周张程朱各派学者,皆兼取并录,不过皆籍隶关陇而已,若依据冯王李贺诸家之见解,则所谓"关学"一名词,仅具有地域性,已不足代表一学派 Shool 矣。①

曹冷泉谈到冯从吾《关学编》之创制及王心敬、李元春、贺瑞麟等人对《关学编》的续补,指出《关学编》及其续补的特点是对关中地区之理学的传承而已,凡周敦颐、张载、二程、朱子、阳明诸理学学派皆"籍隶关陇",故所谓关学,在冯、王、李、贺诸关学史家那里,仅具有地域性,其作为一学派并不能成立。此一观点,在后世亦常被提起。若事实当真如此,则自宋元而至明清之关学,固然不能成为一学派也。然曹冷泉对此种观点并不认同,其虽基于《关学编》及其续补认同关学之范围自张载而延至后世,却立足于《关学编》及其续补中诸关陇性理学者之学术差异而发现"其所同者",并以之为"关学之特有属性"而与其他理学学派相互区别。其曰:

> 此亦不然,关陇性理学者无论或崇程朱或崇陆王,或列籍于河东或列籍于甘泉,而其所同者皆注重伦常日用,躬行实践,与夫遵

---

① 曹冷泉:《关学概论》,第17页。

古尚礼。——故此数点者即可谓关学之特有属性矣。且关学因风土环境之关系，因千余年师儒递变传授之关系，而具有朴茂醇厚之色采，不同于程朱，不同于陆王，此吾人研究学术史者所应知者。①

从表面上看，金元明清之关学与北宋时期之关学有很大不同：北宋关学主要表现为张子学派，而嗣后之关学则呈现为或朱子或陆王之倾向，并列籍于当时不同理学流派。然就实质而言，所有时期之关学学者，皆"注重伦常日用，躬行实践，与夫遵古尚礼"，且"具有朴茂醇厚之色采"，而关学学者这一共同品质，亦构成其与其他理学学派之区别，故为"关学之特有属性"，"此吾人研究学术史者所应知者"，故不可就其表象而论也。据此可知，曹冷泉对关学的界定，不仅是遵循关学史家之典籍撰述而认同关学学者具有共同的地缘因素——关陇，更认为关学在这一地缘共性的基础上，具有能与其他地方学派相区别之群体共性，这一群体共性不仅历经时代变迁而贯穿始终，而且能涵摄其内部各个体而无所不在，更能体现自身整体特点而与他者区别。正因如此，关学不仅能"为中国理学之一部"而与其他学派贯通，且据此特点而"固可称为独立学派"②。曹冷泉又言："惜乎关学未能蔚为全国学术主潮，不为学者之注视。"③此语不但点明关学在历史上未能成为全国理学主流思潮之地位特点，亦回应了世人未能注意关学这一特点之原因所在，关学之自身特性未能为国人所认识，正与其影响所限有关。

或因为如此，在曹冷泉提出此一观点四五十年后的20世纪八九十年代，关学研究者尚在讨论：关学是仅指北宋时期的张载学派呢，还是包括其后宋元明清时代的关中理学？如果是后者，因为北宋时期的张载学派与后者并无师承关系，又如何能将之判定为一个学派？在此，曹冷泉则明确地提出，关学是"张载所代表的学派"，这一学派不仅包括北宋时期的张载及其门人，而且涵摄金元明清至民国的关学学者。而如此范围之关学学派之所以能够成立，则根源于"其所同者"构成之"特有属性"。曹冷泉对关学群体这一"共有特性"的论述，无疑是对冯从吾等关学史编撰先贤思想的推进，无疑对回应关学学派是否能够确立具有重要意义。

---

① 曹冷泉：《关学概论》，第17页。
② 曹冷泉：《关学概论》，第18页。
③ 曹冷泉：《关学概论》，第17页。

值得注意的是，针对金元而下之关学与北宋时之横渠学派并无直接的师承关系，从而关学学派之成立仅限于两宋之交，而不能延至元明之后的观点，在20世纪末期，陈俊民、刘学智均已做出有益的探讨。陈俊民先生在20世纪80年代初即提出："关学，不是历史上一般的'关中之学'，而是宋明理学思潮中的一个重要的独立的学派，即宋元明清时代今陕西关中的理学。"①这一观点可以说是中华人民共和国成立后首次以《关学编》等文献为基础对曹冷泉观点的接续和回应。1997年，陈俊民针对"师承说"又进一步提出：明清关学学者与张载之间虽无"师承"，却有"学承"。他认为，"在关学及整个宋明理学的传衍中，每个理学家的学承，实际要比其师承更重要"，"自张载至李颙，代代学承不宗主一家，不各立门户，多能吸收融会各家之长，而不断丰富充实以躬行礼教为本的关学特点"。②刘学智也在21世纪之初提出："如何认识古代学派和学派的传承？是否学派一定是代代相接，恪守原旨？愚以为，学派，顾名思义，即学术派别之谓也。只要学术思想、学风相通、相合、相类或因其某一地域、某一时代所限者，皆可谓同一学派，其可以直接相承相继，亦可间接沿袭、传续，不一定非有师承门户不可。"③基于此，刘学智提出关学乃"与张载学脉相承的关中理学"的观点。④近年，刘学智又将前期观点深化，具体表述为：

> 从广义上说，关学是指由张载开创及其后一直在关中流传的理学的统称；而狭义的关学，则指张载及其后在关中流传的与张载学脉或宗风相承或相通之关中理学。事实表明，关学是一个有本源根基、学脉传承、学术宗旨，风格独特而又开放包容的多元的地域性理学学术流派。⑤

虽然陈、刘两位先生和曹冷泉先生对关学的下限断定存在差别，但对关学是自张载以来相贯始终的理学学派的判定则一致，可见，"道脉相沿，绵绵不绝"乃

---

① 陈俊民：《关学序说》，载《陕西师范大学学报》（哲学社会科学版）1982年第7期。
② 陈俊民：《关学研究与古籍整理》，见《三教融合与中西会通：中国哲学及其方法论探微》，陕西师范大学出版社，2002年，第236、237页。
③ 刘学智：《关学宗风：躬行礼教，崇尚气节——从关中"三李"谈起》，载《陕西师范大学继续教育学报》2001年第2期，第35页。
④ 刘学智：《关学宗风：躬行礼教，崇尚气节——从关中"三李"谈起》，第35页。
⑤ 刘学智：《关学思想史》，西北大学出版社，2015年，第5页。

基本共识。陈、刘两位先生从"学承""学脉相承"的角度论证关学历史，也是对从冯从吾诸关学史家以"籍隶关中""学为理学"建构关学到曹冷泉先生以"其所同者""特有属性"确立关学的理路的深化和延伸。

二、关学肇始及思想渊源

关学是具有关陇地域特点和自身学术特点且在历史上相贯始终的学派，那这一学派的肇始应是何人，其学派之思想渊源又何在呢？此是关学研究中另一重要问题。对此，冯从吾、王心敬虽基于道统观念均承认张横渠在关学史上之特有地位，然皆在其关学史著中为关学远溯源头，直追孔门四子乃至伏羲文武。对此，曹冷泉则不赞同。其曰：

> 冯从吾著《关学编》，于张载传前，冠以籍属关陇之孔门四子——秦子、燕子、石作子、壤驷子，此四子名不见之于经传，行无闻于后世，于关学初无关系，而冯氏以此四子为关学之祖矣。有是哉其迂也。王韦川更欲远溯之于伏羲文武。其序《关学续编》云："白念编关学者编关中道统之脉络也。横渠特宋关学之始耳，前此如杨伯起之慎独不欺，又前此如泰伯仲雍之至德，文武周公之缉熙敬止，续绪成德；正道昌明之会，为关学之大宗。至如伏羲之易画开天，固宇宙道学之渊源，而吾关学之鼻祖也。……"迂而无当，非为知言。①

对于冯从吾为关学溯源至春秋孔门，以"四子为关学之祖"，王心敬更远溯至上古，以文武周公为"关学之大宗"、伏羲为"关学之鼻祖"的做法，曹冷泉深不以为然，他直接批评冯氏"有是哉其迂也"，而王氏则更"迂而无当，非为知言"，可见其已突破传统理学以道统成见考量关学渊源之思路。但值得注意的是，曹冷泉在对先贤观点的批判中也蕴含了同情和理解，即其主张对古人之观念应从特定时代及立场出发，而不必过于苛责："盖迷于道统之见解，亦时代之关系，不可过非古人也。"②此种同情的批判态度，亦难能可贵。那么关学之研究，应从何人开始呢？曹冷泉明确回答：

---

① 曹冷泉：《关学概论》，第17页。
② 曹冷泉：《关学概论》，第17页。

> 余以为研究关学，应截断众流，自张横渠始，因自横渠后，关学始有师承传授之可寻；在横渠以前无关学之称也。横渠建树关学之基础，开发关学之风气，并著关学之特色。所谓"关学"应以横渠学说为基调。①

曹冷泉认为，正因为张载的出现，关学才有了师承传授，才有了"关学"之称，而关学的基础、风气、特点，都是以张载为基础奠定的。因此，张载不仅是北宋时期关学学派的创始人，更是整个宋元明清时期关学的奠基者，关学"应以横渠学说为基调"。基于此，曹冷泉运用社会学的观点，分析了关学产生的渊源。他首先立论说：

> 凡一学派之产生与形成，不仅历史的原因，同时更为环境的原因。考关学之产生，不仅应远溯关中历史上之人物，应知关学与国内各学派，与道教佛道亦皆有密切之姻缘。②

基于学派产生与历史及环境关系密切的认识，曹冷泉认为不应该像冯从吾、王心敬那样仅限于关中，从关中的历史人物那里找源头，而主张从整个国内，从关学与国内各种学派的关系，以及关学与道教、佛教的关系中找原因。其具体的论述又分为两方面。

首先，突破道统，从理学与儒释道之关系而言之。曹冷泉说："关学为中国理学之一部，关学发生之渊源，自然亦与中国理学同一原因。兹述中国理学发生之渊源，亦可当作关学之渊源观也。"③而其渊源主要有三：其一，儒家之固有思想。他提出："中国之理学本体论可谓源于《易传》，伦理则源于孔孟及《中庸》，方法论则源于《大学》。"④对当时认为理学是"儒表佛骨"，其内容皆袭取于佛道的观点，曹冷泉也进行了批判，认为这种观点是"数典忘祖"，并明确指出："中国理学之本质皆不过就《易》之阴阳、孔子之仁、《中庸》之诚，加

---

① 曹冷泉：《关学概论》，第18页。
② 曹冷泉：《关学概论》，第17页。
③ 曹冷泉：《关学概论》，第17页。
④ 曹冷泉：《关学概论》，第17页。

以综合深化而已。"①这种认识，点明了理学与早期儒家经典的内在关联，颇为中肯。其二，道教与儒家思想之融合。对此，他提出："道士陈抟隐居华山，种放隐居终南皆极蒙当道优遇，于关中社会必然有大之影响。陈抟所著木岩文集颇有调和道儒之倾向，皆足以促道儒之结合，而使关学之产生。"②此从关学产生前关中之道教文化入手辨析其根源，亦为切实。其三，佛教与儒家思想之融合。其曰："佛教圆融高深之哲理，自非儒家所及，儒者摄取佛学之长，以充实儒教学说，亦自为必然之趋势。如《宋史·张载传》言'传涉猎老释者累年，乃反而之六经'，《程颢传》亦言'颢泛滥诸家，出入老释几十年反而求诸六经，而后得之'，此不过儒家经持道统之言，更足以证明儒家袭取于佛教也。又如横渠批评《楞严经》，深入奥窍，亦足证其于佛教有深入之研究也。"③此一断言指明理学产生之前佛教对儒家之所长及儒者援佛入儒之趋势，又举理学奠基者张载、二程为例而言其确为事实，尤其指出横渠对《楞严经》之研究"深入奥窍"，尤值得关学研究者注意。

其次，突破地域的界限，从张载与国内学术关系而言之。他说："余以为关学固可称为独立学派，吾人不寻关学渊源则已，若欲寻关学之渊源，不能仅限于关陇也。如道教之陈抟、种放，佛教之明教大师，儒家之二程、范仲淹于关学之产生，皆有甚大之关系。二程不惟与张载有商量切磋之益，即张载之门人如蓝田吕氏兄弟、武功苏昞游师雄后皆东学于二程之门。……仲淹不独事功炫赫，且理学深湛，其为西帅多年，德威远播边服。其言行于宋代关中学风之影响必甚大，当不止张载一人也。"④曹先生此论，以游师雄东学于二程，诚为不确，然能打破地域之界限，从横渠及其门人与二程、范仲淹等人之交游入手探讨关学渊源，亦值得当代研究关学者思考。

约而评之，曹冷泉从理学产生及儒、释、道三教思想之关系入手，又从佛道二教及范仲淹在关中之影响、张载及其门人与二程之关系出发探讨关学在张载创立之时的渊源，确为灼见，值得当今关学研究者继续深入。特别是点出了理学构成之本体论、伦理学、方法论与儒家经典之对应关系，并明确理学产生之前已经出现儒

---

① 曹冷泉：《关学概论》，第18页。
② 曹冷泉：《关学概论》，第18页。
③ 曹冷泉：《关学概论》，第18页。
④ 曹冷泉：《关学概论》，第18页。

道融合、儒佛融合趋势，已经隐晦地提示理学及关学的发生实际并非单线继承某种思想，而是儒、释、道三种文化逐渐趋于融合的产物，这种分析比单纯从某一经典或者某一角度过度诠释理学及关学的思想渊源更为深刻、细致、全面。这对当前尚且薄弱的关学渊源研究确有一定的启发意义。

三、关学学风及时期划分

关学之肇始及其创始人既已明了，即"研究关学当以张横渠始"，且关学"应以横渠学说为基调"，则后世之关学传承，当与张载所奠定之关学的基础、风气、特色保持同一继承关系，此为关学学派成立之基础，亦是关学研究之前提。然而问题是，金元而下，关学发展与时代思潮相互呼应，从而呈现出或崇程朱或尊陆王的多种风貌。关学为何能呈现出此种风貌？今人或以为时代思潮所致，对关中为何能在不同时代接受多种理学思潮则关涉不足。曹冷泉则从张载及其后学与二程的关系中拈出"关中学者勇于从善"这一特点，作为关学前后融合继承之基础。其曰：

> 关中学者勇于从善，自横渠先生而能降心与年青后辈二程相商讨，嗣后国内凡有新学派兴起，关学皆能与之融合汇流。①

由此可见，关学之所以在经历了宗师陨落、关中沦陷之后仍能延续不绝，乃在于张载已经奠定"勇于从善"之学风。更为难得的是，曹冷泉还从张载与二程学术的同一性上进一步探讨了此种学风形成的根源。其曰：

> 黄宗羲云："横渠先生勇于造道。其门户虽微，有殊于伊洛，而大本则一也。"此言张程哲学基调确甚相同，尤其是论性，横渠与伊川完全一致。因此所以横渠对于二程，能降心相从（横渠与二程之关系详于后），互相推崇，互相启发。横渠此种伟大的学者态度，自足钦佩。而张门弟子于二程亦能拳拳服膺，无门户之见。②

---

① 曹冷泉：《关学概论》，第18页。
② 曹冷泉：《关学概论》，第18—19页。

可见，张载为关学所奠定的不仅是其学说、特色，更是"勇于从善"的学风，而这一学风的形成则基于张载与二程学说的根本一致，更基于张载人格的伟大。我们通观史料中张载与二程之交往及其对他人之态度（如对王安石），皆能看出张载在坚持己说的同时，亦有亲切温和谦虚之气象。今学者研究古人，往往从其思想差异处入手而忽视其为人气象及其所奠定的学风对学术传承之影响，值得反思。故而曹冷泉之发现，亦为研究关学之传承提供一个重要视角，即从学者本人之人格气象及其为学派所奠定之学风入手，探讨其学术传播之缘由。而从曹冷泉此论述之中，亦可见关学之形成，并非后世所言之"出于洛学"，实乃相互推崇、相互启发，不过两者所成所见互有不同也。而后人以吕大临为张载立传中有横渠见二程而"尽弃其学"之语，乃谓横渠之学出自二程，或对大临背叛师门之说信以为真，其所蔽，正在于不能见关学"勇于从善""降心相从"之学风在大临身上之体现。

进一步而言之，曹冷泉所发现由张载奠定之"勇于从善"，正是后世关学能与洛学、闽学、王学融合，以及容纳西学、新学，从而呈现出多元气象之重要原因。今人研究后世关学与张载之学的关系，不能不注重张载所奠定的这一基调，因为关学后来之发展，对各地学术的吸收容纳，皆与此有密切关系。据此，他根据"关学递变之迹"而将关学的发展分为三期。

第一期是关学与洛学的合流时期，即关学与二程之学合流时期。"本期以张载为开山之祖，蓝田吕大忠吕大钧吕大临兄弟、武功苏昞三水范育皆受学于张氏，少后则有华阴侯仲良、天水刘愿。"[①]即这一时期是从张载学派的建立到张载与二程的论学，再到其门下弟子在其殁后投入二程门下，时间下限是在两宋之交。

第二期是关学与闽学的合流时期，即关学与程朱之学合流时期。时间由金元以至明之中叶。根据曹冷泉的论述，笔者认为又可将这一时期分为"消歇""复兴""顿兴"三个阶段。第一个阶段是宋室南迁之后至金，无代表性人物。第二个阶段是金末至元代，主要表现是杨天德"为关学保一线之余绪"及许衡来陕对关学的推动，因而出现了杨恭懿、萧维斗、同恕、吕域、侯均、第五居仁、李子敬等人。第三个阶段是入明之后，主要表现是河东之学"大繁于关中"及三原学派的形成。曹冷泉认为，这一时期，关学的传承主要以程朱理学的形态传播，

---

① 曹冷泉：《关学概论》，第18页。

"故第二期的关学,仍可谓与闽学合流时也"①。

第三期是关学与王学合流期,即关学与阳明学合流时期。时间则自明正德以逮清末。其大略分为明、清两段。明代表现为南大吉代表的"王学入关之始",至冯从吾"综合摄取程朱陆王各家于一统系之中";清代则表现为"二大壁垒":一方是"私淑少墟"的李二曲及其门人及后学柏景伟等,另一方则为"笃守程朱"的王建常、张秉直、李元春、贺瑞麟等人。值得注意的是,曹冷泉先生还提及清末民初的两位关中学人,即"学杂佛老而倾心于革命"的朱佛光与"崇尚实学而同情于立宪"的刘古愚,他认为这两人同为"关学之别子也"②。

曹冷泉对关学沿革的这一划分,有几点特别值得注意:其一,他并没有袭用传统的以朝代更迭划分关学时期,而是从"关学递变之迹"即关学本身流变的特点出发,对关学进行时期的划分。显然,这比忽略关学自身流变的特点,而仅从朝代更迭角度划分关学发展的时期更为合适,值得今人参考。其二,在对关学时期的划分中,曹冷泉具有开阔的视野,并不是就关学而论关学,而是结合关学与异地学术派别的关系,将之划分为三个时期,这无疑把握住了关学自身的流变特征特别是与异地学术的关系。其三,在具体的表述中,曹冷泉也没有用类似"洛学化""闽学化""王学化"之类的说法,他更侧重的是关学与洛学、闽学、王学先后的"合流"关系。这不仅隐含了关学发展过程中出现多元的特点的原因,而且隐含了关学的发展并不是完全丧失自我,而是跟随时代和思想主流调适自我的特点。值得注意的是,刘学智近年在其关学研究中,基于关学是流行于关中的理学的认识,提出"关学并非出于洛学"、在张载之后也没有"洛学化"的观点,③与曹冷泉认为关洛在形成期相互启发、各自立说的判断以及张载去世后关学与洛学合流的论述相一致。

然而,笔者认为,曹冷泉将关学沿革分为三期的说法也不是不可商榷的。学术之流变,固然与每一时期学术主潮有密切的关系,但亦有歧出于当时学术主潮之外者。每一时代,固然以继承传统而开放接纳时代主流思潮为主体,然固守旧学而拒斥新学、尊其道而变其学,亦为常有之事,此在关学之发展流变中更为突出。故学术之细化,不当以时段强硬划分,而应根据其特点明其流变。此章学

---

① 曹冷泉:《关学概论》,第19页。
② 曹冷泉:《关学概论》,第20页。
③ 刘学智:《"关学洛学化"辨析》,载《中国哲学史》2016年第3期。

诚"考镜源流，辨章学术"之要旨也。故曹冷泉对关学之分期虽固有其价值，但依据"关学递变之迹"而"分判时期"，不若依据"关学递变之迹"而"辨析源流"为更胜也。

以笔者之见，根据关学发展流变的特点，而不是以时间为界而硬性划分阶段，将曹冷泉所提"分期"方法转化为与关学流变特征相应之"源流"考察，或许更符合关学自身发展的实际，即：

其一，对其所说"关学与洛学合流时期"，去掉"时期"二字，且将之划分为"张载学派之创立与本地传承"与"张载学派与洛学合流与发展"两系。前一系以张载一生为主线，涉及其思想发展、成熟乃至学派形成发展，而止于张载去世后其关中弟子李复等在关中的传授。后一系与上一系在时间上相切，即以张载殁后三吕、苏昞、范育东学于二程，既能坚守张载学说又能兼取洛学为一段，以明关学与洛学之具体关系；以朱子承接洛学之同时对张载学派思想的吸收为一段，以明确其与洛学、关学、濂学之兼传关系。如此，则关学之对外传承关系明矣。

其二，对于"关学与闽学合流时期"，亦当去掉"时期"二字，并首先考量朱子学在金末元初之际传入关中，直到明代初期关中学人接受朱子学，以明其以朱子学为主流而隐传张载学派的特征；其次，当考量明代中期河东之学关中之传及三原学派对朱子学之质疑反思，以明关学突破朱子学而向横渠之学复归之趋势；再次，当接此下关中拒斥阳明心学及清代朴学、晚清西学之关学学者，以明此一时期具有关学特点之朱子学在不同时期的坚守。如此分为三段，则朱子学与张载关学之源流递进关系更为明确。

其三，对于"关学与王学合流时期"，亦当去掉"时期"二字，而以南大吉为"王学入关之始"、冯从吾"综合摄取程朱陆王各家于一统系之中"、李二曲及其门人及后学柏景伟等为一线，如此则具有横渠底色、心学面貌之关学明矣。

其四，当专列"关学与西学合流"一系，即应注意晚明以来关中学者立于关学本位而对西学接受之动向，以王徵、杨屾、刘古愚及其门人后学为一线，如此则具有传统底色、西学面貌之关学明矣。

其五，或当开"关学之现代研究与继承"一系，讲述现代学科建立以来关学研究之进展及其思想精神之继承，如此则关学传承不至于中绝于理学之后，其于关学精神之现代传承不无裨益。

四、关学巨子及学派特色

曹冷泉对关学的三期划分，固可以呈现关学发展各个阶段与其他学派的融通关系，然而何以能表明关学之所以仍为关学，而不同于其他学派呢？此固可以关学之整体"基调""群体共性""特有属性"而言之，然须注意：关学之整体风格之成立，又须以关学人物各自特点之考察为基础。此整体与个别之关系也。为回应这一问题，曹冷泉在《关学概论》的第四部分专门开辟了"关学巨子学说论略"一节，对关学之重要人物如张载、吕大临、吕大钧、吕泾野、杨斛山、冯少墟、李二曲的思想做了评述，以突显其与张载之学的关系及其与异地同时代学者不同之特点，并在第五部分专门概括了关学的特色所在。

对于张载，曹冷泉重点阐述了张载学说的来源、体系和张载在宋学中的地位。关于张载学说的来源，他提出："横渠之本体论源于周易。""横渠之人生论则源于《中庸》之'诚'。"[①] 对于张载学说的体系，他则分为本体论和人生论两个部分讨论。就本体论而言，曹冷泉认为张载的"'太虚'为物质最原始的世界，为气之本体"，而"太虚不是真空，而为实有之源"，"横渠之太虚，与易之太极意义相同"，横渠之本体论可谓之为"太虚一元论"。[②] 对于张载的人生论，曹冷泉又分为心性说和伦理思想两部分加以阐述。就心性而言，他认为张载以为人性"虽源于天性，但有纯正偏乱之区别——即本然之性与气质之性的区别"[③]；就伦理思想而言，他认为"横渠之伦理思想，最富哲学根据"，"横渠根据其本体论——万有一元说，将孔子之'仁'与'孝'，及宗法社会之伦理道德，皆组织于完密的体系中，其伦理思想完全表现《西铭》中"[④]。他评价说：

> 横渠不但将宗法社会各方面道德伦理，皆与一解释，使之获有哲理的根据。且将仁爱之范围推及物类，其伟大的胸怀与见解，是儒家之进步。当时传者批评横渠之《西铭》陷于兼爱之蔽，不知此正横渠伟大之所在！……《西铭》中心意旨，则为万物一源，人皆上天之

---

① 曹冷泉：《关学概论》，第20—21页。
② 曹冷泉：《关学概论》，第21页。
③ 曹冷泉：《关学概论》，第21页。
④ 曹冷泉：《关学概论》，第21页。

一体耳，人只应体天心以尽天道。无论富贵贫贱，困苦艰难，皆应"各安其分"，即是死生，亦应服从上天的自然律。故曰："存吾顺事，没吾宁也。"此种宿命论的伦理观，实为宗法社会最理想之道德。①

对于张载在宋学中的地位，曹冷泉说：

> 横渠在宋学中地位确不亚于二程。其推崇二程完全出于学者之态度，横渠所以未能与程朱并称，盖有二因。一、横渠深于佛学，其批评《楞严经》皆能深入奥窍。其早年学说，不免杂有佛学之色彩。……故横渠之所以不为儒者重视，即因为其学所谓不"淳"的道理。二、基于上述之原因，故横渠门庭不若二程之盛，其学不得其传授。……少后关中又沦于异族，关学消歇。未若程朱二氏之学为世人所尊视。遂致后世言理者以程朱陆王并称，而张氏不与焉。②

可见，曹冷泉对张载学说的理解的确甚为精准。更值得注意的是，他在对张载学说进行分析时，已经开始注意国外学说，如论述张载学说来源时，例举日本学者常盘大定"横渠之学说源于佛教"的观点，并以为其说"固自可通，究不若谓横渠本体论源于周易为切实有据也。至横渠对于佛教有深刻之研究则为实事"③；对本体论进行分析时，则提出张载的本体论"与莱卜尼兹所谓宇宙是一片充实有同一的意义"④；在评价张载学说的地位时，则又引用了日本学者渡边秀芳的话，说"他（横渠）的《正蒙》的文章在宋代哲学第一，其洗练的笔致和澈底的理论，比其余一切哲学家都高超。确是宋代哲学家的首班"⑤。如此可见曹冷泉学术视野之广阔及对国外张载思想研究成果的重视与吸收。

对于张载而下的其他关学学人的学说，曹冷泉亦给予足够的重视。尤其值得注意的是，他在论述这些关学学人的学说时，注意重点把握其对张载思想和学风的继承关系，或其自身的理论特色及渊源所在。

如对于吕大临，他指出"与叔博究群书，尤精于礼"，"与叔的本体论及

---

① 曹冷泉：《关学概论》，第22页。
② 曹冷泉：《关学概论》，第22页。
③ 曹冷泉：《关学概论》，第21页。
④ 曹冷泉：《关学概论》，第21页。
⑤ 曹冷泉：《关学概论》，第22页。

人生观,仍承横渠'太虚一元'论,认气,物我一体,应一视同仁。为万物之源",其《克己铭》"与《西铭》均自万有一源的宇宙观演绎出物我一体的人生观","与张子《西铭》同为宇宙至文"。①

对于吕大钧,则指出其"日用躬行,必依古礼",其作《吕氏乡约》,"自是关中风俗为之一变。横渠谓秦俗之化,和叔有力焉"。②

对于吕柟,认为"泾野之学说可谓仍保守河东学派'持敬复性'之旨,不过仍不废格物穷理之工夫","泾野虽极言格物、穷理,力行一体之功,但不主张'知行合一'","总之泾野学说之心核为格物、穷理、力行打成一片而寓于日常生活实践中,固关学固有之特色也"。③

对于杨爵,认为其论性命"颇能发挥《中庸》之真义","论真妄""颇为精功"。④

对于冯从吾,指出其学说的要旨为"心理一致""物理一致""性理一致",⑤并借用新学解释说:"心理一致","少墟此说与陆王派'心即是理'之绝对的惟心论少异。少墟之'心理一致'就心理能力之正当运用而言,非如陆王谓心之本体即理也";"物理一致,是少墟哲学之基调,故曰'义理则该气质'";"按冯氏论性陷于二元论的错误。……冯氏言义理之性既足以该气质,而又曰言气质之性则遗义理。这有不可解除之矛盾所在";"少墟主张性理一致,故于阳明'天泉证道'则甚不以为然,而斥为陷于佛氏之说"。⑥最后归结说:"少墟于阳明良知之说则全部采纳,义理气质之说则袭取于横渠及考亭,而其大体仍于阳明为近。"⑦

对于李二曲,则指出"二曲之学大体与陆王为近,不过未张明旗帜以诋诽朱子而已","二曲哲学之出发点为'心理一致',……与朱子之穷理判然相别","二曲之所谓识本体与陆子静之尊德性又无二致也","总之,二曲以为'人人有是心,心心即是理'。能体识心之本体,则'动静悉协天则,所谓即心

---

① 曹冷泉:《关学概论》,第23页。
② 曹冷泉:《关学概论》,第23页。
③ 曹冷泉:《关学概论》,第23、24页。
④ 曹冷泉:《关学概论》,第25页。
⑤ 曹冷泉:《关学概论》,第25页。
⑥ 曹冷泉:《关学概论》,第26页。
⑦ 曹冷泉:《关学概论》,第26页。

即矩，即心即理也'。识本体则须持之以静，静则心境清明，廓然大公，物来顺应。而达到仁的境界，故云识得本体，便是识仁"。①

如此一来，关学之人物在其各自的思想建构中，或对张载思想学风继承有明显特征，或与主流学术思潮有明显差别。关学注重自家所得而不随波逐流、勇于从善而不丧失本色的传统，构成了关学在自身发展历程中呈现出来的基本风格，也构成了关学之所以为关学的主要原因。

曹冷泉认为，"关学自张横渠后千余年间，师儒相承，义风余韵，至今弗替，为中国理学保守最后残垒，亦可尚矣"②。笔者以为，就曹冷泉所言而推论之，则可见关学因其"勇于从善"的品格而随着时代的发展呈现出多元的面貌，也因其自身注重持守而塑造和保持了一贯的品格。关学在历史发展中始终与理学思潮和异地学术保持着密切的关联，从而成为根源于关中而立足于西北的全国性的理学学派。但是，关学在历史上"惟未能为国内学术之主潮"，其原因何在呢？曹冷泉认为，这是因为关学"但因师承传授之关系，与风土环境之关系，始终保持固有之特色"③，而这种特色，一方面形成了关学固有的品格，另一方面也限制了其发展。他认为，关学在历史发展中形成的特色或传统具有以下几个特点。

第一，崇礼教。"横渠以为人性不免有气质之偏。故以礼为约性之具。嗣后关中学者皆兢兢惟礼是崇。……故关学学者莫不彬彬有礼仪，因此秦俗之美可谓关学之影响也。"④

第二，尚实践。"关学学者率视性理学为实践之伦理。多偏人生问题之讨论，于本体论殊少论及。且研究之动机非为满足求知之欲望，而为修养心性之用。故关学学者率皆志行高洁，足以矫世砺俗。盖能本其所学而躬行实践之也。"⑤

第三，重实用。"关中土厚水深，生活艰难。关学学者于伦理的实践固所重视，于社会经济亦甚注意。……皆以实用之学，号招关辅，盖以西北地势高亢，灾祸频仍。实不容学者沉迷理窟，而忽视现实生活也。"⑥

无疑，以上三个特点构成了关学传承过程中的优秀品质，对关中习俗的优

---

① 曹冷泉：《关学概论》，第26、27页。
② 曹冷泉：《关学概论》，第28页。
③ 曹冷泉：《关学概论》，第28页。
④ 曹冷泉：《关学概论》，第28页。
⑤ 曹冷泉：《关学概论》，第28页。
⑥ 曹冷泉：《关学概论》，第28页。

化、社会风气的更化，对现实生活的关注以及由此引发的对科学技术的兴趣，都有益于社会。但是，关学也在其发展中形成了不利于自身发展的特点，主要表现有二。

一是轻视学术。"关学学者因过于重视伦理之故，于学术不免轻视。如当清代学术发达时代，国内学者竞以科学方法整理固有典籍。为中国学术作一集结，可谓极一时之盛，惟关中学者犹抱残守缺，严守理学之堡垒。"①曹冷泉引李二曲对顾炎武之批评，以为"此可谓关学向朴学之攻击，亦可见关学学者治学之精神与朴学之不同"②。严格而言，曹冷泉这里所谓的学术，主要是指以科学方法整理典籍的学术，或者说其近似于清代的朴学学风。

二是轻视文学。"关学虽有'剥尽浮华，近于醇朴'之象概。故对于文学素不重视，尤崇文以载道之说。二曲云：……固为有道之言，惟将抒情文学屏除文学范围之外矣。"③

平心而言之，曹冷泉对关学以上五个特点的概括，不仅指明了关学自身的优点，而且也道出了关学存在的缺陷及其原因，这种冷静而理性的态度，以及对关学客观平实的评述，对当前关学研究中多侧重于其优良传统的倾向，也具有一定的警示提撕意义。作为关学研究者，虽然应该对当今的"关学热"感到欣慰，但同时亦不可认为传统关学都是好的而缺乏必要的理性和"冷思考"。

五、关学时评及史传续写

还需要注意的是，曹冷泉除对历史上关学予以多方位的论述之外，还对近世关学予以必要的关注，此主要见于其所著的《陕西近代人物小志》一书。是书"所志人物分理学、史学、文艺、事功、佛学诸门"④，"原有传纪部分，于所叙人物生平行谊尚多记载，对于关辅文献，不无小补"，但"惜以抗战期内，物质维艰，未能全部印出"，⑤今所见只有小序及诗赞。

在该书的"理学"部分，曹冷泉考察了晚清到民国的理学流变，曰："关辅

---

① 曹冷泉：《关学概论》，第28页。
② 曹冷泉：《关学概论》，第28页。
③ 曹冷泉：《关学概论》，第28页。
④ 曹冷泉：《陕西近代人物小志》，第2页。
⑤ 曹冷泉：《陕西近代人物小志》，第2页。

为理学昌明之区,自横渠开宗以来,世有渊源,迄未歇绝。至清季演为清麓、烟霞两派。"①他不但为清麓学派的贺复斋、杨仁甫、王铁峰、白五斋、牛蓝川、张鸿山六人及烟霞学派的刘古愚、柏沣西、李敬恒三人立传,而且对清麓、烟霞两学派做了简要的评述。

对于清麓学派,曹冷泉说:

> 清麓学派远绍三原学派之余绪,其宗师为三原贺复斋先生,笃守考亭家法,最严门户之见。复斋先生曰:"三代以前应折中于孔子,三代以后应折中于朱子。"牛蓝川先生曰:"清麓学派门户之学也。如拜客然,必认清门户,方不致误入人家。"其旨趣概可见矣。复斋受学于朝邑李桐阁,与芮城薛仁斋(名子瑛)、朝邑杨损斋,称"李门三先生"。而复斋造诣尤深,其讲学清麓书院,北方学者多从之游,或与之相通声气,如山西任安卿兄弟,山东孙仲玉兄弟,河南白寿庭、梁艮斋,朝鲜李习斋其尤著也。在关辅从游最早者为谢景山、杨克斋、马杨村、王石城,世称"贺门四先生"。厥后有白悟斋、牛蓝川、寇卣如及张晓山、张鸿山兄弟。今惟鸿山犹健在,传其衣钵。清麓之学,一本敬诚,笃守礼教,固有足多者,惟门户之见太严,且力反时代潮流,日持敬于所谓已发未发之间,不知今世是何年,而犹以身荷道统自任,可谓迂矣。闻今日清麓书院之师徒,皆古服古冠,日咕哩考亭遗言,诚不知其何说也。②

对于烟霞学派,则曰:

> 烟霞学派以经世利民为宗,其宗师为咸阳刘古愚先生,古愚治学力反门户之见,故于古今学派皆能博观约取,撷采英华,而自成体系。且能认识西洋科学文明之价值、时代潮流之趋势,更具满腔热诚,力行实践,以救时为己任,可谓一代之人豪矣。其讲友则为柏沣西、李敬恒两先生。敬恒天才横溢,惜享年未及四十,故影响于关辅学者甚微。沣西学似永康,其笃实,则未若古愚也。戊戌之际,康梁唱道

---

① 曹冷泉:《陕西近代人物小志》,第1页。
② 曹冷泉:《陕西近代人物小志》,第1—2页。

维新，古愚亦遥为声援，惟维新失败之后，古愚高唱民贵君轻之旨，与康氏则殊异其趋，故古愚虽卒于辛亥之前，而西北革命之思想，实由古愚启迪之也。若其徒朱光照、郭希仁皆为西北革命之巨子。惟古愚殁后烟霞学派失却中心人物，其徒鲜能秉承其遗教，不无遗憾焉。①

由此可见，曹冷泉对清麓学派和烟霞学派的评价是不同的，他更为赞同烟霞学派关注社会现实、以救时为己任、力行实践的学风。在该小志中，他赞许刘古愚之学"体用兼备，巍然为清季之大儒"，"古愚学行之笃实，规模之远大，非康可比也"，并预言刘古愚"今虽不显于世，千秋后自有能识者"；②赞许柏景伟"纵横意气陈同甫，莹澈心胸刘念台。打破三关启妙悟，春风桃李烂漫开"③；而对李敬恒，则称其"高风亮节，岂绝裾之士所可比哉"④。

对于清麓学派恪守道德修身，曹冷泉也予以赞许。如对于贺瑞麟，一方面批评其"生于中国巨变之际，唯闭门言心言性，无一语及于国计民生"⑤，另一方面又肯定其"学行深醇，笃守礼教，俨然有圣者气概。其及门之士，亦咸能洁身自好，于此浊秽末世，诚有足多者"⑥；又赞许杨仁甫"钦屹嗣君足济美，关西道统滋瓜绵"，王铁峰"庄严贞固尘氛表，俯视浊流峙铁镰"，白五斋"风度伟岸，而胸怀坦夷"，牛蓝川"学行精粹渊懿""其胸怀则似伊川，其天趣则似康节"，张鸿山"如灵光宝殿，巍然犹存，支撑清麓门户"。⑦

但曹冷泉还是倾心于烟霞学派的，特别是对于刘古愚，他不但作诗赞其"皇皇大道体兼用，耿耿象尼时与中。独截众流应世运，巍然百代振儒风"⑧，而且专门作了《刘古愚哲学体系》一文附于书后。在此文中，他认为：

> 古愚之学根柢于孟子、横渠，而以经世致用为依归。故于汉宋之分、朱王之别、中西之异皆不亟亟致辨，惟纵观博取，更互验证，

---

① 曹冷泉：《陕西近代人物小志》，第2页。
② 曹冷泉：《陕西近代人物小志》，第2、3页。
③ 曹冷泉：《陕西近代人物小志》，第3页。
④ 曹冷泉：《陕西近代人物小志》，第3页。
⑤ 曹冷泉：《陕西近代人物小志》，第4页。
⑥ 曹冷泉：《陕西近代人物小志》，第4页。
⑦ 曹冷泉：《陕西近代人物小志》，第5—6页。
⑧ 曹冷泉：《陕西近代人物小志》，第3页。

以期切于实用，其方法则由洞澈人生本源，明性以立体；研究法制、工艺、开物以成务；故体用兼备，殆合姚江、习斋而一之也。极其功效所致，尤足以尽人性、尽物性，使民昌国富，天下举安。析而言之，古愚之本体论略同于横渠，谓万物由"气化"所致，天人乃为一源。古愚之意不视万物为一体，则情泛而不真，即不能达理知感情合一之境界，即不能体天、尽性、仁民、爱物，难窥圣学王道之源。其心性论则为孟子性善说之修正，不以气质之性为恶，古愚谓气质之性为生理之要求，如口体之欲是也。彼谓屏弃气质之性，则灭绝人生，如佛道以身累矣。其政治论全同于孟子之同民养民之妈妈政策。至其经世之学，则主张"道艺合一""政教合一"，略同于浙东学派，不过尤重明体以达用，由事功而至王道，必守身而后能经世，不似朱子所讥"永康之学有头有尾也"。古愚亦信服南海公羊之学，惟不似其武断诬张耳，古愚所著《尚书微》亦公羊家之言也，时会移人，贤者不免。总之，古愚之学由识天以尽性，由同民而经世，体系至为贯澈，论证尤多阐发，诚为一代之哲学家也。①

在曹冷泉眼中，刘古愚是"横渠之正宗，关学之真传"，由此可见其对古愚评价之高，而这一观点，与其在《关学概论》中将刘古愚看作"关学别子"相比显然有很大的不同，这对刘古愚在关学史上地位的确立也具有重要的意义。曹冷泉看重刘古愚及烟霞学派的倾向，也在一定程度上体现了他对当时社会现实的关切之心。

如上所述，曹冷泉对关学的研究，的确能发前人所未发，见前人所未见，他对关学的认识、对关学的拓展，对今天我们研究关学仍有积极的意义。

他认为，作为"中国理学之一部"的关学自横渠以来一直延续，但关学并不仅仅是"籍隶关陇"，更是具有自身特点并与其他学派相区别的独立学派。基于张载所奠定的"勇于从善"的学风，关学虽然先后呈现为与洛学、闽学、王学合流的三个时期，但在整个流变过程中，关中学者始终与张载之学保持着一致的基调，不仅"注重伦常日用、躬行实践"，"尊古尚礼"，且"具有朴茂醇厚之色采"，从而呈现出崇礼教、尚实行、重实用、轻视学术和文学的特点。在研究方法上，曹冷泉认为，研究关学当截断众流，突破道统，"自张横渠始"，"以

---

① 曹冷泉：《陕西近代人物小志》，第29—30页。

横渠学说为基调",主张突破关陇地域界限,从历史和环境的角度探求关学产生之渊源。以之为基准,他考察了以往儒释道之关系及张载与范仲淹、二程等交往对关学产生之影响,并基于"关学递变之迹"对关学的发展进行分期。而在对关学学人学说的分析中,他把握住关学后学对张载所奠定的基础、特色和基调的继承,以及关学学人与异地学派的差异,对清末民国的关学做了探讨和评述,提出关学在北宋之后是"消歇"而不是"中绝",关学与其他学派的关系是"合流"而不是被"化"掉,这些观点和主张对当今的关学研究亦具有一定的借鉴和参考价值。

最后还需要提及的是,曹冷泉是早在民国时期就开始研究关学的学者,也是中国共产党人中最早研究关学的学者,他虽然是安徽人,但长期在陕西革命、工作,是一位常年在关学研究重镇陕西师范大学任教的老教授。曹冷泉致力于关学研究,对关学的现代研究具有筚路蓝缕之功。据曹春芷整理的《曹冷泉诗文集》记载,1977年,著名教育家、陕西省人大常委会副主任、省高教局局长李瘦枝曾这样评价曹冷泉:"讲起陕西的怪,关学也是一怪,关学本是陕西的学派,但现在关学的权威不是陕西人,却是外来的安徽人曹冷泉。"[①]今天我们研究关学,不该忘记这位寓居陕西且对陕西怀有深厚感情的学者对关学现代研究的开拓之功,更不该无视他在关学研究中体现出来的研究方法和真知灼见。

---

① 曹冷泉:《曹冷泉诗文集》,第251页。

20世纪50年代以来关学界说基本观点平议

关学界说，是对关学指涉对象、历史范围、代表学人、学派属性、主要特色的界说，决定着关学研究的基本领域和面向，是关学研究的基本问题。中华人民共和国成立之后，以1959年侯外庐在《中国思想通史》第四卷中"首次对关学进行了较为系统的有意义的论述"①为标志，学界对关学界说的探讨，迄今已经走过六十余年的历程。此间，陈俊民、张岱年、李晓东、赵吉惠、赵馥洁、张岂之、刘学智、林乐昌、方光华等学者先后围绕关学的历史范围、概念意义、学派性质、基本特点、研究方法等问题进行了探讨，提出了很多具有建设性的观点。

随着2015年《关学文库》的出版，关学文献的基本面貌第一次在世人面前呈现出来，如何进一步推进关学研究，成为新时代关学研究的重要课题。在此基础上回望六十余年来学界对关学界说的主要观点，不仅有助于关学研究的进一步推进，而且对中国地域性学派的研究也具有一定的启发意义。为此，本文以六十余年来关学认知探讨进程中呈现出来的基本问题为纲，对学界的主要观点予以回顾评析，为推进关学研究的进一步深入提供理论和历史参照。对关学人物、文献、思想的个案性研究，则不在本文的讨论范围之内。

---

① 刘学智：《关学及二十世纪大陆关学研究的辨析与前瞻》，载《中国哲学史》2005年第4期，第111页。

一、关学的历史范围

关学的历史范围，是1949年后随着对张载研究的深入首先凸显出来的关学研究问题，也是1949年后关学研究的开端。与这一问题相关的，是关学历史上下限的代表人物问题。1959年，侯外庐等学者在《中国思想通史》第四卷第十一章中，对关学做了如下界说："北宋时期陕西地方的关学，以张载为核心，形成了一个重要的学派。""关学当时与洛学、蜀学相鼎峙，但北宋亡后，关学就渐归衰熄。"①这一观点表明：关学是具有学派性质的概念，其核心人物是北宋时期的张载，其历史下限是北宋灭亡。侯外庐等学者的观点，矫正了以往历史上将关学视为洛学附庸的认识，在1949年后首次确立了关学的独立学派地位，对关学研究意义重大。此后二十多年里，这一观点一直为学界所遵循。

20世纪80年代初，陈俊民在对《关学编》等文献做进一步考察后提出："关学是产生于今陕西关中的一个重要的、相对独立的理学学派。它的思想行程，大致经历了北宋的开创、奠基时期，元明的'中兴'、全盛时期和清初的瓦解、终结时期。"②关学是"宋明理学思潮中一个重要的独立学派，即宋元明清时代今陕西关中的理学"③。同时，陈氏还认为，关学的产生是"由申、侯'华学'首开先声"，而后才有"领袖张载独创新论，'倡道关中'"④。不过，他虽然肯定"华阴申、侯二子，……使关学初具规模"⑤，但也没有否定张载对关学的创立之功："张载是这一学派的领袖人物，无论在形成关学学派上，还是在确立整个理学体系上，都具有开创、奠基之功。"⑥对于关学的下限，陈氏则认为，明末清初的"李颙……结终了作为宋明理学的关学"⑦，而与李颙同时的李因笃、李柏、白奂彩、王心敬、王宏撰、王徵，也"都是关学终结的标识"⑧。这样，侯外庐视域下以北

---

① 侯外庐主编：《中国思想通史》（第四卷上），人民出版社，1959年，第545页。
② 陈俊民：《关学思想流变》，见《论宋明理学——宋明理学讨论会论文集》，浙江人民出版社，1983年，第107页。
③ 陈俊民：《关学序说》，第35页。
④ 陈俊民：《关学序说》，第35页。
⑤ 陈俊民：《关学思想流变》，第108页。
⑥ 陈俊民：《关学思想流变》，第107页。
⑦ 陈俊民：《关学序说》，第44页。
⑧ 陈俊民：《关学序说》，第44页。

宋为限的关学范围被拓展为宋元明清；其下限代表人物也不再是张载门人，而被认定为李二曲等明末清初学人。从侯外庐到陈俊民，对关学学派性的判定并没有发生变化，但其历史范围则大大拓宽了。这是1949年后关学历史认知的重大转折。

20世纪八九十年代，侯派学者针对陈俊民的观点提出反驳。李晓东提出："关学是张载一手创立的。""侯可、申颜不能作为关学的开端。""熙宁年间张载讲学关中，应是关学的上限。""关学的下限至多只能到南宋初年，没有延续到明清两朝。"①张岂之也认为，"北宋末年，金兵入侵，……关学的传延从此中断了"，"我们没有理由因为明清关中诸儒被收入《关学编》和《关学宗传》，便将关学的范围延伸到明清二代"，"如果把关学作为一个学派伸延至明、清时代，我觉得似与历史实际情况不合"。②龚杰继而说："关学上无师承，下无继传，南宋初年已告终结。"③

对于以上反驳，陈俊民进一步在其所著《张载哲学思想及关学学派》中强调："关学是宋明理学思潮中由张载创立的一个重要的独立学派，是宋元明清时代今陕西关中的理学（即道学或新儒学）。""关学作为宋明理学思潮中的一个独立学派，它的终结也同整个理学一样，是终于明清之际的理学自我批判思潮中，是由今陕西周至李颙完成的。"④

进入21世纪，学术界对关学和关学史范围的讨论继续进行。2001年，刘学智提出，"谓关学至南宋而'终结'，恐未安"⑤，同时指出："在关学下限的问题上，也有以清末刘古愚为关学终结者的观点的。……终结于清末的说法是值得重视的一种观点。"⑥2012年，刘学智进一步就关学的下限问题明确说："其实下限的划分本来就是相对的，严格地说，作为一个思想流派，其发展是不可能停止的，它是不断演进的。从这个意义上说，提出下限问题或许缺乏严谨性。不过，从总体上说，理学作为一个特定时代的思潮，它在清末以后已经基本解体，所以，作为与张载学脉相承的关中理学，也就会有一个发展下限的问题。笔者以

---

① 李晓东：《关学的范围及特点》，载《西北大学学报》（哲学社会科学版）1983年第2期，第98页。
② 张岂之：《与友人论学书》，载《西北大学学报》（哲学社会科学版）1989年第4期，第3、4页。
③ 龚杰：《张载评传》，南京大学出版社，1996年，第206页。
④ 陈俊民：《张载哲学思想及关学学派》，人民出版社，1986年，第1、24页。
⑤ 刘学智：《关学宗风：躬行礼教，崇尚气节——从关中"三李"谈起》，第35页。
⑥ 刘学智：《关学及二十世纪大陆关学研究的辨析与前瞻》，第115页。

为,以蓝田芸阁学社的创始人、关中大儒牛兆濂为关学下限是较为合理的。……当然这个问题还需要进一步讨论。"①

2013年,林乐昌对关学历史的上限、下限问题做了再次探讨,认为"关学历史的上限,无疑开始于张载创建关学的北宋中期"②,但对于关学的历史下限,林氏对"牛兆濂说"提出不同的看法,认为"关学的终结与其近代转型有关,关学近代转型的实现便意味着其自身的终结。据此,应当选择清末关学近代转型的完成者刘光蕡作为关学终结的代表人物"③。

2015年,刘学智在《关学思想史》中进一步扩充了自己的观点,说:"以长安柏景伟、三原刘古愚,以及蓝田牛兆濂,为关学下限是较为合理的。……牛兆濂其思想既以恪守程朱理学为特征,同时又有诸多适应时变的思想要素,可以视为处于清末民初社会转型时期传统关学最后之守护者。"④由此形成了关于关学下限的"牛兆濂说"和"刘古愚说"两种观点。

随着《关学文库》的整理出版,学界关于关学历史范围的讨论逐渐趋向一致。其中最重要的标志,就是张岂之对关学历史范围的观念变化。2015年,张岂之在《关学文库·总序》中说:"关学是由张载创立并于宋元明清时期,一直在关中地区传衍的地域性理学学派,亦称关中理学。""关学没有中断过,它不断与程朱理学、陆王心学融合。明清时期,关学的学术基本是朱子学、阳明学的传入及与张载关学的融会过程。"方光华也说:"'关学'一词并没有消失,随着学术本身的发展演进,其含义已经由张载所开创的新儒学而拓展为在关中传播和发展的新儒学。""将张载之后的关中儒学称为'关学'是明代直至近代学人的基本共识。"⑤

至此,学界对关学历史范围的探讨基本达成共识,即:关学的上限代表人物应该是张载,其下限代表人物是牛兆濂或者刘古愚;其历史范围,不应局限于北宋末南宋初,也不是终结于明末清初,而是一直延伸到清末或民初理学终结之时。

---

① 刘学智:《张载及其关学研究的方法论与研究走向探析》,载《唐都学刊》2012年第5期,第4页。
② 林乐昌:《论"关学"概念的结构特征与方法意义》,载《中国哲学史》2013年第1期,第61页。
③ 林乐昌:《论"关学"概念的结构特征与方法意义》,第62页。
④ 刘学智:《关学思想史》,第4页。
⑤ 方光华、曹振明:《张载思想研究》,西北大学出版社,2015年,第239、286页。

二、关学的概念意义

关学的概念和意义，是对关学历史范围的讨论引发出来的一个问题。通过对以上观点的引述不难看出，侯外庐、李晓东所提的"关学"特指北宋时期的张载学派，而陈俊民所提的"关学"则是指宋元明清时期的关中理学。那么，"关学"一词到底所指为何？从20世纪80年代开始，以陈俊民和侯派诸位学者对关学历史范围的探讨为起点，诸位关学学人开始了对关学概念的讨论，并出现从狭义和广义两个角度界定关学的观点，其代表人物是张岱年、赵吉惠、赵馥洁、刘学智四位先生。

1985年7月，张岱年在为陈俊民《张载哲学思想及关学学派》所写的序言中首次提出他对关学的两种理解，他说："所谓关学，有两层意义，一指张载学说的继承和发展，二指关中地区的学术思想。"①2000年，赵吉惠进一步把"关学"概念划分为广义与狭义两种，指出"广义的关学，泛指封建社会后期的陕西关中理学（儒学）"，而"狭义关学特指北宋时期以陕西关中张载为创始的理学或关学学派"②。赵馥洁与赵吉惠的观点一致，认为"关学有狭义、广义两种含义。狭义的关学指北宋时期由张载创立的以张载为代表的理学学派；广义的关学指由北宋张载所创立的，至明清时代仍然流行于关中地区的理学学派"③。可见，张岱年、赵吉惠、赵馥洁的观点都有调和侯、陈两派观点的意味，但在调和的重点上有所不同。张岱年主要调和的是关中学术和张载之学之间的理解差异，赵吉惠、赵馥洁调和的则是侯外庐观点和陈俊民观点之间的差异。但是，张岱年所提出的"广义的关学"是"关中地区的学术思想"的说法，恐怕与侯、陈两派的观点相去甚远。对于张岱年、赵吉惠的调和，侯派学者和陈俊民未必接受。比如在2007年，陈俊民就明确表示："我向来不同意'狭义''广义'之说。'关学'既然是历史上一种学说概念和学派概念，就应以历史事实为依据，不可纠缠在'关中的理学'还是'理学在关中'、'关学'还是'关中之学'之类的概念游戏之

---

① 陈俊民：《张载哲学思想及关学学派》，《序》第5页。
② 赵吉惠：《论张载关学与明清实学》，见葛荣晋、赵馥洁、赵吉惠主编：《张载关学与实学》，西安地图出版社，2000年，第282、283页。
③ 赵馥洁：《论关学的基本精神》，载《西北大学学报》（哲学社会科学版）2005年第6期，第5页。

中。"①2007年12月至2008年3月间，在《中和学刊》主编韩星的一次采访中，陈俊民再次重申了自己的观点。②

在以上多种观点的基础上，刘学智又予以深化提升。2005年，刘学智在《关学及二十世纪大陆关学研究的辨析与前瞻》一文中，对陈俊民和侯派的观点做了评价，曰："前者（指陈俊民的观点）对关学的外延有所扩展；后者（指侯派的观点）则否定了关学有史。两者都有其合理性，但也都有所偏失。"③他认为，"宋元明清时期确实涌现出许多关中理学家，即使被冯从吾收入《关学编》中的一些关中学者，也都不一定与张载的学脉相通，思想和学风也不尽一致，如泾阳王徵（号端节）就脱离了张载道德性命之学的方向，'其性好格物穷理，尤与西士所言相契'（陈垣语），走了另一条路子。还有的学者或倒向程朱，或倒向陆王，也不与张载关学相类"④。基于此，刘学智提出："关学既不同于一般的'关中之学'，也不同于'广义'的'关中理学'，同时又不限于宋代，而应该是'张载及与张载学脉相承之关中理学'。"⑤从学脉相承的角度来界定关学，这是刘学智与前人所不同的观点。不过，刘学智的观点在后期也有调和两者的意思。

2014年，刘学智进一步从狭义和广义两个角度对关学做了明确界定："从广义上说，关学是指由张载开创及其后一直在关中流传的理学的统称；而狭义的关学，则指张载及其后在关中流传的与张载学脉或宗风相承或相通之关中理学。"⑥从这一表述可以看出，他实际上把关学分为"在关中流传的理学"和"张载及其后在关中流传的与张载学脉或宗风相承或相通之关中理学"。近几年，刘学智在《关学思想史》《张载关学的历史地位、精神气象和当代价值》等著作及文章中都谈及对关学的界定，基本上都保持着这一认识，并始终认为后期的关中理学与北宋关学在学脉、宗风上存在相承、相通的关系。这也是目前学界比较主流的看法。

---

① 陈俊民：《三教融合与中西会通：中国哲学及其方法论探微》，第226—227页。
② 这次采访后来以《与陈俊民教授漫谈"关学"——以关学典籍整理和思想研究为主题》为题发表于《国学论衡》（第五辑），由人民日报出版社于2009年出版。
③ 刘学智：《关学及二十世纪大陆关学研究的辨析与前瞻》，第114页。
④ 刘学智：《关学及二十世纪大陆关学研究的辨析与前瞻》，第114页。
⑤ 刘学智：《关学及二十世纪大陆关学研究的辨析与前瞻》，第114—115页。
⑥ 刘学智：《关学源流特征与〈关学文库〉的编纂》，第124页。

三、关学的学派属性

关学的学派继承，也是在对关学范围的讨论中延伸出来的问题。在早期对关学范围和概念的探讨中，虽然侯外庐、陈俊民、赵吉惠、赵馥洁、刘学智等学者对关学的历史范围、概念界定意见有所不同，但在他们的观念中，"关学"都是具有学派属性的名谓。除此之外，在对关学学派性的探讨中，还出现了一种所谓"宋元明清概称的'关学'并不是学派，而是地域性理学概念"的判定。这种认识发端于李晓东对"关学"学派性的探讨，在当前则以林乐昌为代表。

李晓东最早质疑明代所出现的"关学"一词的学派性，他认为明代所使用的"关学"一词，其实并不具有学派的意义。他首先对学派成立的根据做了探讨，说："看一个学派产生、发展及其衰亡的历史过程，也应该主要考察其思想体系和学术主旨产生、发展及其演变、消亡的过程。……即使某一学派的学风及其特点被后世继承，只要学说主旨已经改变，就不能认为这个学派仍有传播和延续。"①"关学在明代是否又复兴了呢？"他认为，"要弄清这个问题，应该首先看看明代关中学者是否继承了关学的基本理论和学说主旨，即弄清明代的'关学'与宋代关学在本质上是否相同"，而"关学的学说主旨，就是'气'一元论的唯物主义宇宙观"，因此，"是否坚持'气'本体论的立场，是辨别明代关中之学是否关学的标志"。对这一问题，他的回答是否定的："明代关中学者不仅标明自己恪守程朱之学，而且在理论上也确实放弃了关学的学说主旨，……所以，关学并没有在明代复兴，明代关学学者，都不是关学学者，只是关中的程朱理学家。关学作为中国思想史、哲学史的一个哲学学派，作为宋明理学思潮中涌现的理学一派，只存在于北宋时期。"②李晓东对明清两代的关学史文献如《关学编》《关学宗传》都做了考察，认为"自明代以来关中学者所讲的'关学'，并不是指一个学派，而是指按地域划分的关中理学，与宋代的关学不可同日而语"③。因此，只有北宋时期的张载关学是一个学派概念，包括张载学派在内的宋元明清的"关学"则不是一个学派概念，仅仅是一个地域性的理学概念。

---

① 李晓东：《关学的范围及特点》，第 97—98 页。
② 李晓东：《关学的范围及特点》，第 100—101 页。
③ 李晓东：《关学的范围及特点》，第 101—102 页。

林乐昌对关学学派性的论述，可以说是李晓东观点的延伸。2013年，林乐昌在《论"关学"概念的结构特征与方法意义》一文中提出："关学，是由北宋理学家张载（1020—1077年，字子厚，学者称横渠先生）创建、于明清发生学派分化并向近代转型的关中地域理学形态。"①这里需要注意的是，林乐昌在此并没有把宋元明清的关学看作一个独立的学派，而是"关中地域理学形态"。在文中，林乐昌明确表示，"那种把北宋至明清关学从整体上视作由张载创立的一个'独立学派'的观点似难成立"，"是否存在一个统一的能够有效解释从北宋关学至明清关学的关学概念？……答案可能是否定的"。②但他也没有完全否定明清关学的学派性，这是他和李晓东观点上的一个重要差别。在他看来，"北宋关学是单一的独立的学派，明清关学则是多元的并生的学派"。他主张"对于明清关学，一方面可以从统一性的角度整体地看，将其视作一个'大学派'；另一方面又可以从特殊性的角度分解地看，即在这一大学派当中又包含若干多元并存的'小学派'"。③

刘学智则继续将宋元明清的关学看作一个统一的地域性理学学术流派。2014年，他在《关学源流特征与〈关学文库〉的编纂》中说："关学开派，肇自横渠。北宋时期，在陕西关中形成的一个以张载为核心、以其所创立的新儒学为特征的有全国性影响的地域性学术流派，史称关学。"④肯定北宋时期张载所创立的关学是一个学术流派后，刘学智进而提出："在张载之后关学的传衍中，虽然曾形成了一些不同的学派，各个时期也有不同的学术取向，但是张载'为天地立心'的宏愿，'为生民立命，为往圣继绝学，为万世开太平'的学术使命和宏伟理想，辟佛老异端、弘孔孟正学的学术路向，始于宇宙本体论而落归于道德心性论实践的学术旨趣，躬行礼教、笃行实践、经世致用、崇尚气节的关学学脉和宗风，则一直在关中学者身上不同程度地被承传和发扬光大。""事实表明，关学是一个有本源根基、学脉传承、学术宗旨、风格独特而又开放包容的多元的地域性理学学术流派。张载开创的关学学脉没有中断，关学学风也一直在被承传弘扬。"⑤可见，刘学智是将狭义的关学即"张载及其后在关中流传的与张载学脉或宗风相承或相通之关中理

---

① 林乐昌：《论"关学"概念的结构特征与方法意义》，第59页。
② 林乐昌：《论"关学"概念的结构特征与方法意义》，第63、64页。
③ 林乐昌：《论"关学"概念的结构特征与方法意义》，第61页。
④ 刘学智：《关学源流特征与〈关学文库〉的编纂》，第122页。
⑤ 刘学智：《关学源流特征与〈关学文库〉的编纂》，第123、124页。

学"当作一个统一的"地域性理学学术流派"来看待的。

四、关学的学脉传承

北宋时期的张载学派意义上的关学,与宋元明清的关学是怎样联系起来而成为一个学派的?这是判定明清关学作为学派是否成立必须回答的一个问题。陈俊民在1997年即针对北宋之后关中学者与张载学派并无师承关系的驳难,对自己的观点加以补充说:"明清关学学者与张载之间虽无'师承',却有'学承'。"①他认为,"在'关学'及整个宋明理学的传衍中,每个理学家的学承,实际要比其师承更重要","自张载至李颙,代代学承不宗主一家,不各立门户,多能吸收融会各家之长,而不断丰富充实'以躬行礼教为本'的关学特点"。②

2001年,刘学智在陈俊民观点的基础上对关学的传承问题做了进一步阐述:"如何认识古代学派和学派的传承?是否学派一定是代代相接,恪守原旨?愚以为,学派,顾名思义,即学术派别之谓也。只要学术思想、学风相通、相合、相类或因其某一地域、某一时代所限者,皆可谓同一学派,其可以直接相承相继,亦可间接沿袭、传续,不一定非有师承门户不可。"③文中还针对李晓东提出的"是否坚持'气'本体论的立场,是辨别明代关中之学是否关学的标志"的观点,指出:"言关学之道统,非仅以'气本'等学理论之,亦应注意其所尚与风格,这或许也是我们探讨关学源流的一个重要途径。"④

2005年,刘学智进一步提出应该从"与张载学脉相承"的角度来考察明清关学与张载关学的关系。2013年,林乐昌对刘学智提出的这一观点做了评价。他认为,与"学承"的说法相比,刘学智的"'学脉相承'这一表述显得更准确一些。但是,'学脉相承'的衡判标准究竟有哪些,应当如何发挥这一认识在关学史研究中的作用?这些问题,都有待进一步说明"⑤。他说:衡判明清关学各派对张载之学的传承,其标准不应该是简单的一条或两条,而应是由综合性的多类多条标准构成的系统。"这由多类、多条标准构成的系统,大致可分为张载的思想学说、张

---

① 陈俊民:《三教融合与中西会通:中国哲学及其方法论探微》,第236页。
② 陈俊民:《三教融合与中西会通:中国哲学及其方法论探微》,第237页。
③ 刘学智:《关学宗风:躬行礼教,崇尚气节——从关中"三李"谈起》,第35页。
④ 刘学智:《关学宗风:躬行礼教,崇尚气节——从关中"三李"谈起》,第37页。
⑤ 林乐昌:《论"关学"概念的结构特征与方法意义》,第61页。

载的学行作风、张载的志报理想、张载的精神特质、张载的价值观念等不同类别。其中，对于张载的思想学说和学风可归纳为'学术传承'，其他类别则可称为'精神传承'或'价值传承'等。在每一类别之下，又可再加细分。"①林氏的观点，有助于促进对明清关学各派与张载之学继承关系的研究的深化。

在此基础上，刘学智在2014年更明确地提出从"与张载学脉或宗风相承或相通"角度考量明清关学与张载之学关系的观点，并于2015年进一步点明："成于张载而又贯穿和发展于关学史的基本精神，是'重气学''重性命''重礼教''重实用'四个方面。"②而"关学的宗风可以用'躬行礼教，崇真尚实，重视践履，崇尚气节'来概括"③。从以上论述来看，刘学智对单纯从"气本论"的角度断定关学是否有继承的观点进行了反思，提出从"学术思想""其所尚与风格""学风""宗风"等不同角度探讨关学在北宋与此后发展之间的继承性。

综上所述，可见六十多年来学者围绕对关学的基本认知，已经将关学历史范围从宋代张载拓展到宋元明清各个朝代，但在一些具体问题的认识上还有差异，如：关于关学的上限，有陈俊民"申颜、侯可开其先说"与其他学者以张载为开创者的观点的差异；关于关学的下限，有侯派学者"两宋之交说"、陈俊民"李二曲说"、刘学智"牛兆濂说"、林乐昌"刘古愚说"；在关学的概念上，有侯派"北宋张载学派说"、陈俊民"关中理学说"，以及张岱年、赵吉惠、赵馥洁、刘学智的广义、狭义说；在关学的学派继承上，有刘学智"地域理学学派说"和林乐昌"理学地域形态说"。但要看到，虽然目前学界对关学的学派性质有争论，在关学的概念界定上有差异，对关学的特征概括有不同，对关学的研究主张有侧重，但都把关学看作关中地区的理学，都肯定关学在传统理学中的地位及在现代社会中的价值，这无疑对关学的进一步研究是有积极意义的。关学的下一步发展如何呢？我们拭目以待。

---

① 林乐昌：《论"关学"概念的结构特征与方法意义》，第64页。
② 刘学智：《关学思想史》，第18页。
③ 刘学智：《关学思想史》，第18页。

业师刘学智先生关学研究之主要创获

业师刘学智先生多年从事关学研究，理论创获颇多，旧则散见于早年发表诸文，今则集中于《关学思想史》（2015）一书。①某以为，业师多年从事关学研究之理论创获，为其多年从事关学研究之重要结论，为当今研究关学之重大理论创获之一，亦可为吾辈从事关学研究提供理论参考，但业师关学研究创获观点之主要内涵如何、其与前人关学观点之联系区别如何、建构此一概念之内在理路如何等问题，目前尚未有更为集中、系统之阐发，故不揣庸陋，采业师之所论并参以己意，为之述略。以业师二十余年之关学研究创获总为一题，而发之为六：一曰业师关学研究的理论背景，二曰业师对关学历史之下限拓展，三曰业师对关学学脉之内涵发掘，四曰业师对关学流变之时代揭橥，五曰业师对关学特征之凝练概

---

① 业师刘学智先生自 20 世纪 80 年代初即关注关学研究，尤其是自 20 世纪 90 年代以来，业师厚积薄发，先后在《中国哲学史》《孔子研究》《人文杂志》《陕西师范大学学报》《唐都学刊》等刊物发表《关于张载哲学研究的几点思考》（1991）、《〈横渠易说〉与张载的天人合一思想》(1992)、《关学宗风：躬行礼教，崇尚气节——从关中"三李"谈起》（2001）、《冯从吾与关学学风》（2002）、《关学及二十世纪大陆关学研究的辨析与前瞻》（2005）、《张载"和"论探微》（2008）、《王心敬理学旨趣浅析》（2009，第二作者）、《南大吉与王阳明——兼谈阳明心学对关学的影响》（2010）、《张载及其关学研究的方法论与研究走向探析》（2012）、《关学大儒冯从吾哲学思想述论》（2013）、《韩邦奇易学著述及其主要思想特征》（2014，第一作者）、《关学源流特征与〈关学文库〉的编纂》（2014）等一系列论文，探讨关学之宗风、特征、研究方法。2015 年，其所著《关学思想史》一书出版，是目前国内第一部系统研究关学学术发展的著作。于此书中，业师进一步系统阐发其对关学之基本理解，并对关学的创立、发展、传承及学术脉络进行了详细的介绍。

括，六曰业师对关学概念之系统表述。其间概括，未必精当，然用心则在为吾辈理解业师创获提供借鉴参照，亦为诸位开展关学研究提供津梁也。

一、业师关学研究的理论背景

关学发端，肇自横渠。张载之学及其后关中理学之发展，颇受历代重视。张载同时及稍后，二程、朱熹等人即关注张载之学，并有所评议；金元诸儒，主宗朱子而兼传张子；明际罗钦顺、王廷相诸人，皆对张载之学有所承接阐发，而后冯从吾著《关学编》，王心敬、李元春等人先后为之补续，由此关学之"源流初终，条贯秩然"（《王心敬关学续编序》）。明末清初，王船山"抱刘越石之孤愤，希张横渠之正传"，而黄宗羲等著《宋元学案》《明儒学案》，亦特开《横渠学案》《河东学案》《三原学案》等，以论关学之发展流变。民国初年，川人张骥再搜罗文献，完成《关学宗传》，关学史传灿然大备。

进入20世纪后，张载及其关学之研究逐渐受到关注，谢无量之《中国哲学史》（1916）、吕思勉之《理学纲要》（1928）、钟泰之《中国哲学史》（1929）、冯友兰之《中国哲学史》（1931、1934）、陈钟凡之《两宋思想述评》（1933）、范寿康之《中国哲学史通论》（1936）、张岱年之《中国哲学大纲》（1937年完稿）等，均有对张载思想、学说的述评。然具体而言，现代关学的研究，则有一个从开始重视张载研究进而拓展到张载后学及金元明清关中理学的发展过程。此中最为重要的代表，则为侯外庐先生主编的《中国思想通史》（1959）与陈俊民先生的《张载哲学思想及关学学派》（1986）。

侯外庐先生在《中国思想通史》第四卷第十一章"关学学风与张载的哲学思想"中提出："北宋时期陕西地方的关学，以张载为核心，形成了一个重要的学派。"并认为，"关学当时与洛学、蜀学相鼎峙，但北宋亡后，关学就渐归衰熄"。[1]侯派后学龚杰的《张载评传》亦持此见，并认为"关学上无师承，下无继传，南宋初年已告终结"[2]。从论述上来看，侯派的观点是将关学仅仅界定为"张载学派"，并认为其消亡于两宋之际。

---

[1] 侯外庐主编：《中国思想通史》（第四卷上），545页。
[2] 龚杰：《张载评传》，第206页。

陈俊民先生是较早将关学界定为"宋元明清时代关中的理学"的研究者。他在所著《张载哲学思想及关学学派》中说："关学不是历史上一般的'关中之学'，而是宋元明清时代关中的理学。"①同时，他还针对侯派的观点指出："往日时贤以为'北宋之后，关学就渐衰熄'（《中国思想通史》第四卷上）。我以为'衰落'了，但没有'熄灭'，而是出现了两种趋向：'三吕'的关学'洛学化'和李复的关学'正传'发展。"②陈先生又说："关学不只是一个张载思想，它同理学思潮相关联，共始终，也有一个相对独立的发展史。无论就外在形式，还是内在思想而论，张载→吕枏、冯从吾→李颙的演进，基本上反映了关学从北宋兴起，经南宋衰落，明代中兴，到明清之际终结的历史过程。"③除此之外，陈氏还在《关学思想的终结》一节中说："关学作为宋明理学思潮中的一个独立学派，它的终结也同整个理学一样，是终于明清之际的理学自我批判思潮中。是由今陕西周至李颙完成的。"④

由侯派与陈氏之论述可见，他们都承认作为一个学派的关学的存在，都承认张载为这一学派的创始人。所不同的是：侯派认为关学就是北宋时期的张载学派，并且认为这一学派随着北宋的终结而终结；陈氏则认为关学不仅包括北宋的张载学派，还包括此后元明清各时代流行于关中的理学流派。陈氏认为张载之后的关学派别虽然存在衰落的事实，但并没有消亡，张载的弟子李复正是代表张载之后宋代关学的"正传"发展；而金元明清的关学，是和理学的产生、发展、消亡相始终的。在他看来，整个理学消亡在明末清初，所以这一时代的关学代表人物李颙即为关学学派终结的代表者。

除以上两种主流观点之外，还有一种观点以关学为"关中之学"。此种观点或许与民国时期邵力子主持编纂的《关中丛书》有关。今人未谙关学之质者，多持此见，实与历史上传统所论之关学无关。⑤

---

① 陈俊民：《张载哲学思想及关学学派》，第3页。
② 陈俊民：《张载哲学思想及关学学派》，第11页。
③ 陈俊民：《张载哲学思想及关学学派》，第4页。
④ 陈俊民：《张载哲学思想及关学学派》，第24页。
⑤ 民国初张骥所编《关学宗传》所用"关学"概念比较模糊，所选学人也比较庞杂，其所说"关学"，也有点像"关中之学"。另外，张岱年在给陈俊民所著《张载哲学思想及关学学派》一书所撰写的序言中指出："所谓关学，有两层意义，一指张载学说的继承和发展，二指关中地区的学术思想。"其所说的第二层意义，和本文之第三种观点基本一致。

综合以上观点，可见对关学之基本认识：其一认为关学是关中学术之概称，如以上第三种观点；其二则认为关学为关中理学之概称，如以上第一、第二种观点。在以关学为关中理学的前提下，侯派、陈氏争论之焦点在于张载之后关学是消亡还是存在，也即关学之历史下限问题。21世纪初，赵吉惠先生在此基础上把关学概念划分为广义与狭义两种，他说："'关学'概念在历史上向来有广义与狭义两种不同的理解与用法。广义关学，泛指封建社会后期的陕西关中理学（儒学）。……狭义关学特指北宋时期以陕西关中张载为创始的理学或张载关学学派。"① 赵吉惠先生关于狭义关学的界定与侯外庐学派的观点一致，对广义关学的界说则与陈俊民的看法接近，实际上是对两种观点的调和。以上观点及争论，基本构成业师探讨关学问题的起点。

二、业师对关学历史之下限拓展

业师从事关学研究二十余年创获之一，即是在近世关学研究之基础上，将关学之时代下限拓展至清末民初，并以牛兆濂为终结之标志。而业师这一观点的提出，正是在对侯派和陈说关学下限的批判中形成的。

针对上述以关学为"关中之学"的观点，业师明确提出：

> 确实，"关学"绝非一般意义上的"关中之学"，而是指宋代关中出现的新儒学——理学的一个重要的地域性学术流派。②

这表明，业师对关学的界定，首先是将其与关中学术意义上的"关中之学"区分开来，而认为其学术性质为"地域性学术流派"，这一地域性学术流派的学术范围属于理学（新儒学），地理范围属于关中。概而言之，业师从最广泛的意义上认同关学是一个地域性学术流派的概念，其基本的含义是指关中理学。侯外庐在《中国思想通史》第四卷第十一章"关学学风与张载的哲学思想"中提出："北宋时期陕西地方的关学，以张载为核心，形成了一个重要的学派。"陈俊民也认为：

---

① 赵吉惠：《论张载关学与明清实学》，第282、283页。
② 刘学智：《关学思想史》，第2页。

"关学不是历史上一般的'关中之学',而是宋元明清时代关中的理学。"①从三者的表述来看,业师与侯派和陈氏对关学概念理解的基本出发点是相同的,即都认为关学为关中理学范围。那么,业师以关中理学为基本范围的关学,是仅限于侯派所指"张载学派"的关学,还是接近于陈氏所说"宋元明清时代关中的理学"意义上的关学呢?

对此,业师首先针对侯派的关学观,提出了自己的观点。

(一)针对侯派对关学的界定,业师说:"将关学限定在张载及其弟子的学说,既忽视了张载关学在其后的发展,也忽略了张载思想对其后理学的极大影响,割断了张载关学对程朱理学的影响以及通过程朱理学对后世关学学者的影响,从而也否定了张载对明清时期包括吕柟、冯从吾、李二曲、李元春、贺瑞麟等人在内的许多关学传人影响的事实,因而是难以成立的。"②

(二)针对侯派后学龚杰提出的"关学上无师承,下无继传,南宋初年已告终结"的观点,业师说:"如何认识古代学派和学派的传承?是否学派一定是代代相接,恪守原旨?愚以为,学派,顾名思义,即学术派别之谓也。只要学术思想、学风相通、相合、相类或因其某一地域、某一时代所限者,皆可谓同一学派,其可以直接相承相继,亦可间接沿袭、传续,不一定非有师承门户不可。……由此看来,谓关学至南宋而'终结',恐未安。"③从这一论述来看,业师不认同侯派仅以张载学派为关学的界定,对其仅以师承关系的中绝而认为关学在宋代即已终结的观点也不赞同。

业师进而提出:"从广义上说,关学是指由张载开创及其后一直在关中流传的理学的统称。"④这一观点主要包含两个方面的信息:其一,指出关学作为"新儒学——理学的一个重要的地域性学术流派"是在"宋代关中出现的",在这一基础上,进一步点明关学是由张载开创的。其二,肯定了这一学派在张载之后"一直在关中流传"。如前所述,陈俊民认为,关学是"宋元明清时代关中的理学",业师认为"关学是指由张载开创及其后一直在关中流传的理学的统称",自然包括"宋元明清时代关中的理学"。

---

① 陈俊民:《张载哲学思想及关学学派》,第3页。
② 刘学智:《关学思想史》,第6页。
③ 刘学智:《关学宗风:躬行礼教,崇尚气节——从关中"三李"谈起》,第35页。
④ 刘学智:《关学思想史》,第5页。

但问题是，在张载之后关学如何流传？对此，陈俊民提出："关学不只是一个张载思想，它同理学思潮相联系，共始终，也有一个相对独立的发展史。无论就外在形式，还是内在思想而论，张载→吕柟、冯从吾→李颙的演进，基本上反映了关学从北宋兴起，经南宋衰落，明代中兴，到明清之际终结的历史过程。"① 除此之外，陈氏又说："关学作为宋明理学思潮中的一个独立学派，它的终结也同整个理学一样，是终于明清之际的理学自我批判思潮中。是由今陕西周至李颙完成的。"②陈氏的观点，虽然也承认张载为关学的开创者，但以李颙为关学的终结者。那么，关于关学之历史下限，业师是否与陈氏的观点一致呢？

显然，业师强调的是：关学自张载创立后，"一直在关中流传"。因此，对于关学有历史终结、有发展下限的观点，业师不能认同。业师首先提出："严格地说，作为一个思想流派，其发展是不可能停止的，它是不断演进的。从这个意义上说，提出下限问题或许缺乏严谨性。"③此即从根本上不赞同为思想流派的发展设定下限。某以为，业师的这一提法是符合关学发展实际的，也符合关学精神在现代弘扬的需要。如果说关学在历史上有下限、已终结，现代的关学弘扬又从何说起？然而，从研究的需要出发，业师提出："从总体上说，如果把关学定位为张载及其后之关中理学，那么，关学也将随着理学在中国近代社会的日渐式微而趋于转型。"④可见，业师并不赞同仅仅将关学的历史范围划定为张载之学及其学派，而是赞同将关学定位为"张载及其后之关中理学"。从这一角度出发，业师"同意其关于关学史的发展同整个宋明理学发生、发展和衰落的历史具有同步性的判断"⑤，即认为关学在历史上的发展应该与理学这一基本思潮的发展相一致、相始终，但并不认同陈氏关学的"终结也同整个理学一样，是终于明清之际的理学自我批判思潮中"⑥的观点。

对于清代关学，业师的认识更为全面深刻。他说："在清代，既有'理学的自我批判'，也有对传统理学的执着固守，如王建常、李元春、贺瑞麟、牛兆濂

---

① 陈俊民：《张载哲学思想及关学学派》，第4页。
② 陈俊民：《张载哲学思想及关学学派》，第24页。
③ 刘学智：《关学思想史》，第7页。
④ 刘学智：《关学思想史》，第7页。
⑤ 刘学智：《关学思想史》，《自序》第5页。
⑥ 陈俊民：《张载哲学思想及关学学派》，第24页。

等，贺瑞麟甚至认为'程、朱是孔、孟嫡派，合于程、朱，即合于孔、孟；不合于程、朱，即不合于孔、孟'（《记清麓问学本末》，见《蓝川文钞》）。在理学的大厦已趋于崩塌之时，他们仍坚守濂洛关闽之学直到清末民初。可以说，关学思想史事实上已经延伸到清末民初。"①业师进而提出："从总体上说，如果把关学定位为张载及其后之关中理学，那么，关学也将随着理学在中国近代社会的日渐式微而趋于转型。这一转变发生在清末民初，这样关学的下限也应该在这一时期。"②

那么，何人应该作为当时关学之下限呢？业师说：

> 以长安柏景伟（1831—1891）、三原刘古愚（1843—1903），以及蓝田牛兆濂（1867—1937），为关学下限是较为合理的。张骥《关学宗传》所记即以刘古愚为最后一位学人。牛兆濂较之刘古愚稍晚，在张骥撰该书时，牛兆濂尚且健在，故不曾被列入书中。……作为贺瑞麟的弟子，牛兆濂其思想既以恪守程朱理学为特征，同时又有诸多适应时变的思想要素，可以视为处于清末民初社会转型时期传统关学最后之守护者。③

从以上论述可以看出，业师对关学的基本认识是：关学始于张载，是宋元明清至民国初年一直流行于关中的理学的统称，其终结的代表性人物为牛兆濂。这也表明一点，即就历史上对关学的界定而言，业师主要继承的是明末以冯从吾为代表的学人对关学的界定。历史上对关学的界定基本有两系。

其一，以关学为张载学派之学。此种含义，南宋初年之理学家吕本中（1084—1145）已发之，据《宋元学案》记载，其在谈及关学的开先者为侯（可）、申（颜）时，说："关学未兴，申颜先生盖亦安定（胡瑗）、泰山（孙复）之俦，未几而张氏兄弟大之。"而明初宋濂、王祎编纂之《元史》，则将关学与其他理学诸派并称为"濂洛关闽"，如《元史·吴澄传》云："尧舜而上，道之元也；尧舜而下，其亨也；洙泗邹鲁，其利也；濂洛关闽，其贞也。"其所

---

① 刘学智：《关学思想史》，《自序》第5页。
② 刘学智：《关学思想史》，第7页。
③ 刘学智：《关学思想史》，第4页。

言"关学"或与濂、洛、闽并称之"关",实际上主要指张载之学及其学派。侯外庐的《中国思想通史》(第四卷上)和龚杰的《张载评传》亦持此见,以关学为张载及其弟子之学说。

其二,主张关学为关中理学。明末,关中大儒冯从吾于万历三十四年(1606)完成对关中理学人物之传记汇编,题名曰《关学编》,并曰:"聊以识吾关中理学之大略云。"是为最早将关学用于书名并特指关中理学之始。其所谓"关学",不仅涵盖北宋的张载学派,而且是包括张载学派在内的,兼及周、程、朱、王的,以关中地域为大致范围的理学的统称。而后《关学编》之补续者如王心敬、李元春、贺瑞麟、柏景伟等,以及民国时期《关学宗传》之编撰者张骥,所用"关学"概念亦与此同,而今人陈俊民先生亦持此观点。

客观地说,吕本中以及《元史》作者将关学界定为"张载之学及其学派",是出于关学在北宋这一时期发展的史实及时代视野的限制,本身没有什么错误;而冯从吾等关学后学将关学界定为"关中理学",也是基于对北宋张载学派的认同以及金元明清时期关学发展的史实,也没有什么错误。不过,从历史发展的角度而言,冯从吾等人将关学界定为"关中理学",是对此前关学概念的符合历史的发展,符合关学发展的基本事实,因此更具合理性;侯派侧重于将关学界定为"张载学派之学",则显示出一定的局限性;陈俊民将关学理解为"宋元明清时代关中的理学"则具有更广阔的学术视野和历史依据。而业师在接受冯从吾、陈俊民对关学基本界定的基础上,将关学界定为"宋代关中出现的新儒学——理学的一个重要的地域性学术流派",应该说有历史依据,也符合关学研究的需要。

三、业师对关学学脉之内涵发掘

业师对关学时代范围的拓展,符合传统关学的基本认识,对开展关学研究具有重要的意义。更为重要的是,业师对关学的界定并不仅仅停留在对关学时代下限的判定上,他更针对侯、陈两系对关学的界定,提出关学应该是张载学派及"与张载学脉相承之关中理学"这一观点。[①] 如果说将关学的基本范围划定为宋元明清至民国的关中理学并以牛兆濂为终结是业师对关学概念外延的拓展,那么提

[①] 刘学智:《关学宗风:躬行礼教,崇尚气节——从关中"三李"谈起》,第35页。

出张载之后关学应该是"与张载学脉相承"的观点,则是业师对关学概念的内涵发掘,进一步揭示了关学作为一个学派的基本特征,与将关学仅仅界定为"关中理学"的传统相比,更具有创新的意义。

业师首先指出侯、陈两种关学定义存在的缺陷。他说:

> 将关学限定在张载及其弟子的学说,既忽视了张载关学在其后的发展,也忽略了张载思想对其后理学的极大影响,割断了张载关学对程朱理学的影响以及通过程朱理学对后世关学学者的影响,从而也否定了张载对明清时期包括吕柟、冯从吾、李二曲、李元春、贺瑞麟等人在内的许多关学传人影响的事实,因而是难以成立的;但若把关学扩大到宋以后关中的所有学术或整个理学之属,而忽视或割断了其后关学学术思想与张载思想的关联。①

从业师对上述两种关学观的评价来看,业师之所以对其不赞同,主要原因在于"忽略了张载思想对其后理学的极大影响"以及"忽视或割断了其后关学学术思想与张载思想的关联"。这表明业师对关学之思考,重点在于探求其作为一个学派内在的、稳定的东西,如果没有这个东西,就只是一个地方学术,而不是学派。而这一内在的、稳定的东西,在业师看来,就是张载与其后关中理学的内在关联。在关中理学之前提下,寻求不同关学学人与张载的内在联系,是业师定义关学的立足点和出发点。问题的关键在于,在关学史上有没有一个与张载学脉相承的关中理学存在?业师认为,谈及这一点,必须澄清以下几个问题:一是历史上有没有不变的学术流派?学派传承有没有自身独特的因素?二是张载的学脉的传承是否仅仅以"气论"为标识?三是张载之后的理学发展中有没有对张载学脉和宗风的承传?某以为,对这三个问题的回答,构成了业师之关学"与张载学脉相承"这一基本观点的理论基础。

对第一个问题的回答,涉及对一个学派认知的理论前提。对此,业师的回答是:历史上不存在永恒不变的学术流派,而学派传承有其自身独特的因素。业师主要从关学发展的变动性和复杂性两个方面回答了这一问题。

---

① 刘学智:《关学思想史》,第6页。

（一）关学发展的变动性

我们说关学绵延不绝，并不是说张载关学是一成不变的。事实上，如孔子创立的儒学，一变而为汉儒，再变而为宋明儒，但却并不妨碍儒学在发展在传承、不妨碍儒学有史一样，关学在明代也曾出现程朱理学化和阳明心学化的倾向，但这也不妨碍关学作为一个学术流派的存在。张载关学后来在发展中相继与程朱理学和陆王心学融合，此正说明关学是一渠源头活水，它会随着时代的变化而不断被注入新的内容。……显然，关学有史，连绵不绝。①

（二）关学流变过程的复杂性

关学传衍发展的过程相当复杂：既有师承的直接接续，又有思想上的间接承传；既有学脉上的一贯性，又有在不同时期表现出的相对的特殊性；既有张载学说的正传发展，也有关学在与异地学派的学术交往中发生的互动与交融，从而使自身学术思想发生着顺应时代的某些变化。关学正是在这种"常"与"变"、"一"与"多"的矛盾冲突中，即在其学术宗旨和思想特征的明晰、恒定与顺应时代所发生的变化以及由此而呈现出的理论特殊性的矛盾冲突中，演绎出一部既有时代普遍性又有地域特殊性，既有低谷又有高潮的波澜起伏的关学思想史。②

从以上论述可以看出，业师对关学的研究，从方法论上强调既要把握住关学发展变化中的"变"与"多"，更要注意关学"学术宗旨和思想特征的明晰、恒定"的"一"与"常"。某以为，业师关学定义的提出，即是通过对关中理学流变历史的考察，在史中观察变、异，在变中求定，在多中求一，在异中求同。

对于第二个问题，即张载的学脉的传承是否仅仅以"气论"为标识，所做的回答是关学"与张载学脉相承"这一基本观点能否成立的基础。对此，业师早在1991年发表的《关于张载哲学研究的几点思考》中提出了自己的看法。文中提出张

---

① 刘学智：《关学思想史》，第6、7页。
② 刘学智：《关学思想史》，《自序》第2页。

载不是"唯气论",而是重在讲价值论和道德心性论,提出要重视对张载心性论的研究;强调张载讲学"每告以知礼成性变化气质之道",也就是说,他的理论旨趣在于论证"性与天道合一",在于以宇宙论说明人性论和道德论,在于沟通本体与价值,最终落脚到道德修养论。①业师的这一观点,将张载之学从传统的"气论"视野解放出来,也为进一步探索张载及其关学学派的特性奠定了基础。

2015年,业师在《关学思想史》中对张载学说及其特点又做了系统的探讨,主要从两个维度展开。

(一)张载思想之主要内容。业师认为,"张载的思想学说具有体系性"②,主张用张载所言"由太虚,有天之名;由气化,有道之名;合虚与气,有性之名;合性与知觉,有心之名"(《正蒙·太和篇》)和"义命合一存乎理,仁智合一存乎圣,动静合一存乎神,阴阳合一存乎道,性与天道合一存乎诚"(《正蒙·诚明篇》),作为张载哲学思想内在体系的纲领。这就是张载"性与天道合一"的思想体系。这一思想体系具有以下内容:"太虚即气"的自然观、"气化即道"的道用论、"合虚与气,有性之名"的人性论、"合性与知觉,有心之名"的心性论、"天人合一"的境界论等等。

(二)张载关学之基本特征。对此前侯外庐、冯友兰、张岱年、陈俊民、龚杰诸位先生对张载关学基本特征之揭橥,业师予以肯定,并提出张载关学的基本特征是:在学术上虽然与伊洛之学"大本则一",然其门户"微殊于伊洛"(全祖望语)。其学派特征主要表现在:躬行礼教、笃实践履、崇尚气节、求自然之实的科学精神,以及以"横渠四句"为标志的理想情怀和精神气象。业师对张载思想内容、学派特征的发掘,为考察此后关学发展过程中与张载思想特征之关系提供了基准。

对于第三个问题,即张载之后的理学发展中有没有对张载学脉和宗风的承传,业师做出了肯定的回答,并主要从两个方面做了重点研究。

(一)就张载门人的师承关系,业师提出了不同的看法。如前,陈俊民在《张载哲学思想及关学学派》一书中针对侯派"北宋之后,关学就渐归衰熄"的

---

① 刘学智:《关于张载哲学研究的几点思考》,载《哲学研究》1991年第1期,第71—73页。

② 刘学智:《关学思想史》,第76页。

观点,提出关学虽然"衰落"但并没有"熄灭"的观点,认为张载门人思想的发展出现了"'三吕'的关学'洛学化'和李复的关学'正传'发展"两种趋向。①业师对以上两种观点均不予认同,他通过对张载弟子思想及学风的逐一考察认为:张载之后,关学并未"洛学化",李复也并非关学之"正传"。吕氏兄弟及苏昞、范育、游师雄等张门弟子在张载卒后虽从学于二程,但仍基本上忠实于张载关学的宗旨;李复虽未投入二程门下,在一定程度上承继了张载之学,但与张载有较大的差距,何况说李复"正传"关学从文献上亦难觅其迹。因此业师认为,"张载身后关学尚未'熄灭'"②,虽然"在张载逝世后,关学一度失去领军人物,其弟子为承继张载'继绝学'之志,又多及于二程(颢、颐)之门,……其中吕大钧、吕大临、苏昞、范育等人对关学的形成与发展起了重要的作用"③。

(二)业师对金元明清之关学流变做了系统的考察,明确指出:"在张载之后关学的传衍中,虽然曾形成了一些不同的学派,各个时期也有不同的学术取向,但是张载'为天地立心'的宏愿,'为生民立命,为往圣继绝学,为万世开太平'的学术使命和宏伟理想,辟佛老异端、弘孔孟正学的学术路向,始于宇宙本体论而落归于心性论实践的学术旨趣,躬行礼教、笃行实践、经世致用、崇尚气节的关学学脉和宗风,则一直在关中学者身上不同程度地被承传和发扬光大。"④

根据以上三个问题,业师提出:关学不是一般意义上的关中之学,也不单纯指北宋时期的张载学派,也不是包括张载之学在内的整个关中理学的统称,而是指张载学派及"与张载学脉相承之关中理学"⑤。

四、业师对关学流变之时代揭橥

如上所见,业师对关学基本特征之发现,是基于对关学史发展过程之研究而得出,此为关学发展中万变中之不变者。然关学自身亦随时代潮流、社会思潮而变迁,其不变中之万变,情况又当如何?此即关学源流之特点,亦为业师所发

---

① 陈俊民:《张载哲学思想及关学学派》,第11页。
② 刘学智:《关学思想史》,第128页。
③ 刘学智:《关学思想史》,第3页。
④ 刘学智:《关学思想史》,第5页。
⑤ 刘学智:《关学宗风:躬行礼教,崇尚气节——从关中"三李"谈起》,第35页。

现。业师在《关学思想史》卷末仿柏景伟而有一《小识》，分时代阐明关学流变之时代特征。

首先，对于宋代关学，业师曰：

> 关学自张载立宗开派，迄清末殆八百余年。张载以千古造道之勇，"穷神化，一天人，立大本，斥异学"，不惟建立孟子以迄宋世"未之有也"之宏大思想体系，且以"好古力行，笃志好礼"，成一代"关中士人宗师"。当时"关学之盛，不下洛学"，蓝田诸吕、武功苏季明、三水范巽之、长安滽水、三水张芸叟、武功游师雄等，并立张载门下，接续横渠遗风。然张载殁于临潼，哲人其萎，关学衰微。诸吕、范、苏等，转入程门，惟为传道授业，少有门户之见。虽有与叔守横渠说"甚固"，然因其"再传何其寥寥"，终不逮程朱之学显达。①

业师表明：关学之开派宗师为张载，张载主要以两个方面为关学后世之发展奠定基础，一为建立博大精深之思想体系，二为笃行礼教之学派宗风。张载门人蓝田诸吕、武功苏昞、三水范育、长安李复、二水张舜民、武功游师雄等均能接续横渠遗风，一时"关学之盛，不下洛学"。随后张载殁于临潼，诸吕、范、苏等转入程氏之门，"再传何其寥寥"，关学遂中落衰微，终不逮程朱学脉之显达。某以为，此为关学发展之奠基期。

其次，对于金元关学，业师说：

> 而后关中沦于金、元，关学更显寂寥。时有许鲁斋衍朱子之绪，奉天杨奂、高陵杨天德，皆以朱子学交相呼应。关中学者，始由宗横渠而宗关闽濂洛，关学与程朱理学相融并立，复得重振。元末奉元之学稍盛，萧氏维斗、同氏榘庵，"阐关、洛宗旨"，既笃程朱主敬穷理，复尚张载礼教躬行。"元儒笃实，不甚近名"，此体现于关学学人，尤为鲜明。②

---

① 刘学智：《关学思想史》，第521页。
② 刘学智：《关学思想史》，第521页。

业师表明：在宋金对峙并立之时，关中一直处于金人的统治之下，时儒学凋零，习儒者少，故而"关学更显寂寥"。然当时亦有大儒出，是为金末元初之杨天德。杨天德肇端高陵之学，后由其子杨恭懿发扬光大。高陵之学代表了至元时期（1264—1294）关学的学术水平。由高陵之学所建构的崇儒信道、笃行践履的学风一直在元代关中承传。关中学人从宗张载之关学走向了宗濂洛关闽之理学，尤推崇程朱之学，这成为关学在元代的一个新动向。元代关学最早是以奉天之学和高陵之学为核心的，奉天之学承继了金末传统，学宗程朱。元代后期，关中出现奉元之学，亦"阐关、洛宗旨"，更笃信程朱，躬行礼教，尤重践履，为奉天、高陵之学风的延续。某以为，此为关学发展之转型期。

再次，对于明代关学，业师言：

> 明初诸儒，皆朱子门人之支流余裔。其学多衍伊、洛之绪言，探性命之奥旨。明时关中之学，"大抵源出河东、三原"。河东薛瑄之学，经关陇段容思、周小泉而传薛敬之、吕泾野，其学恪守程朱，一时称盛。而泾野博集诸儒之说而直接横渠之传，尤为独步。王恕、王承裕父子开三原之学，宗程、朱以为阶梯，祖孔、颜以为标准，独摅心得，自成一家，故有关学"别派"之称。继有马谿田、韩苑洛、杨斜山、王秦关者，虽学归程朱，而亦尚横渠。谿田"得关、洛真传"，"论学归准于程、朱"，而执礼则诚"如横渠"。苑洛以《易》为宗，论道体乃"独取横渠"。……明代学术分途，自献章、守仁而始。然江门之学，孤行独诣，其传不远。姚江之学，别立宗旨，影响深远。渭南南元善为官绍兴，服膺文成，刊刻《传习录》，后持心学以归，与弟姜泉讲学渭西，不遗余力，是为关中有王学之始。心学大行之时，其流弊亦愈滋甚。关中"东冯西张"，双峙并起，力戒浮虚。少墟讲学，既宗程朱，"使关闽学晦而复明"；亦服膺"良知"，与南皋、景逸鼎足相映。阐本体工夫合一之旨，严儒佛心性同异之辨，其思想"盖统程朱陆王而一之"，遂集明季关学之大成。张舜典"明德""致曲"，"洞源达本"，一改晚明重本体轻工夫之风。①

---

① 刘学智：《关学思想史》，第521—522页。

业师表明：明初诸儒"皆朱子门人之支流余裔"，中期后阳明学兴起，"别立宗旨，显与朱子背驰，门徒遍天下，流传逾百年，其教大行，其弊滋甚"，而"嘉、隆而后，笃信程、朱，不迁异说者，无复几人矣"。①这大致勾勒出明代儒学学术之演变。明初关中诸儒，"沿着金元关学学者从尊张载转而尊濂、洛、关、闽之学的路子前行，关学已被融入理学之中再被弘扬"②。明代中期，关学大致沿着以王恕、王承裕、马理、韩邦奇等人为代表的三原学派和以薛敬之、吕柟为代表的河东之学两条路子行进。三原之学以既宗朱子之学又反思程朱之弊为主要特征，同时又有向张载关学回归的趋向。河东之学的代表吕柟虽在师承上与河东之学有关，而就其成长的文化土壤说，应是关中奉天、高陵之学的流衍。明万历（1573—1620）以后，关中大儒冯从吾"统程、朱、陆、王而一之，集关学之大成"（《重刻关学编序》），关学由反思程朱而逐渐转向阳明心学，同时也开始以实学的方式反思陆王心学的空疏，将关学汇入明末清初实学的潮流中，并向张载崇真务实的倾向回归。从总体上说，三原学派和吕柟的关陇之学以及冯从吾等所代表的晚明关学，都保持了关学躬行礼教、崇真务实、崇尚气节的宗风，从而使关学在明代出现了一个高潮，并传承不绝。某以为，此为关学发展之繁荣期。

最后，对于清代关学，业师指出：

> 明清鼎革，"天崩地解"，学术为天下裂。朱、陆、薛、王之辨，纷然盈庭。时有被誉为"关学后镇"的周至李二曲，本于姚江"致良知"而不悖，会通朱陆薛王而不遗。以"悔过自新"为入德之门，以"明体适用"为学问依归。其嫡传王丰川"继横渠道统，承二曲心传"，力排门户之见，合朱、王之学而一之。同时之王复斋，于二曲倡心学之时，以"真隐高蹈"重开关学宗主程朱一路，"以主敬存诚为功，穷理守道为务"，其学之醇细，或谓"在二曲之上"。……朝邑李桐阁，博大刚毅，心慕河东文清，学宗关闽濂洛。其嫡传贺清麓承继师风，以程朱为孔孟嫡传，故"惟程朱是守"；以陆王背孔孟之旨，力加辟之；承横渠宗风，重躬行实践，不失关学本色。蓝田牛蓝川缵明师说，"远

---

① 刘学智：《关学思想史》，第213页。
② 刘学智：《关学思想史》，第214页。

接紫阳之续,近恢清麓之传",其学与桐阁、清麓一脉相承。惜时世巨变,知其不可而为之,恪守诸儒之说而不变,续道统于不绝,为传统关学最后之守护者。而通经致用者,有三原刘古愚、长安柏子俊。古愚之学"导源姚江,汇通闽洛",本于良知,归于经世,尤能穷经以致用,故"百日维新",有"南康北刘"之誉。子俊与古愚志同而道合,讲学于关中、泾干,弘道于味经、沣西。讲理学,接西学,通经史,办实业,设"求友斋",置"时务斋",联络同志,以济时艰,为关学转型之旗帜。其所重刻之《关学编》,一以少墟原编之例,整合补辍,终成关学史之全编。其《前序》揭关学史之演变,《后序》显"关学编"之流衍,破除门户之见,揭橥关学本源。阳明谓"关中自古多豪杰",诚哉斯言![①]

业师表明,清代关学学术大致可以分为三个时期:前期以二曲之学及二曲弟子的学术为主流,主之以陆王心学,又会通朱陆王薛诸家,继有王建常,实开关中恪守程朱一路;中期之后以李元春、贺瑞麟为代表,仍恪守程朱理学;清末民初传统理学受到冲击,以柏景伟、刘古愚、牛兆濂等为代表,既有向心学的回归,又有程朱之学和近代新学的影响,体现出这一特定社会转型期的时代特征。[②] 李二曲始于反身求己,归于实践、经世思想,也把心学、理学与关学重实践的特质有效地统一起来,对关学的复兴确大有裨益,故全祖望称其"上接关学六百年之统"(《二曲先生窆石文》)。朝邑之学以王建常、党湛(号两一)、张珥(号敦庵)等为代表,他们笃信程朱,又受张载关学的极大影响,躬行实践,笃雅谦恭,其引领的朝邑风气之醇"本甲三辅"。李因笃、李柏与李二曲并称"关中三李",其学虽均以昌明关学为己任,然又各有异趣,在躬行礼教、崇尚气节方面,俨然一如张载、李二曲。李元春、贺瑞麟其学以程朱为准的,又以倡导张载礼教为己任,延讲古礼,教化风俗。牛兆濂系统潜研程朱理学,并终生坚守程朱的学术立场,同时又承继张载关学躬行礼教、经世致用的实学传统。三原刘古愚、长安柏子俊克识时务,以趋时进,终成关学转型之旗帜。其所重刻之《关学编》,揭关学史之演变,显《关学编》之流衍,诚能破除门户之见,揭橥关学本

---

① 刘学智:《关学思想史》,第522页。
② 刘学智:《关学思想史》,第374页。

源。某以为，此为关学发展之回归期。

业师曾说："从广义上说，关学是指由张载开创及其后一直在关中流传的理学的统称；而狭义的关学，则指张载及其后在关中流传的与张载学脉或宗风相承或相通之关中理学。"某以为，业师对关学流变之小识，不唯为《关学思想史》之扼要表达，亦为业师所提出两层关学定义之史学注脚。

五、业师对关学特征之凝练概括

基于对关学发展流变史之考察，业师不仅为其关学定义提供了史实依据，而且为关学特征之总括提供了材料支撑。2014年，业师在《关学源流特征与〈关学文库〉的编纂》一文中对关学的基本特征做了概括，提出关学学派之特征表现如下。

其一，躬行礼教。《明儒学案》谓："关学世有渊源，皆以躬行礼教为本。"[1]后人亦谓关学"与濂、洛鼎立，独尊礼教"[2]。张载笃志好礼、躬行礼教，其具体表现在：效法圣人的"三代之治"，以礼治国；主张社会治理当以敦本善俗为先，强调遵循礼制，即以礼化俗；认为仁德的培养需要礼的约束，即礼以成德；主张在教育实践中贯彻以礼为教的原则和方法，主张"力行本于守礼"，即以礼为教。受张载的影响，其弟子"三吕"亦能"务为实践之学，取古礼，绎成义，陈其数，而力行之"，吕大临"尤邃于礼，每欲掇习三代遗文旧制，令可行"。（《宋元学案·吕范诸儒学案》）明吕柟，其行亦"一准之以礼"，他教育弟子时"尝取《仪礼》诸篇，令按图习之"[3]。遵礼的传统，到清代的关学学者如王心敬、李元春、贺瑞麟等人身上，仍一如先辈，守礼不辍。

其二，笃实践履。张载及关学承继孔子经世致用的传统，主张学贵有用、笃实践履，反对空知不行、学而不用。不空谈理论，主张"学贵于有用"是关学的显著特点，尤体现在"语学而及政"，不空谈学问，强调关注社会现实；"学古道以待今"，古为今用。在张载的教导和影响之下，其弟子大都有笃实践履之风，如吕大钧作《乡约》以移风易俗，"治经说得于身践而心解；其文章，不作

---

[1] 黄宗羲：《明儒学案》（修订本），第11页。
[2] 冯从吾：《关学编（附续编）》，第69页。
[3] 冯从吾：《关学编（附续编）》，第44页。

于无用,能守其师说而践履之"①;吕大忠尝谓"今科举之学既无用,修身为己之学,不可不勉"②;吕大临更"不为空言以拂世骇俗"③。明代吕柟强调"学贵于力行",他在任职解州时即爱民勤政,身体力行,"劝农课桑,筑堤以护盐池,开渠以兴水利,善政犁然",还令"耆德者讲《会典》,行《乡约》,廉孝弟节义者表其闾",④深受当地民众的爱戴。总之,这些学人的身上都体现着关学笃实践履的宗风。

其三,崇尚气节。关学学者大都具有敦善行而不怠、坚持真理、不畏权贵、不苟安合污的道德节操。张载曾两次被荐入京,但当他发现自己的政治理想与当权者有距离而难以实现时,便毅然辞官,回归乡里,以教授为务。王恕以直谏著称,明人称"两京十二部,独有一王恕"(《明史·王恕传》)。吕柟为官曾三起三落。在阉党刘瑾乱政时,他针砭时弊,坚持原则,敢于直言,决不合污同流,曾两度引疾而归,后又因"大礼"之争而触犯龙颜,被判入狱,之后被贬解州,但仍不改初衷。冯从吾曾官至御史,他不畏皇权,因犯颜直谏,批评神宗对朝政的倦怠而差点被廷杖,后在大臣的力劝下方幸免于难,此后又因讲学之事遭阉党诋毁,遂五次上疏,力辞归乡。他坚守自己的理想和志向而不苟且为官,表现出高尚的人格和清纯的节操。清代关学大儒李二曲在皇权面前更表现出铮铮铁骨。他因政治理想与当权者不合而终生不仕。一次,康熙帝到西安,欲约见李二曲,他借口有病而不见,康熙帝只好索要其两本著作而去,还赐他"志操高洁"匾额,以示嘉奖。此外,关学大儒长安萧维斗、三原马理、富平杨爵、朝邑韩邦奇等人,他们坚贞的气节和节操一直被传为佳话。总之,恪守孟子"穷则独善其身,达则兼济天下"的人生信条和"富贵不能淫,贫贱不能移,威武不能屈"的大丈夫气节,清廉为官,刚正不阿,是张载以来关学学者之一贯操守。

其四,求自然之实的科学精神。张载是当时善于吸收新的自然科学成果以丰富自己的儒学理论的颇富科学精神的哲学家之一。他不仅提出了颇有特色的天体理论,同时注意对物理、气象、生物等自然现象做客观的观察并给出合理的解释,亦重视对生理现象、医药知识的考察。相较同时出现但却更多关注道德心性

---

① 冯从吾:《关学编(附续编)》,第10页。
② 冯从吾:《关学编(附续编)》,第8页。
③ 冯从吾:《关学编(附续编)》,第11页。
④ 冯从吾:《关学编(附续编)》,第44页。

的洛学,富于科学精神是关学的一个重要特点,这一点也为后世关学学者所承继,如李复、韩邦奇、王徵等都能黜伪崇真,坚持真理,重视科学。

其五,开放包容精神。关学不是一个封闭的系统,而是随着时代的推移能不断吸收新的思想观念进行理论创新的开放性体系。自张载逝世后,关学弟子一部分从二程学,他们努力坚守张载关学宗旨,同时亦将二程洛学的某些思想加以吸收注入关学;明初,关中学者受到薛瑄河东之学的影响,接受并传承朱子学;明中叶后,阳明心学在南方崛起,关中学人南大吉最早将王学引入关中,王之士、冯从吾、张舜典以及清代李二曲等都不同程度地受到心学的影响,遂使关学表现出心学的倾向。此外,冯从吾还对伊斯兰教持兼收包容的态度,撰有《敕赐清真寺碑记》等,称赞"唯清真一教,印以孔孟真传",清教"诚得先天之秘",主张"千圣一心,万古一道",表现出以儒学包容异教的博大胸襟。明儒王徵接受了天主教和西方的科学思想,是关中学者中传播西学较早的学人。坚守而又不墨守传统,善于因时应物接受新思想进行新的理论创造,说明关学具有鲜明的开放包容的特征。

以此为基准,业师考察了此后关学发展过程中与张载思想特征之关系,指出:

> 关学固然由张载发端,但关学在其后的发展过程中特别是在与不同时期诸思想流派(如朱子学、阳明学)的相互交流、相互融通中,自身的特点也在发生着某些变化,故不能完全将关学的思想特征等同于张载的思想特征,但应该注意其一以贯之的"关学精神"。成于张载而又贯穿和发展于关学史的基本精神,是"重气学""重性命""重礼教""重实用"四个方面,这些在不同的关学学者身上也可能会有所侧重,但大旨不会离此多远。关学的宗风可以用"躬行礼教,崇真尚实,重视践履,崇尚气节"来概括。与其宗风相联系,关学学者的个人气质和行为方式,大多是"有道则见,无道则隐",颇有隐逸的情怀(儒家的隐者),如关中"三李"。这也是关学学者人格气质的一个重要特点。[①]

---

① 刘学智:《关学思想史》,第18页。

由业师所述可见，其对关学之把握，虽从张载思想之主要内容及张载关学之基本特征入手，但也看到了关学在其后的发展过程中自身特点之变化，故业师提出"不能完全将关学的思想特征等同于张载的思想特征"。业师进而于关学之流变中求其大同，发现成于张载而又贯穿发展于整个关学史者有二：其一，以"重气学""重性命""重礼教""重实用"四者为共性的关学精神；其二，以"躬行礼教，崇真尚实，重视践履，崇尚气节"为特征的关学宗风。应该说，对关学精神与关学宗风的概括，是业师研究关学之创见。

六、业师对关学概念之系统表述

业师对关学概念之界定，自20世纪90年代以来不断深化。在《关学思想史》中，业师进一步把对关学的认识表述得系统化：

> 关学是一个有本源根基、学脉传承、学术宗旨、风格独特而又包容开放的学术流派。①

> 关学是由张载创立并一直在关中地区得以传衍和发展，并在其传衍发展过程中始终与张载学脉相承、相继、相续之关中理学。②

> 从广义上说，关学是指由张载开创及其后一直在关中流传的理学的统称；而狭义的关学，则指张载及其后在关中流传的与张载学脉或宗风相承或相通之关中理学。事实表明，关学是一个有本源根基、学脉传承、学术宗旨，风格独特而又开放包容的多元的地域性理学学术流派。③

某认为，业师的上述三种表述，第一种主要揭示了关学的学派性及主要特征，是一种外延性的表述；第二种则揭示了关学存在发展的内在精神脉络，是一种内涵性的表述；第三种则是一种多层次的表述，揭示了关学的基本范围、内在

---

① 刘学智：《关学思想史》，《自序》第4页。
② 刘学智：《关学思想史》，《自序》第4页。
③ 刘学智：《关学思想史》，第5页。

精神和基本特点。相较而言，第二种表述更能揭示关学的本质，第三种表述对关学的认知更为完整全面。

综合以上所见，可以看出业师与侯派、陈氏关学观之主要区别如下：

基本概念	内涵构成	时代下限及代表	理论渊源	学界代表
关学	张载学派	北宋末（南宋初）	吕本中、《元史》	侯外庐龚杰
	张载学派+金元明清关中理学	清初李二曲	冯从吾、王心敬、李元春等	陈俊民
	张载学派+金元明清与张载学脉相承之关中理学	清末民初牛兆濂	综合以上两者	刘学智

从表述上看，业师及侯派、陈氏关学观相一致的地方在于：他们都认为张载之学为关学之重要组成部分，也认同张载开创关学的历史地位。其差别则在于对张载学派之后关学的判定和认识。侯外庐之观点，重在对张载学派之考察；陈俊民之观点，则在接受侯派以张载学派为关学的基础上，否定其关学在北宋后"衰熄"的观点，提出关学"洛学化"以及"李复正传"的观点，同时将关学之外延拓展到金元明清之关学，并以清初李二曲为关学之终结者；业师的观点，则在接受陈俊民以关学为关中理学这一观点的基础上，否定其关学"洛学化"以及"李复正传"的观点，重新肯定三吕、苏昞、范育对张载学说、学风继承的重要地位，将关学限定为张载学派及金元明清与张载学脉相承之关学，同时将其时代下限延伸到清末民初，而以牛兆濂为代表。从三种观点提出的时间先后、内涵变化可以看出三者之间的批判继承（扬弃）关系，而业师的观点为最新之观点。

从以上可以看出，业师对关学的基本认识实际上包括三个层面的含义：

其一，就关学的基本范围来说，关学是指由张载开创及其后一直在关中流传的理学的统称，其时代下限应在清末民初，而以牛兆濂为代表。

其二，就关学的内在精神而言，关学是指张载及其后在关中流传的与张载学脉或宗风相承或相通之关中理学。

其三，就关学的外在特点而言，关学是一个有本源根基、学脉传承、学术宗旨，风格独特而又开放包容的多元的地域性理学学术流派。

在这三个层面的含义中，第二层含义为业师对关学最核心的理解，而第一层含义构成其理论前提，第三层含义则是延伸出来的基本认识。业师对关学的理解，把握住了关学流变过程中"一"和"多"、"常"和"变"的内在统一，比以往仅仅将关学限定为张载之学或关中理学具有更为深刻的意义。

业师的这一观点，在接受传统关学为关中理学的前提下，凸显出后世关中理学与张载之学的内在"学脉相承关系"，本质上是一种关系性建构的概念。具体说来，这一概念实际上是在对张载之学的基本内容和基本特点的认识以及关中后学对张载学脉相承的历史考察的基础上建立起来的。需要看到，业师对关学基本概念的建构，并不仅仅是理论层面的构思，更是对关学发展问题深入考察的结果。在这一考察中，业师不仅重新审视了张载弟子师承变化中关学的传承问题，而且第一次重新审视了金元明清关学发展过程中的思想变化和学风继承，以作为其关学观的史实支撑和观念展开。可以说，对张载之学的基本内容和基本特点的认识，是这一观点的"源"；对张载之后关中后学对张载学脉承继的历史考察，是这一观点的"流"。而历史和现代研究对张载及关学的基本认识，构成了业师提出这一观点的理论背景。业师以为，以此为原则和方法，可以说明关学有其自身产生、发展、演变的历史，这是不容忽略的事实。